Pequeña historia mítica de España
Mitos, figuras y arquetipos

David Hernández de la Fuente

Pequeña historia mítica de España

Mitos, figuras y arquetipos

Alianza editorial
El libro de bolsillo

Primera edición: abril de 2024
Segunda impresión revisada: septiembre de 2024
Primera reimpresión: julio 2025

Diseño de colección: Estrada Design
Diseño de cubierta: Manuel Estrada
Ilustración de cubierta: *La batalla de Clavijo,* de Paolo San Leocadio, siglo XVI. Iglesia Arciprestal de Villarreal, Castellón. © Album / Oronoz
Selección de imagen: Carlos Caranci Sáez

© David Hernández de la Fuente, 2024
© Alianza Editorial, S. A., Madrid, 2024, 2025
  Calle Valentín Beato, 21
  28037 Madrid
  www.alianzaeditorial.es

PAPEL DE FIBRA
CERTIFICADA

ISBN: 978-84-1148-640-8
Depósito legal: M. 2.861-2024
Printed in Spain

Índice

Índice

Índice

Introducción. Mito y método

Posiblemente no haya nada más importante para entender al ser humano que la mitología, que nos otorga una comprensión privilegiada de lo que hemos sido y lo que somos. El mito es a la par una forma de pensamiento y un relato que lleva inspirando al *homo sapiens* desde que comenzó su vuelo racional y simbólico con la revolución cognitiva. Nunca ha dejado de estar en mente y en boca de todos, desde las artes plásticas a las ciencias, desde las ordalías de los cazadores-recolectores a las historias matriarcales del neolítico, desde la literatura clásica a la vulgata hollywoodiense o las series de las plataformas actuales de entretenimiento. El pensamiento mítico es un lenguaje primigenio que lo impregna todo, una de las grandes narrativas patrimoniales de la humanidad, común a todos los pueblos de la tierra en todas las etapas históricas y niveles sociopolíticos que, desde hace mucho tiempo, nos forma y nos conforma. Que la poesía y el arte se expresan con alusiones a este mundo es bien sabido, pero lo es menos, quizá, que la medicina, la física o la ciencia —desde el complejo de Edipo al Big Bang— no son tampoco ajenos a él.

Pero ¿qué es un mito? Sobre esta pregunta se han vertido ríos de tinta. Si bien la ciencia de la mitología comparada data del siglo XIX, el esfuerzo por comprender el mito viene de mucho más atrás. *Mythos* es una palabra griega ricamente polisémica que cierta tradición europea positivista ha tendido a oponer al *logos* como epítome del pensamiento racional. Pero existen desde la Antigüedad muchas definiciones del mito al calor de las diversas corrientes de interpretación: alegoristas, historicistas, simbolistas, etc. Y desde el siglo XX a esta parte se ha dado una cierta hinchazón mítica —sobre todo desde las aproximaciones del estructuralismo, de la teoría crítica y del psicoanálisis de nueva hornada— que ha llegado a ver mitos por doquier: el mito de la lucha de clases, el de Greta Garbo, el de la guerra de sexos o el de los coches de carreras... Además, como saben los teóricos de la mitología, desde Hans Blumenberg a Marcel Detienne, de Gilbert Durand a Roland Barthes, y de G. S. Kirk a Carlos García Gual, no se puede despachar el mito rápidamente en dos pinceladas ni se puede dejar de lado todo lo que tiene de fusión con las fabulaciones —e incluso con las ficciones— de ciertas musas falsarias que ya mencionan Hesíodo y Píndaro en los albores de nuestra tradición cultural. En principio, el término «mitología», al menos para Platón, que es su usuario pionero, parece designar claramente los relatos protagonizados por personajes sobrehumanos, no solamente dioses, sino también héroes que realizan hazañas o fundan comportamientos, lugares o pueblos con una perspectiva moral, pedagógica o explicativa. Pero los propios antiguos ya desarrollaron aproximaciones muy diversas a la hora de explicar el mito y su sentido y función. Desde el comienzo abundaron las interpretaciones no literales, sino alegóricas o historicistas. Unos querían ver en los dioses el trasunto de antiguos reyes prestigiosos, como Evémero, en el siglo III a. C.; otros preferían ver en los mitos alegorías con clave de lectura oculta, ya fuera filosófica o religiosa, como el caso de Porfirio en el siglo III d. C.

En suma, no hay que tener prisa a la hora de definir y redefinir qué es mito, porque es un concepto que sigue importándonos sobremanera y al que llevamos dando vueltas desde hace siglos. Por eso, en estas líneas de invitación a la lectura del presente libro, que quiere trazar una breve historia alusiva a los mitos acerca de España —o más bien una pequeña historia mítica ligada a nuestro país—, no está de más hacer algunas consideraciones generales de tipo metodológico, perfilando algunas perspectivas para entender la manera en la que se abordan aquí los mitos. Vaya por delante que no seré capaz de resolver ninguna de las profundas cuestiones que han sido planteadas por parte de los mitólogos desde hace unos doscientos años, pero creo que es necesario tomar ciertas posiciones de cara al futuro. Y es que la mitología ha sido utilizada por diversas ciencias y disciplinas que a veces han provocado cierta mistificación en cuanto a qué es lo mítico. Por eso, aunque sería deseable deslindar lo más claramente posible este tipo de relato tan profundamente humano de otros afines —a la par que liberarlo de algunas incómodas servidumbres, especialmente con respecto a las ciencias sociales del siglo XX, pues el mito tiene interés para ser y constituirse como objeto de estudio independiente y suscitar las más ricas reflexiones—, no creo que esta tarea quede nunca totalmente cumplida. Puede que el mito se encuentre en la base de la propia fundación de la humanidad. Contiene las grandes historias esenciales, los relatos que han logrado que el ser humano sea, como sugiere Yuval Noah Harari en su controvertido *Sapiens*, la especie más exitosa sobre la faz del planeta. La capacidad que tenemos de cohesionarnos con discursos simbólicos que versan sobre asuntos más allá de lo real, de las coordenadas espacio-temporales y de los requisitos básicos para la supervivencia —es decir, todo aquello que nos hace creadores de fabulaciones, ficciones, leyendas y mitos— seguramente ha contribuido a que el ser humano haya encontrado un éxito irrepetible entre los animales que pueblan la tierra. Y conviene recordar que el mito, como punto de referencia y sentimiento de pertenencia, es mucho más antiguo que las banderas y los himnos, el derecho y los Estados. Pero está por naturaleza sujeto a una redefinición continua, según el ser humano avanza en su camino por este mundo. En la era de las nuevas inteligencias «artificiales» —otro mito bien antiguo, por cierto— el pensamiento mítico vuelve a surgir con fuerza y a cuestionar sus propias bases.

Redefinir el mito

En archē ēn ho mythos. Hay una narración primordial, *in illo tempore,* que nos es común a todos y nos hace acaso más reconocibles como humanos. Es un eco lejano del mito lo que escuchamos a nuestras abuelas camuflado bajo los ropajes del cuento, como vieron los Grimm, Afanásiev o Propp tras las viejas leyendas germánicas, rusas o celtas cuando se dedicaron a recopilarlas. Allí, tras su apariencia maravillosa o infantil y sus figuras de princesas y caballeros, se encuentran quizá los viejos dioses y héroes que habrían de llegar hasta Wagner y las nuevas formas épicas del siglo XX, como el mundo de los superhéroes. Pero más allá del cuento y de otros relatos fundacionales y formas sencillas, como la leyenda o el enigma, lo propio del mito es el toque mágico de la trascendencia. *In principio erat fabula*.

Desde comienzos del siglo XIX, y gracias a la mitología comparada, sabemos que los mitos, dioses y héroes tienen sus correspondencias en diversas latitudes, épocas y culturas, y que expresan una gran historia paralela de la humanidad, con una serie de elementos invariables que pueden coincidir, en esencia, en unos cuantos argumentos básicos: temas, mitemas, mitologemas, escenas míticas, narratemas, símbolos, arquetipos o personajes. Larga es la historia de las interpretaciones y definiciones de la mitología en la cultura occidental. Desde el comparatismo de Müller hasta la escuela de antropología de Tylor o Frazer, o la positivista del método histórico-filológico, representada por Wilamowitz, entre otros, las corrientes de interpretación se han centrado en las variables sociales, históricas, económicas o comparatistas con especial énfasis. Desde entonces, han florecido otras interpretaciones que tienen que ver con el simbolismo —ya sea psicológico o religioso—, el funcionalismo —de índole antropológica pero libre ya de la perspectiva eurocentrista anterior—, el marxismo —que ha analizado los mitos a partir de la evolución de los sistemas de producción y de la lucha de clases—, el estructuralismo —que se ha centrado en sus unidades mínimas y sus haces de relaciones mutuas— y un largo etcétera de otras derivaciones más modernas, como las que representan los autores citados más arriba, desde la mitocrítica a la llamada Escuela de París. Huelga decir que cada una de estas escuelas ha propuesto innumerables definiciones de lo que es un mito y lo que constituye una mitología. Sería prolijo enumerar aquí las teorías más importantes, por lo que prefiero ofrecer una visión de conjunto.

De entre las muchas definiciones de mito que se han dado, me gustaría tomar, a modo de ejemplo, dos de las más recientes que se han dado en la cultura académica española. Carlos García Gual, el teórico del mito que ha tenido acaso mayor influencia en las últimas décadas, define el mito en su *Historia mínima de la mitología* (2014) como «un relato tradicional que evoca la actuación memorable y paradigmática de unos personajes excepcionales (dioses y héroes) en un tiempo prestigioso y lejano». Por su parte, José Manuel Losada, en su *Mitocrítica cultural. Una definición del mito* (2022), propone comprender el mito como «un relato fundacional, simbólico y temático de acontecimientos extraordinarios con referente trascendente sobrenatural sagrado, carentes, en principio, de testimonio histórico y remitentes a una cosmogonía o una escatología individuales o colectivas, pero siempre absolutas». ¿Por eso se puede considerar mito a don Juan y no a don Quijote? Sin duda la antigua definición de Mircea Eliade de mito como «historia sacra» está en el trasfondo. Estas dos definiciones, dadas por dos expertos de referencia, son solo un botón de muestra y condensan gran parte de los puntos de vista que se han ensayado desde hace años.

No es mi pretensión elaborar aquí una nueva definición o una colección de definiciones, sino simplemente esbozar, en un ensayo introductorio, una breve metodología del uso narrativo del mito como argumento universal o herramienta literaria, que es donde creo que reside su interés a la hora de presentar esta pequeña historia mítica. Puede ser útil reparar, de forma preliminar, en lo que dice actualmente el *Diccionario de la lengua española* para complementar las definiciones académicas anteriores. Solo la primera acepción recoge la esencia del debate en torno a los mitos relacionados con las culturas antiguas y con su perspectiva sagrada o ritual: «narración maravillosa situada fuera del tiempo histórico y protagonizada por personajes de carácter divino o heroico».

En cambio, la segunda acepción se centra en la vertiente literaria, narrativa, por así decir, que es la función que queremos destacar en lo que sigue: esta afirma que un mito es una «historia ficticia o un personaje literario o artístico que encarna algún aspecto universal de la condición humana». Como se ve, el aspecto universal del mito queda aquí subrayado por encima del elemento trascendente o sagrado. En esta segunda definición, que tiene mucho que ver con la idea de personaje arquetípico o de elemento básico y argumento fundamental de la narrativa, se evidencia que el mito admite una fácil trasposición a diferentes culturas y géneros literarios. La figura de don Juan, a la que alude como ejemplo el *Diccionario de la lengua,* es fácilmente identificable en las más diversas latitudes, así como otras muchas figuras que son entendidas como mitos literarios, más que antropológicos, en una perspectiva narrativa en la que abunda el filósofo Hans Blumenberg. Pero aquí también se incluirían los mitos hispánicos de don Quijote o Carmen, que carecen de vertiente sobrenatural, proceden del campo de la literatura y se relacionan de forma unánime con España.

Después hay otras dos últimas acepciones, que no son estrictamente académicas, pero que serán muy útiles para entender el alcance de una empresa como el presente libro. La primera es la que entiende el mito como una «persona o cosa rodeada de extraordinaria admiración y estima». En ese sentido, hay numerosos elementos, situaciones o figuras históricas que han sido objeto de un proceso de mitificación, y la cultura contemporánea es especialmente receptiva en este sentido, como ha estudiado notablemente Roland Barthes. Por último, no podemos dejar de mencionar la acepción del mito como fabulación, mentira o falsedad, que recoge la cuarta definición del diccionario: «Persona o cosa a la que se atribuyen cualidades o excelencias que no tiene». Aquí resulta inevitable evocar el camino que va desde las querellas en torno al mito como fabulación entre los poetas griegos —a los que Píndaro acusa de mentir— hasta la sobreabundancia de significados y significantes míticos de la modernidad.

Como se ve, la polisemia de la palabra mito sigue siendo tan notable como en tiempos de los griegos —para ellos podía significar simplemente «relato», pero también «mentira»—, y las definiciones del mito —las pasadas, las presentes y las que vendrán— son muy variadas, así como los estudios de sus componentes, áreas paralelas o confluyentes.

Ahora bien, si hablamos de una historia mítica dada o de los mitos referentes a cualquier cultura, en nuestro caso la española, es posible que el lector dude en cuanto a cuál pueda ser el alcance concreto, pero no tendrá tanta incertidumbre al reparar en el adjetivo «mítico», con respecto a su tono narrativo y evocador. Y es que, a mi ver, el mito denota ante todo un tipo de comunicación inconfundible: hay un presentimiento universal de lo que realmente constituye el relato mítico que rebasa toda concreción y tiende eternamente a una redefinición intuitiva. Es evidente que sentimos algo especial cuando leemos la palabra «mito» o cuando alguien se dispone a «contar un mito». Hay una suspensión del juicio, un estado de ánimo especial, propenso a lo maravilloso, como cuando el chamán o la anciana contaban los relatos de la tribu en torno a la hoguera primordial o como cuando los personajes de Platón detienen su diálogo y sus definiciones filosóficas cuando parecen decir: «contemos ahora un mito». Y entonces se invierte la caverna y conocemos de otra manera lo hondamente humano en una catábasis simbólica, casi un regreso a los orígenes de la conciencia. Lo único es que, quizá, hoy la lumbre y el fuego son muy otros —los catódicos o digitales del cine, las series e Internet—, pero las historias y los héroes continúan siendo semejantes en lo más básico y siguen estructuras y patrones parecidos: argumentos hay pocos y contados, pero lo que atrae indefectiblemente a nuestro cerebro más allá de todo *incipit* son las vidas ficticias de personajes ajenos en sus inminentes transformaciones y ordalías presentidas.

El mito encierra el absoluto, e incluso en la época actual, definida, siguiendo a George Steiner, como la era de la nostalgia de lo absoluto, volvemos más que nunca a los mitos en la gran pantalla. Al igual que ocurre con los cuentos maravillosos, y más allá, en la psicología con los sueños, el mito nos está hablando en un lenguaje sencillo e inconfundible, escrito sobre nuestras vidas en los más diversos formatos, no importa si es óleo sobre lienzo, pintura sobre cerámica, tragedia, novela, largometraje o serie, incluso en los más modernos y recientes géneros que ha adoptado la creatividad. Las vivencias y el camino del héroe mítico —una senda simbólica que muchas veces se refiere a un esquema circular biológico o biopolítico en busca de un tesoro, en pos de la tierra prometida, del regreso al hogar o, en fin, en las diversas misiones sobrecogedoras de la tradición— siguen mostrando ese lenguaje fascinante y fácilmente comprensible de la narrativa patrimonial que nunca debemos olvidar. En suma, la mitología es una disciplina que siempre está de actualidad: nunca pasa de moda.

Las grandes historias esenciales

Más allá de lo que han hecho con él diversos intérpretes desde el punto de vista de la filosofía, la sociología, la psicología o la política, el mito es pura narración. Hay diversas formas de relatar la experiencia humana tras las que subyacen patrones narrativos comunes y que son fácilmente identificables: una de ellas, quizá la más importante, es el mito. Se puede abordar, así, el trabajo sobre el mito mediante la consideración de su narrativa y la posibilidad de dividirlo en unidades más sencillas de narración —mitemas, mitologemas, escenas míticas o invariantes, según la aproximación interpretativa que se elija— que, a la vez, son susceptibles de combinarse en sistemas mayores hasta llegar al gran mosaico de la mitología. Sin entrar a teorizar al respecto, esta será la aproximación de las páginas sucesivas, siguiendo en parte a Blumenberg: el sentido del mito radica en sus patrones narrativos, metáforas y símbolos. Por eso el mito sigue tan vivo en nuestra imaginación y en nuestra narrativa contemporánea.

Otras formas sencillas acaso han sido menos adaptables para la contemporaneidad, como los cuentos maravillosos, las fábulas o las leyendas. Ciertamente, tienen puntos de contacto con el mito que se han subrayado a menudo, y la manera en que son enmarcados en otros sistemas se ha investigado también con frecuencia. Como el mito, también son parte integrante de lo que podemos llamar la narrativa patrimonial, y utilizan el mismo repertorio de símbolos, metáforas, alegorías y figuras, pero no son tan fácilmente actualizables. Como es sabido, el mito guarda con el cuento maravilloso una estrecha relación: los dos son, a su modo, viejas historias de la tribu. Pero mientras que en el trasfondo del cuento —que tiene una moraleja unívoca y universal— puede que haya una antigua historia de iniciación personal, el mito —que tiene una moral ambivalente y una lección matizada para cada individuo— recoge esas historias y argumentos con una perspectiva enmarcada en una sociedad dada y que apunta a un relato colectivo y perdurable. El mito, sobre un núcleo figurativo de metáforas repetidas, ideas potentes, argumentos arquetípicos y figuras inolvidables, proporciona también una cosmovisión para una comunidad.

Pero, en el fondo, sobre este repertorio de figuras y símbolos comunes, todo puede ordenarse en torno a un cierto grupo de argumentos o historias comunes, cuyas invariantes se ven en diversas latitudes. Desde que nacieron la mitología y la literatura comparadas se ha intentado sistematizar este repertorio en un número variable de esquemas. A comienzos del XIX los hermanos Grimm, grandes estudiosos del folclor, se pusieron a compilar, a partir de fuentes diversas, las piezas de la narrativa popular germana que se contaban en las casas de toda condición. Desde entonces nació el interés moderno por desentrañar los viejos esquemas narrativos, tan conocidos de todos, y surgieron paralelos en diversas latitudes. Se descubrió un lenguaje tan universal como el de la mitología —que mitólogos como Creuzer

Bachofen o Müller empezarían pronto a estudiar de modo comparativo entre las narraciones religiosas de Oriente y Occidente— y una suerte de protonarración, un sistema básico de esquemas de aventuras de héroes y heroínas en un mundo numinoso y primordial que, en el fondo, mucho tenían que ver con la mitología.

La intuición de los Grimm de que detrás de sus cuentos —el de Frau Holle, por ejemplo[1]— subyacían antiguos dioses —Freya, Wotan-Odín y otros— no era una ecuación exacta, pero desvelaba un fondo común acertado. En la lingüística se operaba de modo similar, cuando los mismos Grimm o Bopp, entre otros afamados indoeuropeístas, trataban de desvelar las raíces de las lenguas comparadas tras constatarse, desde los estudios de Jones, el parentesco del sánscrito, el persa y las lenguas europeas. Se tendía a buscar el esquema básico, una «protolengua» (*Ursprache*), a la par que aquí se puede evocar una protonarración. Algo más tarde, al acabar el siglo, se aunarían estos estudios al descubrimiento de otro gran lenguaje común, el de los sueños, que profundiza en esta otra narrativa común de la humanidad, tras los mitos y los cuentos.

Tras Perrault y los Grimm, y con base filológica, llegaron los estudios de Afanásiev y los folcloristas rusos, que desembocaron en el impresionante trabajo de Propp, fundamental para la sistematización de los esquemas de los cuentos, al igual que más tarde lo serían los grandes repertorios de motivos del cuento, como el sistema de clasificación de fábulas y cuentos maravillosos de Aarne-Thompson-Uther (ATU, 1910-2004).

---

1. Véase, en esta misma colección, «La señora Holle» en J. y W. Grimm, *Cuentos,* 2014, trad. de Pedro Gálvez, pp. 175-184, o «La señora Holle y la doncella de oro y la doncella de pez», en *Cuentos completos,* 1, trad. de M.ª Antonia Seijo Castroviejo, 2015, pp. 222-226. *(N. del E.)*

El cuento forma un gran legado inmemorial que sigue esquemas parecidos en Alemania, Rusia, América o en las diversas tradiciones asiáticas, en torno a un cúmulo de esquemas básicos del héroe maravilloso. La reducción de la narrativa patrimonial a una gran estructura que se repite *ad libitum* es una genial intuición de la *Morfología del cuento* (1928) de Vladímir Propp, que tuvo una tardía influencia en Occidente, solo desde su traducción al inglés en 1958 (que, por cierto, precipitará el emerger del estructuralismo mitológico de Lévi-Strauss). Se indagaba así en los rígidos patrones de la narrativa quizá más antigua y primordial, la que más profundamente refleja los propios orígenes de la humanidad, su sociedad, sus ritos, miedos y desafíos.

Estos relatos, lejos de ser simplemente «cuentos para niños» (*Kinder- und Hausmärchen*, según la compilación hecha por los Grimm, 1812-1858), poseen una tremenda potencia evocadora —que se ve por ejemplo en los de Basile (1634) o en la primera edición de los cuentos de los Grimm, de 1812, desprovista de todo adorno burgués o edulcoración literaria— que habla de épocas pretéritas y de un saber condensado en lecciones duras e inolvidables, y personajes arquetípicos a los que conviene volver a menudo. Son narraciones patrimoniales que proporcionan una suerte de aprendizaje primitivo, como vieron en los cuentos maravillosos los psicólogos Heuscher y Bettelheim. Se habla también de una suerte de pedagogía del mito, pues las historias míticas también proporcionan un aprendizaje psicológico certero, en paralelo a la reflexión sobre las narrativas oníricas, que se ha explorado desde Freud y Jung. Sueño, cuento y mito, en fin, han servido para la reflexión de destacados artistas y escritores que han extraído de ellos grandes argumentos universales.

En el trasfondo se sitúa la pregunta acerca de cuál es el patrón básico de las historias o, dicho de otra manera, de cuántas son las historias que conforman la narrativa patrimonial. Borges, en «Los cuatro ciclos», un breve ensayo de *El oro de los tigres* (1972), considera que hay en la literatura cuatro ciclos o, en realidad, grandes argumentos míticos: el asedio de una ciudad destinada a perecer, el regreso del héroe a casa, la búsqueda del héroe en pos de un objeto legendario y el sacrificio por sus semejantes. En suma, sugiere, son cuatro las historias que estamos destinados a repetir «durante el tiempo que nos queda»: obviamente, las ejemplifica con la épica guerrera de la *Ilíada*, la vuelta a casa de la *Odisea*, el viaje de los Argonautas y la redención de Cristo/Prometeo/Dioniso, que queda en suspenso para que el lector adivine.

Pronto se postuló desde la mitología influida por el psicoanálisis la idea de que las historias míticas sobre la aventura del héroe se podían resumir en una sola y tenían mucho que ver con el viaje hacia la formación de la conciencia, lo que la psicología junguiana llamaba «el proceso de individuación». El mitólogo clave de esta perspectiva es Joseph Campbell con su controvertida pero exitosa tesis del monomito, es decir, el esquema común o patrón subyacente a todas las historias de la narrativa patrimonial del ser humano: es el periplo de un héroe que responde a una llamada aventurera para dejar su mundo conocido —tras una reticencia inicial superada gracias a un mentor—, atraviesa el umbral que lo lleva a un mundo extraordinario, descubre a sus aliados o enemigos, cumple una hazaña o supera una crisis decisiva y regresa a casa transformado y para transformar su contexto inicial. Esta es la idea de base del gran libro de Campbell

El héroe de las mil caras (1949), muy influido por la antropología clásica y la psicología arquetípica junguiana, pero llama la atención el resultado coincidente con los postulados de Propp, cuya obra no conoció. Al uno desde el psicoanálisis del mito y al otro desde la comprensión global de la narrativa folclórica los une el empeño por poner de manifiesto las etapas de la narración mítica y popular extrayendo las invariantes —por seguir usando terminología estructuralista— de este tipo de relatos.

De esta perspectiva psicológica, que bien puede combinarse con la narrativa de Propp y la filosofía de Blumenberg, nos interesa la idea metafórica del mito como gran aventura de la vida del subconsciente que influye en la de la vida consciente y la rige a su modo. Se ha dicho que toda mitología se compone de una cosmogonía, es decir, cómo empezó todo, una escatología, o sea, cómo termina todo, y, entre medias, los ciclos con la vida y hazañas de los héroes, en una perspectiva casi biológica. Pues bien, puede que la aproximación literaria ilumine sobre todo el comienzo y el fin, mientras que la psicológica permita entender la parte central de la mitología, los ciclos de la vida de los héroes, como una gran metáfora del recorrido biológico y la comprensión mental a través de la existencia.

La incorporación de los sueños —tanto del material onírico de pacientes reales como de las menciones de sueños y el recurso al sueño en los mitos y las fuentes literarias de estos— es importante en esta vertiente, pues conforma otra amalgama primordial de narrativa básica: las estructuras básicas del cuento o el mito pasan, sobre todo con los arquetipos de Jung, a compararse con la narrativa onírica. Se propone, en el fondo, superar la vieja dicotomía comparatista entre filiación y poligénesis que había marcado la discusión en ámbitos como los del cuento enmarcado, el mito o la fábula, a través de la indagación psicológica. ¿Es posible, como defiende Lacan, investigar una gramática del inconsciente, una sintaxis de los sueños? ¿Qué figuras o situaciones típicas se pueden enumerar? No podemos entrar en estas cuestiones, que algunos neurocientíficos, como Sidarta Ribeiro (2019), han apuntado.

La constatación definitiva de que el mito sigue vivo es el uso permanente de los esquemas de esta narrativa patrimonial que han estudiado Propp y Campbell, tratando de subdividir sus unidades básicas, y que luego han desarrollado los estructuralistas, los narratólogos y los guionistas, constatando su éxito continuo en lo audiovisual, tanto en el cine como en las series, y en el cómic. Los esquemas del folclorista y el mitólogo, los del estructuralismo y los del psicoanálisis también han inundado las escuelas de narrativa audiovisual. Por ejemplo, el guionista Christopher Vogler popularizó en los años 80 los esquemas del libro de Campbell en un memorándum, en principio para Disney, pero que luego circuló por diversos estudios, y que más tarde se transformó en *El viaje del escritor* (1992). Otro teórico del guion cinematográfico que ha usado estructuras claramente míticas es Robert MacKee en *El guión* (1997). Y es conocida la admiración de George Lucas, creador del universo *Star Wars*, por la «tesis del monomito» de Campbell, quien se convirtió en una figura muy popular a raíz de una serie de entrevistas televisivas con el periodista Bill Moyers grabadas en 1988 en el «Rancho Skywalker».

Otra prueba clave de la pervivencia del mito como narrativa es todo el universo de los superhéroes en el cómic de fantasía, superpoderes y ciencia ficción, donde han influido grandemente la misma manera de narrar y los mismos mimbres y esquemas que comentamos. Puede que los superhéroes, como sostienen los estudiosos, nazcan de la convergencia de las tradiciones fantásticas, esotéricas y de la ciencia ficción. Cuando en 1938 aparece Superman en *Action Comics* se está dando carta de naturaleza a una suerte de «nueva mitología» ligada a los Estados Unidos como superpotencia. Como todo gran imperio del pasado, también este necesitaba sus mitos y héroes y no podía buscarlos en las leyendas del *Far West* y los héroes pistoleros de la conquista del Oeste, sino que necesitaba una perspectiva de altos vuelos. Por eso la simbiosis con la mitología comparada es determinante, en una línea que va de Hércules a Superman, de Aquiles y Odiseo a Batman y Spiderman. Mito, arte, literatura, además de la amalgama de la fantasía y la ciencia ficción, engendran a los superhéroes en mallas ajustadas a partir de un tipo de héroe clásico muy singular, que bien podemos representar con el *Perseo* de Cellini. A ello se suman el elemento patriótico —Superman nace peleando contra las potencias del Eje—, el elemento filosófico posnietzscheano —la trascendencia del superhombre ante la «muerte de Dios»— y el elemento psicoanalítico, con especial influencia de la psicología junguiana y su adaptación mitopoética —tan fecunda para la narrativa del cómic, el cine y las series— de la teoría del «viaje del héroe», pues se nota en los guiones de los cómics la incidencia de los antiguos moldes narrativos del mito. Pero no solo los estudiosos de la mitología notaron la intersección entre dioses y héroes clásicos con los superhéroes del cómic: también lo han explorado los propios creadores, guionistas y dibujantes de *comicbooks*.

Un ejemplo es Christopher Knowles, que en un libro de 2007 presenta una interesante adaptación de la tradición heroica clásica a diversas categorías de superhéroes a partir de fuentes mitológicas, o Pedro Angosto, que hace lo mismo en su libro *Superhéroes. Una historia del cómic americano* (2022), con una clasificación de superhéroes a partir de las edades hesiódicas, para luego dedicar un estudio de caso en *Sandman vs. Lucifer* (2023) al cómic de culto de Neil Gaiman y al mito de la caída.

Hoy podemos apreciar la influencia de la narrativa mítica sobre todo en las ficciones audiovisuales, más basadas que nunca en esos argumentos universales. Jordi Balló y Xavier Pérez lo mostraron en su excelente libro *La semilla inmortal* (1995), donde se hace evidente que las principales producciones de la historia del cine se pueden clasificar siguiendo una taxonomía que remite invariablemente al repertorio mítico, desde el regreso al hogar, el héroe fundador, el amor redentor, el viaje al infierno y diversos otros esquemas reflejados en las obras clásicas que son fuente de la mitología. Además, en nuestros días, la proliferación de las plataformas de televisión a la carta con ficciones seriales muestran claramente los efectos de la narrativa mítica, en producciones como *Carnival*, *Westworld*, *Battlestar Galactica*, *Taboo* y otras muchas, que dependen directamente de antiguos patrones. A ello se dedica el segundo libro de Balló y Pérez, *Yo ya he estado aquí. Ficciones de la repetición* (2005), que desvela la raigambre arcaica también en el gusto actual por las series televisivas, basado en una antigua afición de la narrativa mítica por la repetición, la ficción coral o familiar y la reiteración de motivos o variaciones *ad libitum* sobre un mismo tema.

Conque sí, tal vez puede que sigamos contando la misma historia serial: no cuatro, se corregía el último Borges en una entrevista televisiva, al decir que siempre había reescrito su primer libro, *Fervor de Buenos Aires*, una y otra vez; es decir, que acaso es una sola la historia la que se cuenta y que se corresponde con la que desarrolla la conciencia de cada persona. Para abundar en ello, Will Storr, en su libro *La ciencia de contar historias* (2019), investiga en torno a la unidad primordial de los relatos arquetípicos que llevamos contando durante miles de años, en forma de mitos, cuentos, maravillosos o leyendas. Se trata de una aportación interesante a la idea esbozada por Harari de que el ser humano es un animal narrativo o, por mejor decir, mitopoético. Su idea es explicar la narrativa patrimonial con la perspectiva añadida de la neurociencia y responder la pregunta de por qué el ser humano está continuamente embelesado contando y escuchando aventuras de héroes como él mismo. Algunos investigadores en este ámbito presentan el cerebro como una especie de «gran narrador» cuya obra magna es nuestra personalidad y, por supuesto, cuyo héroe somos nosotros mismos, con nuestros desafíos, villanos, ordalías y finales felices o desafortunados. Y por eso la historia puede ser un patrón, con diversos ribetes o matices, y lo básico, antes que la trama, es centrarse en el personaje principal, sus emociones —terror y compasión, como en la tragedia aristotélica—, sus aliados y enemigos, y su misión como mimbres básicos de las narraciones que más éxito tienen en la literatura y en la gran y pequeña pantallas. La historia —e incluso la prehistoria— puede así explicar nuestra innata pulsión por narrar —el *Lust zu fabulieren* goethiano—, y refiere las claves de cómo inventar relatos inolvidables, a lo que se añade el recurso a científicos que han analizado decenas de miles de argumentos para encontrar esquemas comunes que los hacen triunfar en millones de cerebros presentando personajes y emociones en tramas con cambio y conflicto, en un arco del personaje que excite la curiosidad.

Así, finalmente, con los mimbres de la narrativa patrimonial, se puede entender el presente intento de elaborar un particular y ecléctico método para abordar lo que podríamos denominar una «historia mítica», es decir, una indagación un tanto personal en esa narrativa arquetípica y casi inconsciente que se sigue constatando en nuestro tiempo tanto como antaño. Y ello, particularmente, referido a nuestro país, por lo que procede ahora centrarse en la propuesta de esbozar una historia mítica de España.

Por qué una historia mítica de España

Los mitos tienen una enorme valencia semántica que los hace poderosísimos para revelar las fuerzas y los impulsos que mueven a las sociedades. Qué duda cabe de que una manera de comprenderlas en sus procesos históricos y de constatar las analogías y diferencias de cada etapa es el análisis del repertorio y del imaginario mítico y simbólico, de los relatos fundacionales y compartidos por toda la sociedad y que se han transmitido desde antiguo como claves de sus esencias de manera, por supuesto, más o menos interesada. El poder de los poéticos mitos que inspiran la etnogénesis de las diversas naciones es bien conocido no solo por artistas y literatos, sino también por los políticos que han intentado manejar las emociones de los pueblos especialmente desde la edad romántica. No por casualidad la formación de los modernos estados nación con aspiración de unidad cultural que se da a partir de comienzos del siglo XIX está fuertemente basada en una relectura del pasado, no siempre fiel a los datos de la historia o la arqueología, tanto de la Antigüedad como del Medievo, y con un especial énfasis en las figuras heroicas, las batallas legendarias y los personajes de halo mítico del pasado.

Así sucede también, como no podía ser de otra manera, en el caso de España, antigua nación en el panorama europeo que no ha sido una excepción a este respecto, sino que ha visto un uso abundante del pasado legendario para la legitimación de los diversos regímenes o momentos de la historia política. A nuestros efectos interesará no tanto la teoría antropológica que vincula el mito y el rito —aunque ya sabemos, como quería Malinowski, que el mito sigue muy vivo hoy día en diversos pueblos que continúan viviendo el ritual con fuerza—, sino, especialmente, la relación del mito con el folclor, la literatura y el arte como motor narrativo, a la que se aludió más arriba.

A veces es difícil distinguir el mito del folclor en el caso hispánico, por lo que se hará especial hincapié en esa concepción amplia del mito, que incluya sobre todo sus estructuras básicas. Por eso procede, en esta introducción, esbozar una aproximación general y esquematizar los componentes básicos de las historias y personajes míticos que se tratarán, así como su filiación con respecto a los grandes sistemas mitológicos que influyen en nuestra historia mítica —clásico, semítico, céltico...— y de los que dependen las figuras, arquetipos y leyendas hispánicas que se recopilarán en lo que sigue. Este confusionismo entre mitos y cuentos sucede a menudo entre los pueblos más diversos, desde América del Norte —como entre iroqueses, inuit o sioux— a la del Sur, desde el mundo islámico al eslavo: sus leyendas incluyen divinidades o seres extraordinarios y abundan en los motivos míticos más usuales que coinciden con los del folclor. La cosmogonía, la etnogénesis, la escatología y los ciclos heroicos, que son partes integrantes de casi todos los relatos míticos, comparten esta base narrativa fundamental con el mundo de los cuentos populares.

Tal vez la diferencia resida sobre todo en el mundo de lo sobrehumano, allí donde el mito pone un énfasis mayor que el folclor. Esto hace de la citada consideración del elemento sagrado en el mito, según Eliade, una llave para discriminar lo mítico de lo folclórico. Pero no siempre es así, como demuestran, por ejemplo, las figuras de las divinidades marrulleras y embaucadoras que transitan diversas culturas. El «dios que engaña», sea Loki, Maui, Raven, Coyote, Anansi y un largo etcétera, es un arquetipo que une lo mítico y lo folclórico, aunque no siempre admite culto religioso, salvo en algunos casos, como el de Hermes en la antigua Grecia.

En las páginas siguientes se seguirá un doble eje para presentar esta galería de figuras, historias y motivos míticos relacionados con España. En primer lugar, un eje esboza un recorrido de tipo cronológico que comienza con la historia de la península Ibérica en la Antigüedad, antes de la romanización, y continúa con la Hispania romana, la época medieval, la moderna y la contemporánea. Al hilo de esta primera clasificación diacrónica se irán analizando algunos de los episodios míticos y figuras arquetípicas o históricas más emblemáticos y de más larga pervivencia en el imaginario hispánico. Un segundo eje tratará elementos simbólicos de la naturaleza, como los animales y el marco geográfico de los mitos, con especial referencia a las civilizaciones y ciudades míticas de la antigua península Ibérica.

Esta combinación de interpretaciones de lo mítico está basada en los elementos que me parecen básicos para identificar los desarrollos de la narrativa patrimonial en el caso español. Se trata de investigar esa narrativa propia, por lo que también es posible combinar esta perspectiva de la interpretación de los mitos con la psicoanalítica. Si bien sería complicado decir que los mitos pueden ayudar a psicoanalizar a un país o una sociedad entera, como pretendía Jung, trazando un paralelo con las mitologías individuales de cada persona expresadas en los sueños, quizá sí sea posible esbozar algunos elementos de esa narrativa común de la humanidad que encuentra algunas concreciones interesantes en el relato fabuloso sobre España y sus orígenes. Hay quien dijo que las mitologías son los sueños de los pueblos enteros, pero quizá esto sea una perspectiva demasiado vinculada a la creencia en la existencia psíquica de una memoria colectiva y no quiero entrar ahí. Lo vital es constatar la pervivencia de lo mítico en nuestro discurso colectivo actual.

Los mitos hispánicos tienen mucho que ver con el sustrato de la vieja Europa, que se extiende desde el Egeo y el ámbito de los Balcanes sucesivamente y a lo largo de los tres primeros milenios a. C. hasta el Finisterre hispánico con las migraciones celtas, por no hablar de la relación con África a través del Estrecho. Por eso sería necesario indagar a partir de los cultos atestiguados en la prehistoria, si esto es posible, reflejados en la arqueología prehistórica y en el arte rupestre, con lo que se pueda dilucidar de las figuras predominantes de serpientes, pájaros, deidades femeninas y heroínas del bosque y la naturaleza, dioses y héroes de la iniciación primitiva, etc. Parece interesante investigar la herencia de estos mitos en el sucesivo advenimiento de los pueblos indoeuropeos que van a poblar todo el continente y también la península Ibérica. La combinación entre las culturas nativas y los pueblos que van asentándose en la Península desde la parte septentrional hacia el sur y viceversa creará una interesante amalgama conocida con diversas denominaciones, entre otras, el mundo celtíbero. Los contactos culturales en la Europa del primer milenio antes de Cristo son muy intensos, y especialmente en la Península, donde se fundaron grandes emporios fenicios y posteriormente griegos, pueblos de una elevada cultura y refinada manufactura de objetos de arte que van a entrar en contacto con el sustrato de la península Ibérica. Desde los contactos con el Levante, con las civilizaciones fenicias, y también con las griegas, ya desde era micénica hasta las épocas arcaica y clásica, se puede hablar de un proceso muy interesante de aculturación, que tiene que ver también con la percepción foránea de la elevada cultura del sur de la Península, conocida como a veces Tarteso, tanto en las fuentes griegas como semíticas.

La pretensión de escribir una historia mítica de España en este sentido siempre se quedará en mero proyecto por la evidente oscuridad de las más remotas antigüedades y la imposibilidad de dar cumplida cuenta de estas innumerables interacciones entre diversos pueblos que cruzaron el estrecho de Gibraltar o los Pirineos, y han conformado un panorama inabarcable que va desde el norte cántabro o vasco, hasta el sur, argárico, tartésico, ibérico, griego y fenicio, entre otros calificativos en varias latitudes. Por ello, toda esta acumulación de mitos, arquetipos, símbolos y leyendas en diversos estratos va formando una mitología muy peculiar, como una suerte de mosaico con diversas teselas donde se entrevera la historia mítica de los diversos pueblos que pasaron por la Península. Son fundamentales, a ese respecto, los nuevos usos por parte de los romanos del sustrato anterior, la adaptación local de los mitos grecolatinos, la recuperación tardoantigua de la herencia centroeuropea, la relectura de los germánicos y de las leyendas célticas, y el intento tardomedieval de combinar todo ello con la historia bíblica. Una amalgama de mitologías que van a conformar el halo legendario de España como Iberia, Ofiusa, Hesperia, Eritía, Hispania o Sefarad, entre otros muchos nombres, y a la que se dedicarán, de forma no exhaustiva, las páginas que siguen.

Mitos clásicos

En primer lugar, es importante partir de los mitos clásicos, que son los más cercanos a nosotros patrimonialmente hablando —pues seguimos siendo en cierto modo griegos y romanos, como decían Shelley o Goethe— dentro de toda la gran sinfonía de la mitología comparada, que han estudiado autores como Frazer, Eliade o Lévi-Strauss, entre otros. Como decía Campbell, la mitología universal es una suerte de sinfonía con los mismos *leitmotive*, pero ejecutada por instrumentos diferentes. Pero si en toda ella resuena el ritmo esencial del ser humano, «el ritmo de la existencia», que diría el poeta griego Arquíloco, para la cultura occidental no cabe duda de que la base cultural fundacional sigue siendo la que proporciona la mitología clásica.

Si en el principio los mitos griegos surgen, enlazados con la religión, como respuesta a las grandes preguntas de la vida y la muerte, pronto se convertirán en materia prima para la literatura y las artes en un proceso que comienza ya en la Antigüedad. Aún hoy, es imposible recorrer un museo o una colección de narrativa o poesía que no contenga alusiones a los mitos, héroes y dioses griegos. Para la mitología hispánica, es claro que la influencia de los mitos clásicos —especialmente desde el ciclo troyano y el de Hércules— resulta de importancia clave. En el comienzo fue Troya, la ciudad primordial donde se da la guerra mítica que alumbra la literatura y la historia desde los poemas homéricos y sus repercusiones. Dos de los cuatro ciclos borgeanos se sitúan en torno a esta materia troyana y sus diversas postrimerías, otros tantos argumentos cinematográficos de Balló y Pérez, y son porciones clave de los esquemas de Propp o Campbell.

El material narrativo que proporciona el ciclo griego por excelencia, luego romanizado por la *Eneida* de Virgilio, se convierte en universal en la Antigüedad tardía y en el Medievo, con las aventuras troyanas de Troilo y Crésida y el román de Troya, hasta llegar a los cronistas castellanos. Como en los cuentos, todo comienza con una carencia o una falta: lo vemos, por ejemplo, en el cuadro de 1636 de Jacob Jordaens *Las bodas de Tetis y Peleo* (Museo del Prado), simbolizada por la famosa manzana de la Discordia. Las bodas como comienzo de la aventura se repiten en el folclor y en otros mitos como el de Cadmo y Harmonía. Seguirá el famoso juicio de Paris, el rapto de la bella Helena, el reclutamiento de los héroes, la guerra con sus muchos episodios —de los que la cólera de Aquiles es el más célebre— y los regresos o *nostoi*. Hay un sinfín de personajes, motivos y episodios representados de forma cíclica.

Un triángulo de literatura, historia y recepción se despliega tras la muralla de la legendaria ciudadela de Troya. En cuanto a literatura, el ciclo épico representado, en primer lugar, por la *Ilíada*, el cantar de la guerra legendaria en torno a las murallas de Ilión, que se centra en un momento concreto, la cólera de Aquiles, como se ve en la invocación a la musa para que asista al poeta en su misión de conmover al pueblo contando de nuevo esa porción de la historia tan sabida: «La cólera canta, oh diosa, de Aquiles hijo de Peleo» (*Mēnin aeide, thea, Pēlēiadeō Achilēos*). No se precisan más antecedentes. Luego viene el segundo gran poema épico, la *Odisea*, uno de los regresos, acaso el más singular, como su protagonista, que pronto obtuvo cierta independencia como ciclo de viajes y aventuras en el esquema mítico del retorno del héroe. La *Odisea* enriquece la épica guerrera con estratos fabulosos y novelescos, entre las fantásticas aventuras por los mares del ingenioso Odiseo con sus peligrosos encuentros y las intrigas en la corte de Ítaca, entre la leal Penélope y el esforzado Telémaco. El tono muy distinto de la *Odisea* se ve ya en su primer verso: «Cuéntame, musa, del hombre de variadas tretas» (*Andra moi ennepe, Mousa, polytropon*). En cuanto al segundo vértice, la historicidad de la guerra siempre ha estado en el trasfondo de esta materia, como sucede a menudo en toda la épica. Pero no podemos sumergirnos en esta cuestión. Más nos interesan, en tercer lugar, las innumerables postrimerías de Troya y su caída. Muchos de estos episodios de después de la guerra sirvieron para elaborar otras leyendas o ciclos —como el triste regreso de Agamenón en la tragedia o el viaje de Eneas en pos de la tierra prometida de Roma, segunda Troya, en la *Eneida* virgiliana–; algunos de ellos se narraron en obras ya clásicas o epopeyas tardías como las *Posthoméricas* de Quinto de Esmirna.

En su camino hacia la mitología hispánica, la leyenda de Troya no se limitó al ámbito griego, sino que perduró en Roma y Bizancio, a través de héroes como Eneas y Basilio Digenís, en Rusia y Escandinavia, en la Europa occidental y mucho más allá. Si la Roma de Augusto, para enlazar con la historia mítica de Grecia, se proclamaba descendiente de los troyanos huidos con Eneas, luego los romanos de Oriente regresarán al Bósforo con la refundación constantiniana de Bizancio, cerrando el ciclo mítico y propagandístico con la gran Constantinopla, que duraría aún otros mil años. Otros pueblos posteriores emplearán las mismas pretensiones de antigua estirpe greco-troyana. Repercusiones lejanas son los orígenes míticos de algunas casas reales de la Europa occidental –Francia, Inglaterra o España–, que pretenden remontarse a héroes griegos o troyanos. La *Historia Regum Britanniae* de Geoffrey de Monmouth, por ejemplo, localiza los orígenes de la dinastía real en un bisnieto de Eneas, Bruto, «caudillo de los últimos troyanos». Ulises se supone que siguió sus viajes hasta el lejano Occidente, como se apunta en la *Divina comedia*, y quiere la tradición que fundara Lisboa en sus nuevas travesías, mientras los troyanos exiliados llegaban a las costas gallegas. También el islandés Snorri Sturluson escribe en su *Edda* que los troyanos llegaron al mundo nórdico: un hijo de Príamo, Tror o Thor, aparece como mítico antepasado. Troya es, aún hoy, materia de leyenda que hace soñar a todos los hombres y a muchos creadores que se han dejado cautivar por su recepción. En fin, la repercusión de Troya en la historia de nuestra cultura es inmensa e inabarcable en Dante, Shakespeare, Cervantes, Calderón, Tennyson, Cavafis, Joyce, Borges y tantos otros.

Los ecos de la materia troyana llegan a la historia mítica de España, con gran predilección en los autores del Medievo y de la Edad Moderna. La novela de Troya pasa a las crónicas históricas hispanas y los regresos de los héroes griegos —y los viajes de algunos troyanos— acaban sin remisión en las costas de la península Ibérica con diversas fundaciones míticas o con los orígenes de algunos señoríos. Pero el otro gran ciclo al que hay que dedicar atención por su pervivencia en nuestro país es el del héroe griego Heracles. Este, el Hércules romano, es hijo del máximo dios del panteón (Zeus/Júpiter) y de una mortal, pero no nacerá dios, sino que tendrá que ganarse su lugar en el firmamento entre los olímpicos a través de diversas peripecias. En una «vida de héroe», parafraseando el poema sinfónico de Richard Strauss, Hércules habrá de sufrir indecibles fatigas hasta su sufriente apoteosis final. Sus hazañas, resumidas en los arquetípicos «doce trabajos», que han sido explotados por la literatura y el arte desde la época griega a la actual, tocan la Península como extremo riesgo. Este héroe del tipo civilizador trasciende el mundo conocido y llega a los extremos del orbe, no por casualidad situados en la Península, con trabajos como los de Gerión o el jardín de las Hespérides. La literatura posterior y la historia mítica hispana a partir del Medievo hacen de Hércules el héroe fundacional de la monarquía española a través de las dinastías que se suceden en el solar hispano con sus columnas que simbolizan cada uno de los lados del Estrecho. Por ello, habrá que prestar especial atención a estos dos ciclos de la mitología clásica que pasan desde Grecia y Roma a la península Ibérica.

Mitos bíblicos

Además de esos mitos griegos, con su adaptación romana, que son sin duda los clásicos de nuestra cultura, están los de las otras latitudes y sistemas, desde el mundo del Antiguo Testamento al de los mitos nórdicos y célticos que han influido sobremanera en la historia mítica hispana. Se puede decir que esta amalgama mítica, aparte de las historias que puedan pertenecer a un elemento semita y que puedan sobrevivir, si acaso, en las leyendas relacionadas con la España prerromana, se conforma especialmente a través de los mitos expandidos en el Medievo de raigambre bíblica y los del acervo de los relatos de la tradición folclórica celta. Empecemos por los primeros.

La Biblia, tanto el Antiguo como el Nuevo Testamento, es el libro más traducido de la historia. Mucho más que un libro de fe —que lo es para la devoción de millones de personas en todo el planeta—, la Biblia es una de las obras cumbre de la literatura universal. El libro más leído, más versionado, más rico, más polémico, más interpretado de todos los tiempos esconde tesoros inagotables. Desde su origen hebreo y griego, en un contexto histórico, religioso y cultural clave para la era axial, desde el 600 a. C. al 100 d. C., los textos que conforman la Biblia (el «libro», del griego *biblion*, por excelencia) no han dejado de ejercer una irresistible fascinación: desde la Torá como núcleo judío, rico en mitos de los orígenes, leyendas y figuras heroicas acrecidas al calor de la destrucción del Templo en 586 a. C., hasta los dichos y hechos de Cristo y sus apóstoles, que permiten releer la tradición anterior en una nueva síntesis. Todo lo que se ha dicho sobre la narrativa patrimonial puede encontrarse condensado en la Biblia: es el cuento de los cuentos, la historia de las historias. Las contiene a mares, de heroísmo, guerra, amor, de épicas inolvidables de viajes fabulosos, de ancianos legendarios, jóvenes sin par, mujeres poderosas y aventuras sin fin.

Así es en la Biblia hebrea, con el Génesis y toda su cosmogonía, luego con la historia de Moisés y la epopeya del pueblo judío en pos de la tierra prometida. Los reyes, profetas, sueños y batallas que se recogen son inagotables. Y también la Biblia griega, los Evangelios, que acaso conforman el mejor relato jamás escrito, con todos los argumentos básicos de la humanidad, entre mito, folclor y novela, género que, no en vano, aparece por las fechas de su composición. La Biblia es el género de los géneros, con épica, lírica, drama, tensión novelesca, relatos oníricos, visiones de todo tipo y apariciones de lo sobrenatural. Es historia, fe, mito, literatura y arte a partes iguales: no hay que dejar nunca de lado a sus héroes y su riquísimo imaginario, ni tampoco olvidar que muy pronto, pese al carácter anicónico de la religión judía, la nueva y exitosa secta que se constituyó, a partir de ella, en religión universal de lengua griega y política romana desde comienzos de nuestra era puso un énfasis especial, heredado del mundo grecolatino, en el cultivo del relato a través de las imágenes.

La Biblia es, también, imagen de las imágenes. Su historia es la del arte que ha retratado a sus héroes y sus magníficos episodios desde Adán hasta José: el Génesis, gran relato fundacional cosmogónico como la *Teogonía* griega o el *Enuma Elish* babilonio, marca el comienzo de la peripecia de la humanidad con relatos hondamente enraizados en el folclor como el de los hermanos Caín y Abel. La historia del diluvio, con Noé como héroe protagonista, es repetida en innumerables latitudes, desde el poema de Gilgamesh y la India de tiempos de Manu, hasta la China del río Amarillo o el Perú de Viracocha. Se inserta en uno de los grandes motivos míticos universales, muy actual, por cierto: el del fin de los días, el apocalipsis o catástrofe cósmica que un día ha de asolar a la humanidad. El diluvio se asocia al exterminio de las pasadas edades o razas humanas. Tres de las primordiales, entre los indoeuropeos, las de oro, plata y bronce, que van siendo exterminadas en sucesión descendente hasta la humanidad actual. Antes de nuestra edad de hierro, en *Trabajos y días* del griego Hesíodo se introduce en el mito un ligero rayo de esperanza con la cuarta edad, la de los héroes. En el mundo hinduista de tiempo cíclico nuestro hierro es el Kali-Yuga, mientras que en los mitos celtas hay que recordar las diversas razas que pueblan Irlanda, hasta llegar a los milesianos, actual raza que puebla la verde isla, tras confinar a los inefables Tuatha Dé Danann a un submundo feérico como semidioses o démones hesiódicos. También hay cinco humanidades exterminadas en sucesión en el mito azteca de los cinco soles... En fin, se trata realmente de un argumento universal.

Al igual que Noé, que tiene una marcada personalidad en un ciclo propio, como estudia José Joaquín Parra Bañón en *Noé en imágenes* (2022), los demás héroes de la Biblia también recogen arquetipos míticos. Pienso en la historia de Abraham, el gran patriarca, cuya generación (su sobrino Lot) también enlaza con la cíclica destrucción de la humanidad, esta vez con fuego después del agua, en Sodoma y Gomorra; o en su hijo Isaac, sus nietos gemelos mal avenidos, Esaú y Jacob, otra historia de rivalidad fraterna como la del Génesis, que engendra por fin la historia de Israel cuando Jacob, después de sus muchas peripecias astutas, oníricas y combativas, luche con el ángel y reciba el cambio profético-onomástico.

Los héroes de la Biblia son muy variados y responden a los diversos modelos de la mitología; los hay guerreros, como Saúl o Josué, inteligentes y técnicos, como Noé o José, que llega a lo más alto gracias a su facultad para la onirocrítica, y los hay fundadores de patrias como Moisés, que se parece mucho a Eneas, en busca de la tierra de promisión. La tipología es tan amplia que incluye al justo Salomón, al renuente Jonás, al forzudo Sansón o al poético David. Y eso por no hablar de los héroes sapienciales por excelencia, los profetas como Daniel y sus estelares interpretaciones de sueños y prodigios ante Nabucodonosor —como hiciera José ante el faraón—, Elías y su combate arquetípico contra los profetas de Baal y su ascensión al cielo en un carro de fuego, héroes invulnerables como Sidrac, Misac y Abdenago en el horno.... Todos con una curiosa tipología que resiste a veces una clasificación clara. Son diversos momentos también del viaje heroico —como el rechazo a la llamada o la tentación a la que muchas veces sucumben—, famosos en el caso de Jonás, David y sus amores prohibidos. Si se estudia desde el punto de vista del ciclo del héroe o desde la tipología del folclor y su variedad narrativa, los héroes de la Biblia dan para muchas novelas: también están las variedades de argumentos como las dos o tres hermanas, los gemelos, el conflicto padre-hijo, como en el caso de David y Absalón, y otras muchas historias que han dado para recreaciones sin fin, en novelas, arte y audiovisuales. Y, de hecho, como es sabido, existe una gran serie de ficciones basadas en el Antiguo Testamento; valgan como ejemplo Thomas Mann con *José y sus hermanos*, William Faulkner con *¡Absalón, Absalón!*, Joseph Roth y *Job,* o *Caín,* de José Saramago. Se podría pensar en su rica iconografía alusiva, que es inabarcable, y en sus versiones musicales y fílmicas.

Pero, como apuntábamos, quizá la historia perfecta, la más conmovedora y el ciclo más completo, que cierra el círculo narrativo a la perfección, se recoge en el Nuevo Testamento —que también tiene sus inagotables imágenes en la historia del arte y la literatura, por no hablar de la música de todas las épocas y el cine—. Y es que el héroe arquetípico, también el bíblico (desde David a, sobre todo, Cristo), realiza el viaje de la existencia humana hacia el conocimiento reintegrador en etapas prefijadas que la religión convierte en sacramentos institucionalizados y enseñanzas sencillas propias del aprendizaje iniciático: se ve en diversos símbolos como la cosmogonía, la caverna o pesebre, el nacimiento virginal, el niño divino, la Cruz, la escatología.

Los Evangelios seguramente conforman el mejor patrón narrativo jamás escrito. Reúnen historias que forman parte de los argumentos básicos de la humanidad, entre lo mitológico, lo folclórico y lo novelesco. No en vano, como se apuntaba, los Hechos de los Apóstoles coinciden, temporal y esquemáticamente, con el nacimiento del género de la novela griega. Aunque en parte ocurre lo mismo con el Antiguo Testamento, el Nuevo resulta mucho más universalista y cercano. No olvidemos que fue compuesto en griego común (*koiné*), la lengua franca de la época: es, en el fondo, literatura clásica que muestra a las claras su entronque con la más pura narración patrimonial, con historias y personajes arquetípicos del mito del héroe (el traidor, los auxiliares, la madre...) y sus motivos clave (la llamada, las ordalías, el retorno, el viaje al más allá, la redención, etc.). La historia de Jesús-Cristo —el «cuento de los cuentos», con permiso de Basile— contiene un buen número de universales narrativos: el héroe que se sacrifica por su comunidad, el rey-mesías que regresa, el que llevará a su pueblo al reino de promisión, el profeta incomprendido, la mujer estéril que da a luz, el nacimiento virginal, el dios que muere… En fin, pura narrativa patrimonial, entre mito y cuento maravilloso, que condensa magníficamente el inolvidable texto de los Evangelios. El peso del Nuevo Testamento en la literatura —y por supuesto en el arte— es incalculable, desde el Barroco a Kazantzakis o, más recientemente, *Yo soy Jesús*, de Giosuè Calaciura.

Es igualmente difícil subestimar la importancia de las historias bíblicas, tanto del Antiguo como del Nuevo Testamento, en la historia mítica de España. Varios hitos en la narrativa hispánica lo señalarán. Como ejemplo, podemos recordar que un descendiente de Noé llamado Túbal funda míticamente la monarquía hispana o que la Virgen se aparece en vida en Zaragoza (las apariciones marianas serán abundantes desde entonces). Desembarcan entonces en la mitología hispana varios apóstoles, como Santiago, que arriba a las costas de Galicia en una barca que luego se petrificaría, o Pedro, que hará lo propio en las de Cádiz. Y desfilan también un sinfín de santos y mártires cuyas vidas, milagros y leyendas acrecerán la gran narrativa mítica, en una tendencia constante en la historia mítica de España que ha buscado entroncar con los textos fundamentales del cristianismo y con la historia sagrada de la Biblia. Además, destacará continuamente en contraposición con el islam y su acervo de tradiciones legendarias, que constituyen la otra gran tradición semítica que penetra en la historia mítica hispana pero que, por razones obvias, es orillada en el discurso uniforme y queda, como veremos, tratada injustamente como una suerte de momento de excepción en la mitología católica de España.

Mitos centroeuropeos

Hay que sumar un tercer vértice del triángulo de mitologías que se agrega al sustrato de la antigua España. Es el ambiente feérico y caballeresco inconfundible de los mitos celtas o germanos, ramas indoeuropeas que se extienden entre las Bretañas y las Germanias, y acaban recalando e influyendo durante un largo periodo —desde el primer milenio a. C. al primero d. C.— sobre la península Ibérica. En ese tiempo las brumas de las criaturas legendarias de las aguas célticas y de los dioses belicosos del panteón de los godos se inmiscuyen entre la amalgama ibérica para conformar un imaginario muy particular. Pensemos en el comienzo de uno de sus mitos más afamados. Lo que para el mundo clásico es la materia de Troya lo representa para sus mitos centroeuropeos la llamada materia de Bretaña, de donde beben Arturo y los caballeros del Grial.

Una noche un joven caballero es invitado a un castillo misterioso por un rey enfermo y, durante la cena, presencia una escena inolvidable. Se abre una puerta y entra un cortejo formado por varios personajes; hay un criado que sostiene una lanza blanca de cuya punta brota una gota de sangre y una hermosa doncella que lleva en las manos un grial que ilumina la estancia. El asombrado caballero, por modestia o cortesía, no pregunta por aquella maravilla que pasa ante sus ojos y que desaparece en una habitación contigua.

Otras dos veces a lo largo de la velada verá el misterioso cortejo, pero guarda silencio, pues piensa que ya se enterará a la mañana siguiente. Pero cuando despierta no hay nadie ya a quien preguntar. Todo ha desaparecido y en cada encuentro desde entonces se le reprochará no haber hecho la pregunta clave: «¿A quién se sirve con el Grial?».

Ese es el núcleo del mito iniciático y místico por excelencia de la Edad Media, protagonizado por Perceval desde su primera aparición en *El cuento del Grial*, de Chrétien de Troyes (siglo XII), a su emblemática reelaboración por Wolfram von Eschenbach (siglo XIII). Esta escena mítica de índole enigmática y evocadora —nunca aclarada del todo— se convertirá en el mito por antonomasia de la era de las Cruzadas, que supone el marco para la poética del Grial en diversas versiones que retomaron el mito tanto por lo inacabado de la obra de Chrétien como por el enigma que contenía: las *Continuaciones en verso* (1190-1240), la *Historia del Santo Grial*, de Robert de Boron (1190), *Perlesvaus* (1210) y *La búsqueda del Santo Grial* (1235) y, en Alemania, sobre todo el *Parzival* de Wolfram von Eschenbach (1200). Parte de esta herencia ya está lejos de los orígenes célticos, que se ven en las compilaciones galesas del *Mabinogion* (siglos XIII-XIV) de tradiciones orales anteriores, como el román *Peredur* y otras antiguas fuentes de las islas Británicas.

Pero ¿qué es el Grial, *gradalis* o *graal*? A veces parece un recipiente sobre el que se lleva una hostia consagrada que ilumina la sala; otras veces la bandeja de la cena Pascual, símbolo sacrificial o, como en el *Peredur*, una bandeja que porta una cabeza; también aparece como un cáliz consagrado que recoge la sangre de Cristo o bien, en *Parzival*, como una piedra mágica sobre la que desciende el Espíritu Santo. Entre iconografía cristiana y trasfondo pagano, muchas han sido las claves exegéticas para este misterioso episodio desde la antropología, la filosofía o la filología. Destaca la comparación con otros mitos griegos, celtas o egipcios, la posible evocación de la «Pesaj» judía, o de la liturgia oriental a través de las Cruzadas que pudo haber pesado en los versos de Chrétien o Wolfram. Y todo en el apasionante contexto del cambio de la liturgia eucarística en Occidente: el cuarto concilio de Letrán (1215) estableció la comunión regular para todos los fieles, con lo que el sacramento de la eucaristía y su fondo teológico, que incluía la transustanciación del cuerpo y la sangre de Cristo, cobraron un relieve extraordinario en Europa. En el trasfondo, además, estaba un mito que subyace tras el ritual iniciático de la caballería medieval, con sus diversas lecturas y relecturas.

La génesis mitopoética de la leyenda del Grial, sin embargo, entronca de lleno con la mitología del paganismo celta y con la ceremonia germana de armar caballero. En la estructura del mito hay también un principio con una caída o una ofensa, una falta o una carencia, como en los cuentos maravillosos. Esta vez es la violación de la naturaleza por parte de un poder masculino. Acaso, como evoca la *Elucidación* (siglo XIII), una de las continuaciones de *El cuento del Grial* que explica sus antecedentes, el desequilibrio se produce a raíz del rapto y violación de las doncellas de las aguas por parte de un violento rey foráneo, Amangon, y sus malvados caballeros. A partir de ahí la tierra queda baldía, pues, aparentemente, estas doncellas, quizá un trasunto de antiguas divinidades femeninas de la fertilidad, han sido gravemente atacadas y ofendidas. El rey del país desaparece un tiempo y al reaparecer ha sufrido, a la vez, una herida fatal que le obliga a yacer postrado en medio de un terrible dolor. Ese rey enfermo, el Rey Pescador de la leyenda de Perceval, habrá de ser sanado por la acción de un caballero perfecto, tras un aprendizaje adecuado, para que se solucione el agravio y regrese la fertilidad de la tierra. El esquema de la narración recoge motivos muy antiguos, que están relacionados con un caldero y una lanza, símbolo femenino y masculino de dos divinidades de antigua prosapia céltica, y, a la par, con todo el proceso iniciático de la caballería de raigambre germana, en el que, del grupo en pos del objeto mágico, solo el que muestre la purificación interior será digno de ser armado caballero perfecto.

Tras la creación de estos símbolos se produce su transmisión y su cristianización a lo largo de las edades. En todo caso, se trata del mito de la caída y de la posterior vía iniciatica para la redención. Sus elementos simbólicos, vehículo y esencia de la historia, son el Grial y la lanza, que se pueden explicar desde el primordial mito celta, como un caldero, plato o cáliz divino y la lanza de Lug que causa la herida dolorosa, o bien mediante la posterior contaminación con la leyenda cristianizada de Longinos y José de Arimatea. La pérdida de un edén primordial o de la Jerusalén celestial y sus tesoros místicos está en el trasfondo de esa búsqueda y de la huella profunda que ha dejado en la literatura. También se contaminan con la leyenda de Arturo, que pasa de ser un caudillo británico a un rey con una corte en busca del caballero perfecto que será finalmente el que va a encontrar el Grial para él. Según el análisis simbólico de Victoria Cirlot en *Grial. Poética y mito* (2014), la figura de Perceval inaugura un nuevo tipo de héroe con una actitud filosófica ante el mundo: es el héroe que indaga, busca o pregunta en su *queste* (o *quête,* del latín *quaerere*). Perceval ha de preguntar sobre el enigma, pero guarda silencio: es, como vio Lévi-Strauss, un par opuesto de Edipo, el héroe que responde al enigma (aunque en Sófocles, ciertamente, acaba siendo también un héroe que pregunta e indaga, hasta llegar al inefable conocimiento de sí mismo). En el mundo de los cruzados, en el que se enmarca el cuento del Grial, el esquema que se muestra a las claras se corresponde, de entre los cuatro argumentos míticos de Borges, con la búsqueda del tesoro del tercer ciclo, como el vellocino de oro. Pero gradualmente el relato se contaminará con el cuarto ciclo, el de la comprensión del sacrificio del héroe —Cristo, en este caso— y la sanación de la tierra baldía por su conocimiento místico. Y así la búsqueda devino interna y la pregunta se convirtió en visión. Pensemos además en la idea de Campbell de que este mito es la última gran construcción mitológica del ser humano.

El trasfondo histórico del mito se sitúa en el contexto de la corte de Felipe de Flandes, por un lado, pero también en la Inglaterra de los Plantagenet, adonde llegan los ecos de la leyenda. Se extiende por el corazón de Europa, francés y alemán, hasta llegar a las islas Británicas, de donde en cierta manera provenía, después de su proceso de transformación. ¿Pero qué tiene que ver este mundo con la historia mítica de España? Seguramente poco con la presencia histórico-arqueológica de los celtas en la España de época prerromana, asentada sobre todo en torno al Sistema Ibérico, pero más con un largo proceso de transferencia de leyendas que se prolonga hasta la Baja Edad Media. Ciertamente, los esquemas folclóricos de origen celta son muy influyentes en el norte y en el centro de la Península. Aparecen las leyendas de figuras inquietantes de divinidades de las aguas, los bosques y los montes de ámbito celta, que eran ya muy conocidos por los romanos, en una amplia mitología que resuena en los ciclos irlandeses y galeses, con conexiones narrativas con el *finis terrae* hispano. Independientemente del brumoso camino que va desde la presencia histórica de celtas en la mitad norte de la Península a los vínculos míticos de los reyes irlandeses y héroes bretones con Galicia, no cabe dudar de la profunda influencia de sus esquemas narrativos en España. La expansión de la Orden de Cluny difunde y cristianiza estos ciclos y cuentos, a lo que se añaden las huellas de la leyenda del Grial, también divulgadas por órdenes militares, sobre todo el Temple, que llegan a la Península con el ideal de la perfecta caballería, que será tan influyente en la historia de las ideologías hispanas. Desde los Pirineos a Montserrat, muchos quisieron incluso rastrear las huellas de ese objeto de poder, el Grial, que realiza un recorrido místico desde el Norte hasta el Levante y otros lugares. En el plano literario, la proliferación de libros de caballería en España, como los de Amadís, Esplandián o Tirant lo Blanc, da fe del éxito del esquema iniciático de la leyenda artúrica.

En fin, no podemos sino considerar esta mitología centroeuropea como la tercera gran rama, junto a las leyendas clásicas y bíblicas, del gran árbol de la mitología hispana que hunde sus raíces en el rico subsuelo de todo el sustrato anterior de los primitivos pobladores de la Península. Sobre estas tres bases míticas y conceptuales se edificará todo el discurso que sigue.

Algunas prevenciones finales

El propósito último de este libro es indagar en los mitos relacionados con la peripecia histórica de España desde una perspectiva eminentemente literaria y narrativa. Por supuesto que no se trata de una recopilación con pretensión de exhaustividad, sino más bien de una evocación y una selección personal. No es una mirada, empero, anticuaria, sino que pretende lanzarse desde lo contemporáneo. Y como todo estudio del mito, en el fondo se dirige a comprender mejor la propia época y la propia personalidad. Por ello conviene adoptar una definición de mito no estricta, sino más bien amplia, centrada en el adjetivo «mítico», siguiendo la manera en que la historiografía clásica deslindaba entre mito e historia, en la precisión de Tucídides de la historia como «lo no mítico» (*to mē mythōdes*). Hay en toda historia también un elemento mítico que tiene que ver con todos los aspectos de la narrativa patrimonial de dioses y héroes, por un lado, pero también con sus arquetipos narrativos, héroes, villanos y traidores, caudillos tutelares o reyes fundadores, entre otras muchas figuras de sabios, herejes, pícaros y hombres o mujeres fatales: la galería de mitos, arquetipos y figuras que se presenta en las páginas siguientes ha marcado, de una u otra manera, nuestra historia de forma indeleble.

Pienso que era necesario emprender una historia mítica de España en este sentido. Ya se han ensayado muchas otras historias, desde muy diversas perspectivas, tanto políticas como culturales, acerca de las mentalidades, de los conceptos, de las ideas estéticas, jurídicas, políticas o morales, incluso otras de índole religiosa, mágica o esotérica. Faltaba quizá una historia mítica, una recopilación de mitos hispánicos, tanto en el sentido estricto —historias patrimoniales transmitidas oralmente de generación en generación que tienen que ver con personajes sobrehumanos que ejecutan hazañas memorables—, como en el más amplio, que también incluye personajes tipo, símbolos de larga pervivencia, animales fantásticos, monstruos simbólicos, o geografías oníricas marcadas por la alegoría. Como este es territorio no hollado por la teoría, o, cuando menos, no consolidado, sino una mera exploración, se presenta en forma de una «pequeña historia» con la intención de transmitir una serie de temas, motivos y figuras. La pretensión es más bien literaria, pero perfectamente puede ayudar a proporcionar una guía del repertorio de motivos motrices que anidan en el relato global del mundo hispánico y que han transitado sustratos y superestratos, dominaciones y regímenes diversos a lo largo de los siglos para formar parte de un imaginario colectivo.

En el recorrido que sigue, desde luego, no todo serán mitos como los entienden la mayor parte de los investigadores. Para que no se nos acuse de confusionismo hay que señalar que algunos de los capítulos que siguen no son mitos en este sentido, sino más bien símbolos, motivos, arquetipos o figuras, o acaso personajes míticos, o personalidades de la historia que han tenido alguna dimensión simbólica o que han sufrido un proceso de mitificación. Se podría hablar en algún caso, como hace Losada, de «prosopomitos» o personajes míticos. El caso más aislado es, sin duda, el de los personajes célebres de la historia romana, que ocupa el capítulo tercero. Frente a los personajes del mundo prerromano, que son más claramente míticos, simbólicos y alusivos a las fuerzas irracionales o sobrenaturales, cuando no directamente a la barbarie, las figuras que se recuerdan de la Hispania romana suelen caracterizarse por su obra literaria, científica o política; en suma, por su dimensión racional. Son, sin duda, figuras de la historia antigua literaria o política, pero esto no quiere decir que no posean una dimensión «mítica», en el sentido que se ha esbozado más arriba, o una fuerte carga simbólica para la historia de España, en cuanto que representan la civilización hispanorromana, también mitificada posteriormente como una edad de oro, como se ve en el caso de los *optimi principes* procedentes de la Bética, desde Trajano a Marco Aurelio.

Todo cuenta para la legitimación política o la construcción del discurso posterior, desde la etnogénesis al relato sobre la decadencia, desde los prerromanos a los romanos, de los godos al islam, del Medievo peninsular al Imperio, la conquista y los virreinatos, de ahí a la decadencia y la pérdida de las colonias... También en esto podemos hablar con justicia de una historia mítica porque hay un discurso predominante en la historia de las mentalidades que quiere trazar un relato unitario en lo que en principio parecen piezas deslavazadas y dispersas. Ahí, de nuevo, hemos de usar de forma flexible el adjetivo «mítico» en el sentido de que conforma un relato movido por hilos ideológicos que condicionan, como fuerzas inasibles, el proceso histórico de una sociedad o un pueblo dado. En todo caso, espero la benevolencia y la comprensión del lector. No así tanto, acaso, la indulgencia del mundo académico, que muchas veces verá las fronteras de los géneros, de las épocas y de las definiciones audazmente transgredidas. Pero, en fin, todo sea para mayor gloria del mito entendido como la narrativa en estado puro. Esto es, al fin y al cabo, lo que más me interesa.

1. Hacia una geografía legendaria

No es posible entender una historia, ni siquiera una historia imaginada, sin una geografía. Quizá no sea la geografía real, pero sí que está compuesta a partir de los elementos de un paisaje que nos rodea y que debemos identificar. No solo es la frontera marina, sino Gibraltar o Finisterre, no el árbol mítico, sino el roble de Guernica, no la montaña mágica, sino el Moncayo. Y es que el marco del mito es muy diferente al del cuento: ha de ser más preciso el recurso al medio ambiente, a la geografía y al paisaje, pero debe cobrar características aún evanescentes y evocadoras. Sabemos que estos mitos se dan en la península Ibérica, en efecto, pero sus lugares han de ser también arquetípicos para la tierra de frontera con el más allá. Ya Virgilio en su épica campestre esbozó la idea del paisaje como auténtico protagonista. Por eso, para comenzar de forma abierta esta propuesta, cabría fijarse ante todo en los elementos del paisaje como personajes míticos, dedicando el primer capítulo de este recorrido por la historia mítica de España a la perspectiva geográfica. Y es que los accidentes geográficos también pueden ser entendidos como grandes personajes míticos, y no solo como escenografía donde suceden los hechos mitificados o legendarios. A veces son personajes convertidos en elementos físicos, como las montañas de Atlas o todos los héroes transformados en ríos epónimos. También sucede con las montañas, a las que se venera como divinidades desde antiguo, los bosques y los promontorios marinos, entre otros lugares de poder que abundan en la geografía nebulosa del mito. Incluso la intervención humana sobre el paisaje es objeto de fabulación y evocación mítica, sobre todo en el ámbito de la ciudad. Así se presenta en este epígrafe, para dar pie al recorrido diacrónico por los mitos, figuras y arquetipos de la historia de España a lo largo de las edades, un breve repaso preliminar por algunas de las categorías de una geografía simbólica y mítica. Lo coronan dos enclaves legendarios relacionados de la antigua España que son fundamentales para la percepción de su geografía imaginada: Atlántida y Tarteso. Esto no es sino un esbozo que pretende evocar unas coordenadas de los grandes lugares arquetípicos, cuya concreción en el paisaje habrá de quedar para otra ocasión mejor.

Axis mundi. El monte sacro

Hay un viejo motivo mítico-religioso, que es el del *Axis mundi*, que representa un punto de unión de diversos planos ontológicos: el mundo nuestro y el de los dioses, la realidad y el submundo, el cielo y la tierra, lo divino y lo humano. En diversas culturas este «ombligo del mundo» de poder y veneración, como estudió Eliade, está a menudo representado por un monte sacro: el Fuji en Japón, el Kilimanjaro en África, el Sumeru en los Urales, el Kailas en Tíbet, o el Meru en India, el Tabor o el Gólgota en el judeocristianismo. Estas sacras moles representan un eje espaciotemporal: el Parnaso, donde estaba el oráculo délfico, fue designado centro del mundo por Zeus tras dejar volar dos aves desde los extremos de la tierra y cruzarse justamente allá. En este lugar simbólico Apolo, dios celeste, derrota a la serpiente profetisa de la tierra, fundiendo los diversos planos en el monte sagrado por excelencia de la mitología griega —con permiso del Olimpo—, donde se daba culto a la piedra sagrada —el *omphalós*, 'ombligo'— dedicada a Zeus.

El centro del universo define el eje espaciotemporal de toda mitología, desde la dimensión cósmica o salvífica. En el Calvario, la sangre de Cristo empapa la calavera enterrada de Adán. Se enlaza con el relato del Génesis de esta manera y se sitúa el lugar central del sacrificio como redención de la humanidad. Igual que el árbol sagrado (la cruz, en este caso, vale como tal), la montaña venerada como punto de inflexión de todos los mitos funciona como un eje imprescindible. Sucede también en la literatura que hereda el mito, desde la más clásica, como *El Montserrate* de Cristóbal de Virués o *La montaña mágica* de Thomas Mann, hasta la más heterodoxa, como *El monte análogo* de René Daumal, subtitulado «Aventuras alpinas no euclidianas y simbólicamente auténticas».

Pues bien, en la geografía mítica de la antigua Península Ibérica también se siente especial predilección por los montes sagrados. Son lugares de poder que siguen hoy erigiendo sus figuras solitarias e imponentes en las leyendas de nuestra

EL MONSERRATE DEL CAPITAN CRIStoual de Virues.

Al Rey Nuestro Señor.

Tercera impression añadida y notablemēte mejorada

CON PRIVILEGIO.

En Madrid. Por Alonso Martin.

Año de 1609.

A costa de Esteuan Bogia, Mercader de Libros.

1. Edición de 1609 de *El Monserrate,* de Cristóbal de Virués.

geografía. La prehistoria del arte, el mundo rupestre, se arracima en torno a grandes moles sagradas como centros de veneración. Véanse, si no, los Picos de Europa y Peñalba, donde aparecen representados animales y fuerzas telúricas, y hay acaso, personificados, diversos dioses atávicos. Muchos son los montes sagrados en nuestra geografía: el Moncayo, el Gorbea, el Aloia, el Pindo, Montejurra... También la colina es sagrada, como epicentro del cosmos de la Celtiberia. Pienso en Numancia, en la ciudad sagrada, «la ciudad de en medio», en la mitad de la llanura —no otra cosa evocaba la antigua *Mediolanum* itálica—, como eje de culto, rito y vida social: muchas veces está en una colina, una mota o una motilla, como las muchas ciudades prehistóricas de La Mancha (Motilla del Azuer).

Las fuentes romanas, desde Pomponio Mela a Avieno o Justino, nos hablan de unos cuantos más: por ejemplo, el Montgó, en Alicante, de figura singular que domina la comarca, o el Matas, junto al Besòs. Destacan las sierras sagradas que hay que transitar. Por ejemplo, la de la Demanda, entre La Rioja y Burgos, con las alturas del monte más visible, el San Lorenzo. Los romanos refieren también la santidad de lo que hoy es la Sierra de Balaguer y del Pico Sacro o *Mons Illicinus*, en La Coruña.

En la historia de la España antigua se constata la vital importancia de la montaña sagrada con especial énfasis desde la Edad del Hierro. El noroeste de la Península parece dominado por el culto al monte sobrecogedor que hay que cruzar como una suerte de peregrinaje: los celtas que se establecen en época histórica en las inmediaciones del Sistema Ibérico muestran especial veneración hacia las montañas. Es sabido, en su mitología, que los galos y los celtas creían en todo un mundo divino y feérico en los montes o bajo las colinas. Para la tradición celta posterior, que se expande en la Edad Media con la comunidad del folclor, la colina es la morada del pueblo de las hadas. Pensamos en los lugares de culto sobre las cumbres, desde el norte de Castilla a Asturias y Galicia, de un gran dios al que hay que apaciguar, entre mito y folclor. La clave etimológica —como lo es en la onomástica de otros montes, desde el Olimpo griego a los montes del Oriente antiguo— es el «brillo» o el «verse desde lejos» de la montaña suprema.

Aquí, en toponimia, abunda la marca de la montaña que luce desde lejos en indoeuropeo: es una vieja raíz (*kand-/*kend-) indoeuropea que significa 'brillar' y que encontramos en palabras como «candela», «cándido» o «incandescente». En los montes hispanos se esconde esa raíz y hay aras dedicadas a Júpiter «Candamio» en Candanedo, en la zona montañesa entre León y Asturias. Otro ejemplo es otro altar quizá procedente de Candedo o de La Canda, no lejos de la zona fronteriza entre Zamora y Orense. Y muchos lugares del norte de Portugal y sur de Galicia muestran honores a estos dioses guardianes de pasos montaraces, no ya a los lares viales, sino a grandes dioses de trasfondo indoeuropeo. A veces se pueden asociar al gran dios de la primera función, al Júpiter galo o a Odín o Dagda, en identificaciones que fomentaron los romanos. Aunque en el culto indígena se mezclan a menudo con otro tipo divino, semejante a Marte o a Thor.

La geografía mítica —que no puede ser ciencia exacta— permite evocadores saltos conceptuales y temporales: la montaña será un lugar de poder en la posteridad medieval. El monte sagrado es sede de encuentros fabulosos de leyendas posteriores en las Españas, sin entrar en las muchas apariciones marianas y episodios hagiográficos en montañas diversas, ¿cómo no recordar el papel de los santuarios de los Pirineos, Covadonga o Montserrat? Si en toda Europa los episodios son muy diversos, en los sistemas montañosos de España predomina el simbolismo del monte sacro. Se ha llegado a seguir los pasos del castillo del Grial, entre mundo celta, cristianismo y alquimia orientalizante, en nuestra geografía mítica. A modo de ejemplo, de los muchos montes de la geografía europea que se disputan haber albergado el escarpado castillo del Rey Pescador, de Amfortas o de las damas —el castillo de Dinas Brân en Gales, el cátaro Montsegur en el Pirineo francés o algún castillo cruzado de ultramar—, pocos lugares pueden presentar mayor pedigrí como montaña santa que Montserrat, acaso el Montsalvat de Eschenbach. Ciertas cumbres siempre dieron la impresión de ser lugares de poder y cimas de veneración continua.

Las Islas Afortunadas

Otro gran tema vinculado a la geografía mítica hispana es el de la Isla del Lejano Occidente, límite del universo conocido y puerta de entrada al otro mundo. Las islas Baleares, las de la antigua bahía de Cádiz y, por supuesto, las Canarias, en diversas épocas, han marcado este hito geográfico-fantástico en nuestro imaginario colectivo. Hay que decir que, en un principio, aparece el *leitmotiv* de las Islas Afortunadas a modo de utopía feliz más allá del tiempo y del espacio. Es un mito de larga pervivencia que aparece por primera vez en Hesíodo en *Trabajos y días* (167-172), al referirse a la estirpe de los héroes dentro de su mito de las edades.

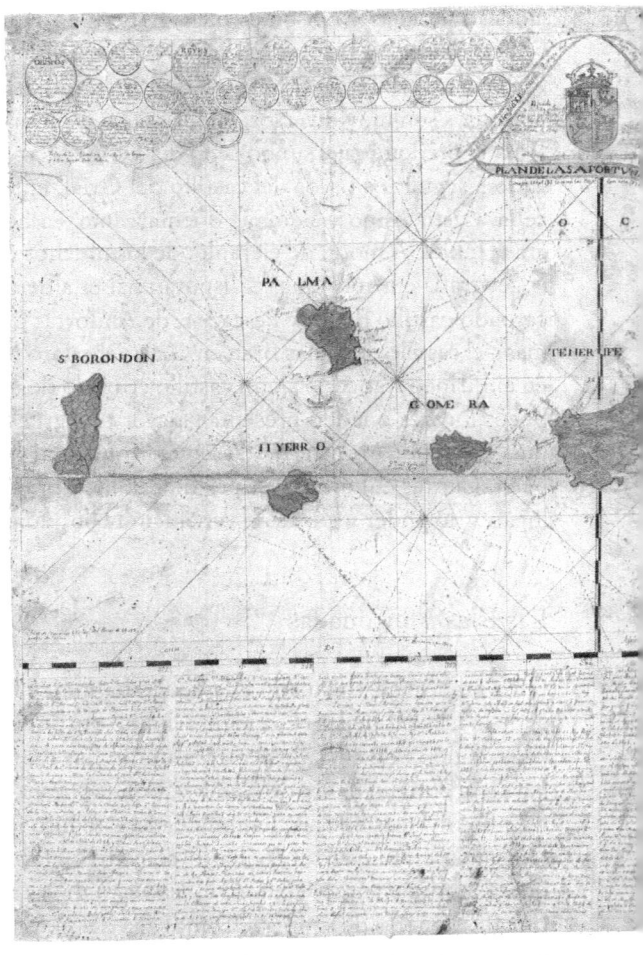

2. Mapa de las islas Canarias con la isla de San Borondón al oeste de El Hierro: «Yo el Rey Dn. Alonsso el XI de Castilla ... gané las Islas Afortunadas», 1760. Biblioteca virtual del Ministerio de Defensa.

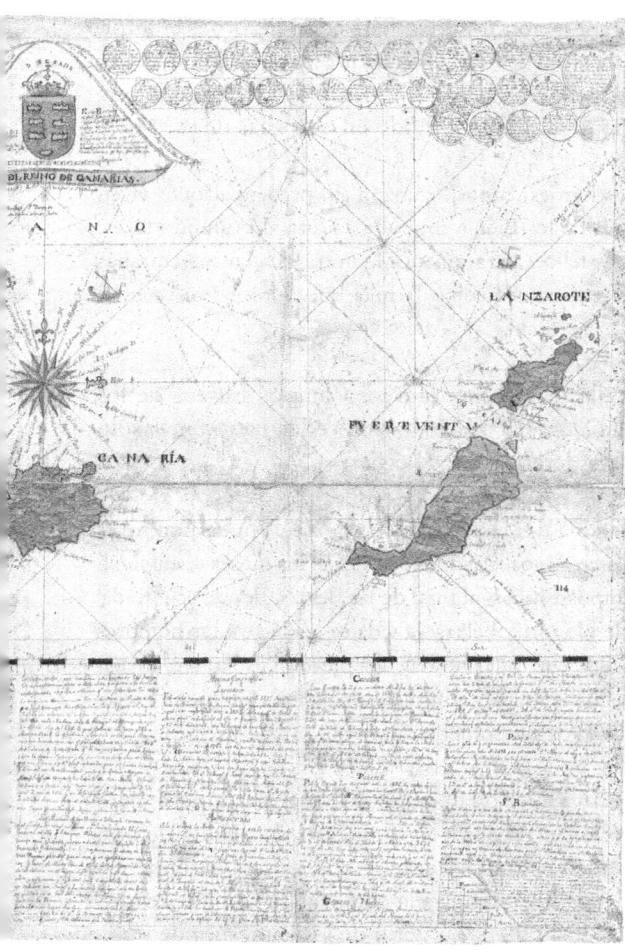

En la degeneración desde la feliz edad de oro a la infortunada edad actual de hierro, hay una estirpe mejor, la de los héroes que luchan en torno a Troya y Tebas, que, en premio a su virtud, acaban morando en esas islas de ensueño:

> Éstos [los héroes] con un corazón sin preocupaciones viven en las Islas de los Bienaventurados, junto al profundo Océano, héroes felices para quienes la tierra rica en sus entrañas produce fruto dulce como la miel que florece tres veces al año...

Ese más allá feliz recuerda a los Campos Elíseos de los que habla la *Odisea* (IV 561-569), como edén *post mortem* solo accesible para determinados héroes:

> ... en cuanto a ti, Menelao, retoño de Zeus, tu destino no es morir allá en Argos, criadora de potros: los dioses te enviarán a los Campos Elíseos, al final de las tierras, donde está Radamantis de blondo cabello y la vida se les hace a los hombres más dulce y feliz, pues no hay allá nieve ni es largo el invierno ni mucha la lluvia y el Océano les manda sin pausa los soplos sonoros de un poniente suave que anima y recrea.

La perspectiva ética de un paraíso feliz tras la muerte para los héroes o los virtuosos —en un lugar más allá del tiempo y del espacio, en el lejano Océano— comenzaba entonces en la literatura griega, aunque ya la conocían la religión de Osiris en Egipto y el poema sumerio de Gilgamesh, que nombra, en alguna ocasión, una tierra de inmortalidad en medio del Océano. Acaso la isla mágica y feliz que nos espera al cruzar los límites del más allá de la vida, aquí en trasposición a una geografía fantástica. Desde luego que, si el mito de las edades parece una clara herencia indoeuropea que transita desde la antigua India a Grecia, también en muchas otras tradiciones abunda la idea de una utópica pradera junto al Océano exterior que circunda la tierra conocida. Es un tema en cierto modo universal, el del anhelo por ese paraíso insular de clima dulce y abundante y espontánea alimentación para los buenos, que está en la frontera entre el mundo de los vivos y el de los muertos como premio a la virtud. Otras fuentes, como Píndaro, Platón, Ovidio y Horacio, abundan en este tema.

Pero las «Islas de los Afortunados», es decir, de los héroes felices en el más allá, se tornarán pronto «Islas Afortunadas» por sí mismas, en un paraíso que deviene *locus amoenus* y será buscado con afán por diversos lugares, con especial predilección en el lejano Occidente que era Iberia. Algunos historiadores, como Diodoro, se atreven incluso a localizarlas (V, 19) más allá de las Columnas de Heracles como

una isla de considerable extensión...; tiene una tierra fértil, siendo una gran parte montañosa y otra no pequeña una llanura de extraordinaria belleza... esta isla, que goza de un clima muy templado, produce, durante la mayor parte del año, abundancia de frutos y de los otros productos estacionales, de modo que, por su extraordinaria felicidad, parece que sea morada de dioses y no de hombres.

¿Dónde estaba este lugar fantástico? Los antiguos griegos hablaron de la Hesperia, la tierra 'del atardecer' (*vesper* en latín), donde se sitúa el Jardín de las Hespérides: Heracles lo busca en tierras cercanas al Estrecho, supuestamente no lejos del reino de Gerión. Muchos en la historia mítica de España han querido buscar este paraíso más allá de las Columnas de Hércules, e incluso en las Canarias. El mito grecorromano se funde con los relatos sobre la isla mágica de los celtas —Ávalon, la isla de Borondón...— y se busca con preferencia en nuestra Celtiberia. El tema se cristianizará en el Medievo, con san Brandán y la búsqueda de la isla santa «donde estuvo Adán y donde Dios permitía a sus santos vivir después de la muerte», o se hará carnavalesco con el mito del País de Cucaña, contaminándose con la antigua tradición de las islas felices de Hesíodo o la Atlántida platónica.

Sobre las Islas Afortunadas, que aparecen y desaparecen, es célebre la identificación mítica y popular con las Canarias, las islas utópicas por excelencia en la mitología hispana. Cuenta la leyenda que entre La Palma, La Gomera y El Hierro hay una isla mágica que emerge a veces, pero otras desaparece. Como ocurre en el marco de esta historia mítica, se diría que es un motivo intermitente, que aparece y desaparece, desde la Antigüedad a la Edad Moderna, en el imaginario hispano. En época moderna se creía tanto en su existencia que en el tratado de Alcazobas (1479), en el que España y Portugal se repartían el Atlántico, se menciona esta isla mágica, y Leonardo Torriani, el ingeniero italiano al que Felipe II encargó fortificar las Canarias, señala su localización en sus mapas, además de otros cartógrafos antiguos. El mito —ilusión óptica o utópica— ha seguido vivo hasta el último avistamiento de la isla en las Canarias a mediados del siglo XX, según la prensa española. Mito, historia y leyenda se suman al aprecio popular por las maravillosas y felices Canarias, que se evocan oportunamente al hilo de un motivo muy caro al imaginario al que aludimos aquí.

A través del bosque frondoso

En el camino del héroe mítico hay un paso fundamental a través del valle frondoso que atraviesa lo oscuro. Se cruza entonces la foresta hasta llegar al claro del bosque donde sucederá la ordalía, donde se encuentra el refugio o la cabaña de la hechicera. Otras veces, es allí donde se halla el río o el manantial sagrado que habrá que vadear respondiendo a un enigma o a un duelo a fin de cruzar al otro lado. El territorio mágico de las Españas es ese valle frondoso, según uno de sus avatares en la geografía que alberga la historia mítica, de oscuros bosques o marismas donde se encuentran esos pasajes al más allá, de ríos o claros en cercanías de fuentes umbrías. Las antiguas leyendas hacen referencia al hayedo, al pinar, al encinar o al robledal que esconde los secretos acerca de este tránsito.

En la mitología europea, el héroe por excelencia que atraviesa el valle oscuro es Perceval, cuyo nombre suele ser explicado como una deformación de la frase francesa «atravesar el valle» *(percer le val).* Es el héroe del claro del bosque, pero su historia es la de un fracaso, al no osar hacer la pregunta esencial en el momento oportuno, tras hallar el enclave esencial en el corazón del bosque. Como hemos visto ya, acaso Perceval, fracasando en la formulación de la pregunta, es el modelo inverso a Edipo, que triunfa al formular una respuesta. Perceval es acogido en el mágico castillo del Rey Pescador, según narra la inolvidable novela en verso de Chrétien de Troyes, y ante el enigmático espectáculo de la procesión del Grial y la lanza sangrante, por una mal entendida educación caballeresca, no realiza la pregunta clave de a quién se sirve con el Grial, prolongando así la

3. *Perceval con el Rey Pescador en el Castillo del Grial.* Manuscrito del siglo XVI de *Le Conte du Graal* por Chrétien de Troyes (BnF Français 12577, fol. 18v.)

maldición de la tierra baldía. Luego habrá que atravesar el oscuro bosque del mundo sin descanso hasta conseguir restaurar la armonía, como también narra el otro gran autor del ciclo, Wolfram von Eschenbach.

Tenemos aquí el gran arquetipo del héroe que cruza el valle y el río de la mitología medieval. Pero ese modelo se remonta muy atrás y está relacionado con una tierra feérica y misteriosa, antesala al mundo de los muertos o al *finis terrae,* como es España. A menudo, ese viajero de muchos nombres al más allá, de cuentos y mitos, se encontrará en el manantial con criaturas del umbral a ese otro lado, a las que tiene que derrotar o de cuyos encantos ha de escapar. Muchas veces son ninfas de las aguas; otras, caballeros que les plantan batalla. A veces es un dios disfrazado y que los lleva a cruzar ese río, como en el caso del griego Jasón, que ha de llevar a cuestas a una anciana —en realidad una diosa—, perdiendo una sandalia en el acto, lo que marcará su destino.

Las divinidades de las fuentes en Asturias y Galicia prerromanas tienen una función iniciática semejante en el cruce del umbral. A menudo son hadas o monstruos femeninos los que guardan el paso, a modo de enigmáticas esfinges, o el árbol de las manzanas de oro de la inmortalidad, que el héroe ha de conseguir en el mito o el cuento. Son los seres liminares que abundan en la geografía mítica de la España antigua en muchos ríos y valles mágicos, en jardines frondosos y esenciales de la vieja Hesperia, la «tierra de poniente». No hay más que recordar, por ejemplo, el río Limia en Orense o el Bidasoa, en Zugarramurdi, o por supuesto el río Tinto, con su fama de ser frontera con el más allá, para darse cuenta del hondo significado mitológico del vadear el río. Ríos sagrados en España hay muchos. Ciertamente los grandes —Ebro, Tajo, Duero, Miño y Guadalquivir— han tenido la veneración que merecían desde antiguo. Pero son otros lugares, ya no de los dioses río, sino más bien de las deidades menores que facilitan su tránsito, los que nos interesan más aquí.

En el mundo prerromano de Doñana, el río Tinto y la zona tras el Estrecho tenían el halo mítico de albergar los secretos del paso al más allá, como bien sabe Heracles en sus andanzas liminares y en sus aventuras en el Jardín de las Hespérides. Pero en tiempos ya romanos es conocida la leyenda que asimila el río Limia con el infernal Leteo, el río o fuente del Olvido (pues tal era su nombre para los romanos). Se decía que aquel era el último río que vadear antes de llegar al fin del mundo. Como en el camino al Hades, quien cruzara aquel río experimentaría lo que experimentan las almas en su paso al infierno y olvidaría todos los recuerdos de su vida y su identidad, quedando sin memoria (el agua del Leteo, en el mito griego, es la del olvido, y la verdad, la *A-letheia*, significa en realidad la recuperación de la memoria, el 'des-olvido').

Las aguas, fuentes y ríos de esas Españas frondosas son lugares de paso por excelencia, como ocurre también con la gran Laguna Negra soriana, que inspiró inolvidables versos a Antonio Machado. En el monte de las almas que vagan hacia el más allá, en la noche de san Saturio, uno puede ver a la Santa Compaña. No otra cosa sino el paso al otro lado de las almas, ya sea cruzando el río del olvido o bordeando la laguna infernal, representa en el fondo el camino heroico por los lares hispanos.

Las aguas son siempre comunicantes y cruzan bosques mágicos en claros donde oportunamente se aparecen criaturas de muchos tipos: pienso en el bosque de Otzarreta, en el parque natural de Gorbea, otro lugar marcado por montes sagrados, o en el Pindo gallego, entre montes de leyenda. Los bosques de Eume, recorridos por el río que marca lo que es hoy parque natural, conforman también un paisaje maravilloso. Otra es la comarca del Baztán, al norte de Navarra. Entre Álava y Vizcaya, hay bosques encantados que albergan una criatura legendaria, el Basajaun, un gigante protector de la naturaleza y guardián mágico de la pureza del bosque primordial; a veces es un nombre común: los basajaunes. Las intenciones de estas criaturas, guardianas de los secretos silvanos, a veces son siniestras, como sucede a menudo en el caso de sus parientes gallegos, los montunos.

Por supuesto que estos bosques son ricos en árboles legendarios, cuyo culto es tan antiguo como el ser humano —le dedicó sugerentes páginas sir James Frazer—, y que acompañan los relatos mitológicos: es el árbol de la ciencia del bien y del mal, en el Génesis, la higuera bajo la que Buda alcanza la iluminación, el roble de la veneración de los druidas del mundo celta o, en el nórdico, el célebre Yggdrasil, árbol cósmico que

4. Joseph Hardy, *Distant Mountains,* en *A Picturesque and Descriptive Tour in the Mountains of the High Pyrenees comprising Twenty-Four Views of the Most Interesting Scenes*, pl. 1, 1825.

atraviesa los diversos mundos humanos y divinos. En la Antigüedad y el Medievo destacan también sobremanera los árboles en torno a los que se reúne la comunidad sociopolítica o religiosa, desde el roble de Dodona al de Guernica (este tratado por Caro Baroja) o el de Avellaneda, simbólicos del conocimiento, la paz social o la comunión con la naturaleza. Entre árboles mágicos y ríos del inframundo, en fin, hay que atreverse a cruzar la geografía mítica de España como un valle boscoso. Es la marca del límite que hay que trascender para pasar del mundo terrenal al extraordinario en la antigua mitología. Por eso, es de lamentar el horror actual de los incendios y la destrucción del bosque, que provocan la quiebra de todo ese orden mitológico y la armonía cósmica en nuestra edad de hierro no metálica sino figurada, como quería Hesíodo. Aunque visto en clave mitológica, supone el reverso de la tierra baldía, otro esquema muy relacionado con la geografía legendaria de España, que oscila entre vergel del paso al más allá y desierto tenebroso.

La tierra baldía

En el comienzo fue el paraíso terrenal, un edén virginal y exuberante por su alimentación espontánea, poblado por árboles de todo tipo y repleto de frutas que podían satisfacer las necesidades básicas. Era un mundo de propiedad colectiva y felicidad utópica donde reinaban la justicia igualitaria y la paz, y animales y humanos, varones y mujeres, hombres y dioses, vivían en armonía. Pero luego ocurrió algo. Una falta, una carencia, la transgresión de un tabú acaso. Hay quien dice que deidades femeninas de las aguas subterráneas fueron atacadas por el hierro y la espada del cielo. Fue un conflicto entre elementos o entre sexos, el que causó el problema. O acaso el fracaso de un héroe o de una dinastía, el efecto de una guerra atroz. Y entonces el agua se corrompió, el jardín se empezó a despoblar y se convirtió en la tierra baldía. En muchas mitologías, desde las semíticas a la griega o la celta, aparece este mito de la caída del jardín primordial. Nuestro mundo está enfermo y es un páramo, como en el mito de raigambre celta que da origen a la gran literatura del Grial, desde *El cuento del Grial*, las *Elucidaciones* o *La queste* en torno a los siglos XII y XIII. Es un antiguo motivo mítico extendido en el mundo indoeuropeo, el del enfrentamiento entre la gran diosa madre, que ha sido ofendida, y los invasores celestes, oscuros o a menudo masculinos que han causado la ira y la esterilidad de la tierra: hay un lugar de poder que sigue siendo puro y fértil, una suerte de Parnaso oracular, un monte, un *hortus conclusus* o un castillo. A veces alberga, como clave de la posible sanación, un oráculo misterioso o un soberano herido o enfermo, el Rey Pescador, al que hay que sanar, en una antigua relación entre la soberanía y la fertilidad de la tierra. En el caso del Grial, luego la leyenda fue cristianizada y aparecen la copa de Cristo y la lanza de Longinos, llevados a Poniente, en vez del caldero de tres patas de la diosa maternal y la lanza del dios masculino que hiere al rey enfermo. En la narrativa mítica de la ofensa a la madre Tierra —y a sus muchas criaturas, doncellas y ancianas sobrenaturales con las que se encuentra el héroe en los momentos clave— la pérdida de la fertilidad y la destrucción del bosque o de los cultivos es esencial. Lugares como estos están marcados por el viaje del protagonista del mito o del cuento maravilloso, que a menudo ha de acometer una travesía por el desierto, angustiosa y llena de peligros, para transcender el mundo ordinario y pasar al extraordinario.

En la historia mítica de España estos motivos son muy importantes. Grandes extensiones de tierra han estado siempre vacías en nuestra Península, la Hesperia del Poniente o la tierra de nadie antes del paso al más allá. Ha habido desiertos quintaesenciales que, aun hoy, configuran un paisaje oprimente y metafísico para las andanzas de muchos caballeros de triste figura en la narrativa mítica. Tierras de frontera y páramo por excelencia, las Españas de todas las épocas han explicado el cuento de su tierra baldía de muy diversas

maneras. Pero ¿hubo una ofensa o pecado inicial para la desertización y la esterilidad mitológicas? También se consta-
tan símbolos femeninos, como en el mito del Grial, en las
leyendas y cuentos hispanos. Un paralelo es el de las «ma-
tres» celtibéricas del norte de Castilla, divinidades prerromanas de la fecundidad que aparecen en la epigrafía. Tal
vez sean una de las encarnaciones de esa antigua diosa triple
de la tierra, con tres funciones y edades, que es ofendida y
a la que hay que aplacar en un ciclo indoeuropeo conocido:
una mujer muy anciana que se transforma en joven fértil y
luego será madre, a la que hay que invocar para que la tierra
baldía cure. Aparecen en la historia antigua de la Península
y luego en los cuentos y leyendas desde tiempos medievales. En los relatos populares del norte de Castilla, por ejemplo, abunda un esquema en el que suele haber un banquete
de bodas donde los invitados mueren al beber el agua pon-
zoñosa de una fuente, que ha sido envenenada por una
salamanquesa. Solo se salva una anciana, que ofrece sanar
el territorio y la fuente a cambio de que la cuiden o que
consagren una ermita de culto, cosa a la que se comprome-
ten los vecinos. Otras veces queda cristianizado por una Virgen ermitaña que ha de purificar el lugar.

Hoy día, al viajero que viene de fuera le sigue chocando
la vasta extensión de páramos, llanuras o incluso desiertos
que rodean las grandes carreteras que surcan la Península
y que, más o menos, continúan discurriendo por los mismos cauces que las antiguas vías romanas. Las grandes extensiones asombrosamente vacías han estimulado la evocación de los escritores de muy diversas épocas. Se dirá que
el de España es un paisaje místico que tiene que ver con una
profunda herida en un mito de larga pervivencia, a menudo

entreverado de reflexión filosófica —las *Meditaciones del Quijote*, los *Campos de Castilla* y otras obras relacionadas con el 98— sobre la eterna crisis y decadencia. El páramo deviene todo un *topos* literario. Y antes, ciertamente, lo fue mitológico.

Si se hace cierta arqueología mítica de la desertización de España podemos constatar sus raíces legendarias, desde lo antiguo a lo moderno: a veces se aduce una supuesta cita del geógrafo griego de época romana Estrabón acerca de que la península Ibérica estaba poblada, en un pasado edénico, de tantos árboles que una ardilla podía atravesarla de cabo a rabo sin poner un pie en el suelo. Esta cita apócrifa, enormemente popularizada por el amado naturalista Félix Rodríguez de la Fuente y nunca cuestionada, subraya el poder de esta idea motriz. Otras leyendas más modernas, no relacionadas con el mundo prerromano o romano, con el llamado «Siglo de Oro», pero también apócrifas o falsarias, han querido relacionar la causa de que España tenga grandes extensiones vacías de árboles con las diversas empresas navales que se acometieron desde el descubrimiento de América hasta el final de la época de los Austrias o más allá, ligando esta desertización con el mito de la decadencia. Algunas guías turísticas cuentan que, por ejemplo, los Monegros eran un bosque frondoso hasta la construcción de la Armada Invencible de Felipe II. Nada más lejos de la realidad, como nos indican la geología y la historia.

En realidad, parece que el paisaje no cambió demasiado desde aquel tiempo. Ese mismo esquema mítico dual de la ofensa y la caída del bosque edénico repite, incluso en las ficciones televisivas dedicadas a diversos públicos, estos tópicos, de ahí la importancia de trazar una historia mítica sobre los principales motivos que seguimos perpetuando en

el discurso en torno a la historia de España. La idea de que
la causa de la desertización —y por ende del declive— fue
precisamente la osadía del Imperio, de que fueron las flotas
de Indias, y la necesidad de construir barcos para mantener
el Imperio, lo que causó que España fuera vaciada de árboles
de forma inmisericorde y en una afrenta belicosa a la tierra,
abunda en diversos materiales publicados y audiovisuales.

Un ejemplo es la serie francesa *Érase una vez el hombre*
(1978), donde se hace un repaso de la historia de la humanidad para un público infantil. El único capítulo de la serie
sobre España se dedica a las expediciones navales a América y en él el hilo conductor simbólico está formado por
escenas en las que unos leñadores van talando sin piedad los
hermosos bosques de España según se expande su Imperio
naval, pagando un alto precio que hoy, naturalmente, puede verse como cicatriz de ese pecado original. Esta es la
causa de la tierra baldía que los turistas —franceses y de otras
nacionalidades— podrán constatar en sus viajes por España,
parece explicar la serie a su público infantil. Obviamente,
ha habido deforestación, pero esta simplificación de sus razones puede que remita a un antiguo mito que parte de la
idea de España como una tierra baldía, como un páramo o
desierto, pese a que en realidad se deba en parte a su propia
orografía y geografía desde hace muchos siglos.

Es poderoso el influjo de este mito, pero hay muchos otros
mitos sobre cómo se producen los desiertos. Entre los griegos se cuenta el mito de Faetón, que luego reelaboró bella-
mente el poeta romano Ovidio en sus *Metamorfosis*. Faetón
le pidió a su padre Helios, el dios del sol, que le dejara conducir su carro de fuego en su curso habitual. Pese a la negativa inicial, al final, ante la insistencia del hijo, Helios tuvo

que acceder dándole mil y un consejos. Pero Faetón transgredió las normas, desvió el curso del carro del sol y causó tremendos desastres. Pasó por algunos lugares —África, acaso también España— demasiado cerca de la tierra, calcinando toda ella y creando grandes extensiones de desierto. Tras muchos estragos el dios Zeus lo fulminó y cayó muerto sobre el río Erídano, el actual Po, en Italia. Podríamos recordar esta razón mítica a los fabuladores actuales sobre los páramos hispánicos. En todo caso, hay que evocar aquí los parámetros míticos de gran parte de las ideas comunes sobre España, su carácter y su historia, como vemos a modo de introducción geográfica a la historia mítica.

Las puertas y las columnas

Las puertas de la percepción que son los sentidos, parafraseando el célebre título de Aldous Huxley, son también, en lo que a la metafísica se refiere, las puertas que llevan de dentro hacia afuera, de un lado a otro, del más allá al más acá, de nuestro mundo ordinario al extraordinario, llámese inframundo o paraíso. Pocos otros lugares liminares como la antigua y mítica España estaban tan marcados por puertas, pilares, hitos y columnas que jalonaban el paso hacia ese otro lado; este tiene muchos nombres en la tradición según su matiz positivo o negativo: el Hades, el Averno, el Infierno, la Gehenna, el mundo de los muertos o, en una valoración positiva, el Paraíso, los Campos Elíseos, las Islas de los Bienaventurados. Es lo que el extraño Lovecraft llamara simplemente *Beyond*. Y no cabe duda de que otra de las ideas motrices de la España mítica, subrayada en su geografía fantástica, es su carácter de puente de ese «más allá». Por doquier se señalaban en los mapas míticos y oníricos de las antiguas culturas de Iberia los lugares de tránsito al país desconocido, el paso al mundo extraordinario que siempre simbolizó la vieja Iberia.

No está de más recordar que, para los griegos, había otra Iberia, la que estaba situada en lo que hoy es Georgia. Era esta otra tierra de embrujo, extrañamente hermanada con la nuestra por su carácter liminar y de lugar de paso, puerta de Europa y del más allá. Si España es Oriente en Occidente —como quisieron ver muchos viajeros románticos desde Potocki a Irving—, esta coincidencia no casual en el nombre de Iberia para los dos extremos que simbolizaban el fin del mundo conocido en la Antigüedad merece una breve glosa. Pienso solo en la geografía mítica de ambas Iberias: situadas a orillas de dos misteriosos mares —Negro y Caspio, Mediterráneo y Atlántico— y en estrechos de tierra al pie de montañas imponentes a la vista (el Cáucaso menor y mayor, la Bética, el Atlas, etc.), y marcadas por el trayecto del sol desde el punto de vista grecorromano. La Iberia de más acá, en el mundo del Poniente, ve el sol ponerse allende las Columnas de Hércules o la torre del héroe en el *finis terrae*; la Iberia de más allá ve el amanecer tras la Cólquide dorada de los Argonautas. Ambas, la tierra de Poniente y la de Levante, están surcadas de mitos de paso, de misiones imposibles, de enfrentamiento con diosas o heroínas que guardan sendos umbrales al más allá, como el mito de las amazonas, doncellas guerreras del Cáucaso, o el de las Hespérides.

Así, al hablar de las puertas y las columnas que separan, como hitos emblemáticos, un mundo de otro, no podemos dejar de recorrer la geografía mítica del mundo antiguo para

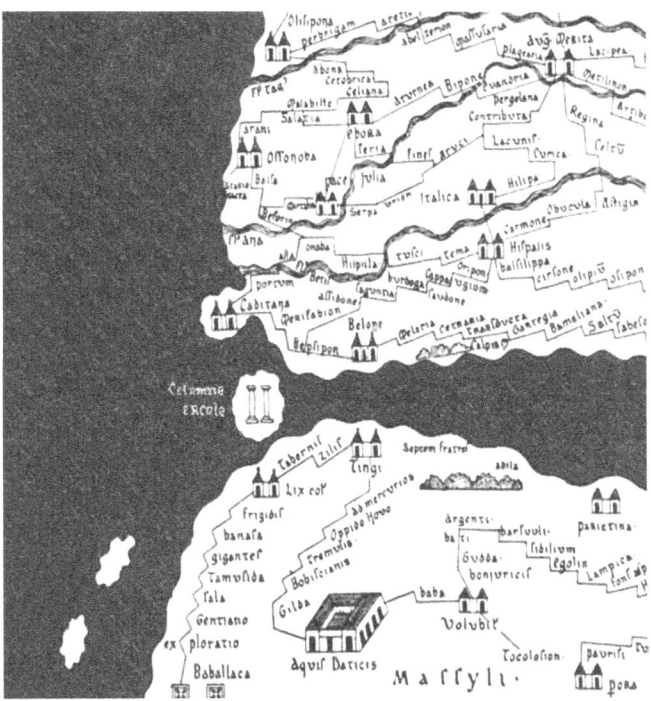

5. Las Columnas de Hércules en la *Tabula Peutingeriana*, siglo IV. Edición facsímil por Konrad Miller, 1887/1888.

ver dónde griegos y romanos, pero también fenicios y púnicos, situaron las puertas de paso de un lado a otro. Allí estaban aquellas dos Iberias, desde la del mar Negro o Ponto Euxino, en la ciudad de Heraclea Póntica, donde se decía que estaban las puertas que Hércules usó para pasar al más allá cuando capturó a Cerbero, hasta llegar a las puertas de este lado, en nuestra Iberia, donde fue Hércules, de nuevo,

79

el que fijó sus pilares para marcar una transición espacial y metafísica con el mundo desconocido. Ambas Iberias albergaban pasajes privilegiados para el más allá

Aquí, en nuestra Iberia, se situaban también en el Jardín de las Hespérides, con sus manzanas de oro —acaso en las estribaciones del Atlas—, las Islas Afortunadas, la Atlántida sumergida y la tierra roja de Andalucía —quizá el río Tinto—, surcada por los rebaños de Gerión, por donde campeó el héroe por excelencia en sus trabajos. Hay que ver cómo Heracles-Hércules, el gran héroe quintaesencial de los antiguos griegos y romanos, transitó hacia el más allá a través de las puertas situadas en los dos extremos del mundo, las dos Iberias, la del Levante y la del Poniente.

Cierto que había en el mundo antiguo otra península también liminar que era para los griegos pasaje cierto para el más allá y estaba situada exactamente entre las dos Iberias. Esta era la Hesperia primera, la «tierra de Poniente» que era Italia para los griegos, y donde había otros lugares de paso: una utopía áurea latente en el Lacio, un napolitano lago Averno con aroma a azufre y el antro de la Sibila, donde Eneas, de la mano de la cumana, pasó al más allá en pos de respuestas, como también Ulises cruzará al otro lado —en un lugar ignoto pero cercano a esa otra Hesperia que era Italia— en la mágica isla de Circe. Entre las dos Iberias y la península Itálica de los misterios estaban las puertas del más allá por excelencia, que hay que evocar en este lugar.

Muchas son las puertas del infierno en el antiguo mundo hispano, muchas las cuevas de los iberos en los altos de Castellón a Alicante o en los hayedos y robledales de los celtas en el centro y el norte de la Península. Pero serían demasiadas las puertas que habría que recordar, si añadimos a estos lugares los rompientes del Atlántico, de Huelva a Galicia. España es, en fin, en lugar de paso definitivo para el fin del mundo en el imaginario mítico, el *finis terrae*, que también marca Hércules, como no podía ser de otra forma, con su famosa torre en Brigantia, hogar también del sagrado rey celta Breogán, repoblador de esa otra isla mágica, entre Avalón y Tír na nÓg, llamada Eire, que es otra fantástica puerta y columna hacia el más allá. Puertas de los mundos, los sentidos y las percepciones, donde se efectuaban los ritos de paso a ese otro lugar para cuyo conocimiento, a veces, es preciso «morir antes de morir».

La ciudad mítica: Atlántida

Hay una persistente memoria colectiva en torno a las antiguas civilizaciones que se perdieron después de cataclismos cósmicos. La humanidad recuerda las catástrofes cíclicas que la han asolado hasta el punto incluso de haber perdido la escritura o diversas tecnologías avanzadas. Ahí está el esquema mítico de la edad de oro con el recuerdo memorable de una edad lejana en la que los hombres de una raza superior y primigenia eran felices y vivían en un mundo avanzado, idílico y edénico del pasado. Siempre hay en ese momento una justicia equitativa y una sociedad ideal, de índole utópica, que es capaz de las mayores proezas. Pero luego advienen las edades posteriores en progresiva decadencia hasta llegar a nuestra edad de hierro —como sabe Hesíodo— o el Kali-Yuga del hinduismo, en un esquema que, afortunadamente, es cíclico y conlleva que, pese al declive inexorable, algún día ha de regresar el mundo áureo, en un ciclo de matices religiosos pero también políticos.

La ciudad —o el reino primordial— de ese pasado superior en tecnología pero no siempre en virtud está míticamente situada en las inmediaciones de nuestra antigua Iberia, y a veces ha sido identificada con ella. Es una de esas historias del pasado donde se mezclan antropogonía, utopía, memoria de las edades y mitología: la Atlántida, el poderoso y legendario continente al que plantó cara la antigua Atenas en una edad pasada. La filosofía de Platón usa constantemente el mito de la edad de oro, entre utopía, religión y filosofía política, y lo reelabora para sus proyectos reformistas. En la *República* y las *Leyes*, y entremedias en el *Político*, se presentan recreaciones del mito de la edad de oro, época en la que la divinidad se cuidaba de los destinos del mundo: debemos imitar aquella «santa edad», como diría don Quijote, con una legislación apropiada. Desde el microcosmos del alma humana al macrocosmos de la historia universal, pasando por el mesocosmos de la organización política, Platón evoca la tripartición de las edades cósmicas, partes del alma y clases sociales —oro, plata, bronce, con algunas incursiones en derivaciones de hierro y de carácter heroico—, heredando el viejo esquema de Hesíodo y, más allá, del mundo oriental. Los griegos eran muy conscientes de su deuda con Oriente: por eso hay que leer así acaso también la leyenda de la Atlántida, que Platón acuñó —como tantos otros mitos y alegorías en su obra— en los diálogos *Timeo* y *Critias*, compuestos en torno al 360 a. C.

Al comienzo del *Timeo*, el diálogo platónico acaso más célebre por contener una cosmología completa, Critias narra una historia que de niño oyó contar a su abuelo y que él a su vez supo de Solón, el mítico legislador y poeta ateniense. Los griegos tenían una veneración por las antigüedades egipcias, y en este pasaje Solón, que está de visita en la ciudad de Sais, habla con un anciano sacerdote egipcio: le cuenta cómo en sus templos se conservan los escritos de miles de años de historia que incluyen también cómo la Atenas prehistórica, un estado brillante y avanzado, supo hacer frente al dominio de la Atlántida, en un mito que pasa por muchas manos en una transmisión entre oralidad y escritura. Siempre se insiste en el relato «verosímil» y no verdadero que se cuenta, a modo de ficción alegórica, de un mito que aparece en el contexto de la discusión sobre la sociedad ideal: Egipto ha guardado en sus registros las hazañas de una antigua Atenas, cuya memoria han perdido los propios atenienses, con la que combate la Atlántida, una confederación de reyes situada más allá de las Columnas de Hércules que llegó a dominar «los pueblos de Libia, hasta Egipto, y Europa hasta Tirrenia».

El trasfondo filosófico enlaza con el mito de las edades y se refiere a la memoria de una época de insondable antigüedad tras la cual advino un cataclismo y los griegos olvidaron incluso la escritura. A veces el mito semeja la historia, pues tras la catástrofe del Bronce, con maremotos e invasiones incluidos, se perdió la capacidad de escribir el griego en el silabario Lineal B, heredado de la cultura minoica. Y ciertamente diluvios y maremotos pueden asimilarse a catástrofes históricas. El sacerdote egipcio del *Timeo* refiere el carácter cíclico de los «fines de raza», ora incendios ora diluvios, que asuelan la humanidad. Tras ser derrotada por la antigua Atenas, la Atlántida se hundió en el océano en un solo día y una noche, en lo que parece descrito como un maremoto.

En el segundo diálogo donde aparece la Atlántida, el *Critias*, el relato inconcluso se centra en la organización de aquella

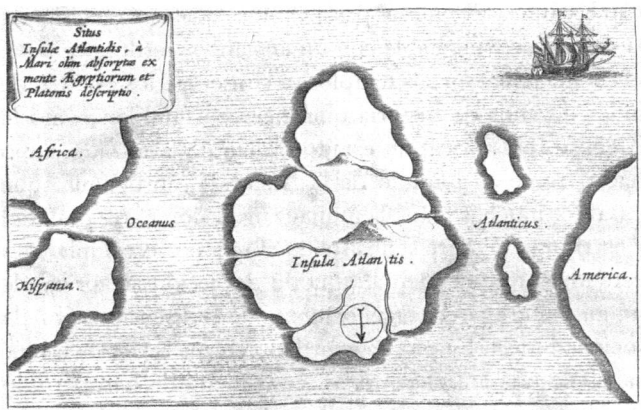

6. Athanasius Kircher, mapa de la Atlántida, en medio del océano Atlántico (con el sur hacia arriba), de su obra *Mundus Subterraneus*, vol. 1 (Ámsterdam, 1669).

ciudad legendaria y cómo fue su impiedad —otro motivo mítico, muy presente por ejemplo en la destrucción de las edades de plata y bronce en Hesíodo— la causa de que los dioses decretaran la perdición de la Atlántida. Frente a ella se le contrapone la antigua y virtuosa Atenas, una suerte de paradigma mítico antecedente de las utopías platónicas. Sin embargo, su gobierno basado en leyes justas y divinas no fue inmune a la degeneración del ciclo de las edades y acabó también colapsando. Los antiguos, dice Platón en el *Critias*,

> durante muchas generaciones, mientras la naturaleza del dios era suficientemente fuerte, obedecían las leyes y estaban bien dispuestos hacia lo divino emparentado con ellos [...]. Mas cuando se agotó en ellos la parte divina [...] se pervirtieron.

Es muy parecido al esquema del mito del *Político*, con dos edades alternativas en cuanto a justicia y gobierno divino, y al de *Leyes*, con una legislación heredada de los dioses y, en suma, una Atenas antigua como modelo para imitar, como en la *República*.

¿Y la relación con la España primordial? Nada de esto aparece en Platón, pero la geografía que se sugiere en sus textos ha hecho pensar, durante mucho tiempo, en una localización de esta antigua ciudad estado en las cercanías de la península Ibérica, cuando no directamente en ella, con una ecuación que la asimila a la legendaria Tarsis bíblica, el reino opulento del lejano Occidente para los fenicios, o con la Tarteso griega, la gran civilización con la que comerciaron los focenses y que hoy denomina en la arqueología una sofisticada cultura del sudoeste peninsular. Pero, ciñéndonos a los datos sobre la Atlántida, la hemos de relacionar como mito, primeramente, con el marco de reflexión platónico acerca de la sociedad ideal en un contexto utópico de idealización del pasado áureo. Aunque haya un eco mítico-histórico de los ciclos de cataclismos de las edades —no el eco lejano del fin de Micenas o el colapso de Santorini, sino un esquema que se repite en todas las mitologías y latitudes—, el mito de la Atlántida es claramente un mito filosófico.

No hay que empeñarse, como ha sucedido a veces, en buscar un misterioso continente desaparecido, en lo que ha devenido una fantasiosa empresa. A menudo se ha querido localizar la Atlántida «real» o «histórica» en un lugar geográfico concreto, como es en este caso la antigua España —hay quienes ven la cueva de Calipso de la *Odisea* en el islote de Perejil—, entre una larga nómina que incluye las islas de Faros, Chipre, Santorini, Cerdeña, las Azores, las Canarias o las islas Británicas. Uno de los lugares favoritos ha sido desde antiguo el sur de España, sobre todo a partir de los estudios del arqueólogo Adolf Schulten (1870-1960) sobre la cultura tartésica.

La Atlántida ha devenido uno de esos mitos de la historia, con intentos más o menos esotéricos por localizarla desde antiguo. La historia de su búsqueda y de las teorías sobre ella se ha poblado de curiosas postrimerías, y entre sus exploradores se cuentan desde interesados en las ciencias ocultas y lo que hoy llamaríamos pseudociencias, hasta arqueólogos nazis. Imposible trazar una lista exhaustiva, pero esta debería incluir, entre muchísimos nombres, los de Édouard Schuré, Ignatius Donnelly, Rudolf Steiner o Charles Berlitz. Normalmente, en el «cóctel» de ingredientes de su búsqueda fantasiosa suelen incluirse algunos de los típicos «misterios» de la historia, pueblos poco conocidos, mitificados o lenguas aún por descifrar, conspiraciones para ocultar una verdad histórica y un omnipresente «matriarcado» original. Por supuesto, abundan las menciones a la antigua Tarteso, los minoicos, los etruscos, e incluso los vascos o los canarios (cuando no se ha pensado, como ocurre con los egipcios, ¡en un origen extraterrestre!).

Pese a que haya que leer la Atlántida como uno de los mitos filosóficos y propedéuticos en el marco del pensamiento platónico que remiten a un pasado áureo, sus postrimerías fantasiosas también son toda una historia cultural. Y a los efectos de la historia mítica de España, tanto o más interesantes son las especulaciones, ficciones e imaginaciones de la tradición clásica que hace de España la antigua y sofisticada Atlántida. Esta identificación es abrumadora en novelas, ensayos y películas recientes, de obras de ficción o documentales, que intentan reunir pruebas de la historicidad de este fantástico lugar y dan fe de la persistencia de esta fascinación. Destaca, por ejemplo, el documental *El resurgir de la Atlántida,* dirigido por James Cameron y producido por National Geographic, que indaga en la zona entre Daimiel y Huelva con la vieja idea de una Atlántida ibérica. Para una visión ponderada de la Atlántida, se puede recomendar el excelente libro de Pierre Vidal-Naquet, *Atlántida. Pequeña historia de un mito platónico* (2005).

El reino opulento: Tarteso

Las nieblas evanescentes del mito y la leyenda a veces pueden tornarse historia en un proceso que se ha repetido frecuentemente gracias a los vuelcos que han causado ciertos descubrimientos arqueológicos. En efecto, a veces las arenas del desierto o alguna colina sospechosa nos han devuelto reliquias de un mundo que se creía mítico y que se ha mostrado histórico. Así ha ocurrido a menudo que la historia mítica de un pueblo ha devenido historia y cultura material. Espectaculares hallazgos han supuesto cambios revolucionarios en la visión que teníamos de nuestra historia más remota. Hay que recordar solo unos pocos.

Si antes se creía que el mundo de Homero estaba más cerca del mito que de la realidad, Heinrich Schliemann, a finales del siglo XIX, descubrió, en hallazgos espectaculares, las antiguas ciudadelas de Troya y también la de Micenas, de ecos lejanos en la *Ilíada,* cuyo recuerdo se había perdido hacía mucho. Arthur Evans, en torno a 1900, descubrió mágicamente una Grecia antes de Grecia con la sinuosa y fascinante cultura minoica que explicaba el mito del Minotauro en su laberinto, y Howard Carter desveló en 1922 la legendaria riqueza de los faraones con la tumba de Tutankamón. Si se pensaba que las leyendas de los escitas que narraba Heródoto, con sus amazonas guerreras y sus enterramientos suntuosos, eran puras fabulaciones, en el siglo XX se encontraron maravillas en Asia, como la cultura de los kurganes o la célebre «Princesa del hielo», tatuada y con armas. Y en cuanto a la filología y las lenguas, pensemos en la piedra de Rosetta, encontrada en 1799 y descifrada más tarde por Champollion, poco después en las tablillas cuneiformes y las lenguas escritas en ellas, asirio, acadio y demás, explicadas por Grotefend, Smith, Rawlinson... O en los desciframientos del siglo XX —los textos micénicos por Ventris o los hititas por Hrozný—, por citar solo algunos momentos estelares de la arqueología y la filología que sacudieron como un terremoto las ciencias de la Antigüedad.

No sería extraño que otros hallazgos desvelasen culturas hasta hoy enigmáticas: y, entre las más esperadas, ciertamente, algunas que se relacionan con la historia antigua de la península Ibérica y que, hasta hoy, han tenido la consideración de mitos más que de realidades. Tal es el caso de Tarteso, el reino opulento e inefable de la Antigüedad ibérica y, por supuesto, todo lo que se relaciona con su contexto, tanto material como lingüístico. El desciframiento de las lenguas, a la par que los hallazgos arqueológicos, podrían deslindar el mito de la historia, como tantas otras veces, en algunas de las culturas más fascinantes y desconocidas de la Europa antigua. Tal es el caso de Tarteso, a menudo asimilado a otros nombres de ecos legendarios en torno a una supuesta

7. Bronce Carriazo. Fragmento de broche (siglo VII a. C.). Museo Arqueológico de Sevilla.

civilización del sudoeste peninsular, como Tarsis o Atlántida, ya mencionada. Faltan aún, acaso, los hallazgos que den un giro a la historia de Tarteso, pues hace ya cien años que arqueólogos, filólogos e historiadores trabajan sin cesar sobre esta cultura y otras prerromanas, como la ibera. Parte de esta historia mítica entonces habría de devenir simplemente historia.

Hace más o menos un siglo, en 1922, el alemán Adolf Schulten publicó su libro sobre Tarteso, piedra de toque de los estudios modernos sobre esta civilización mitificada desde antiguo en la historiografía española, que quería resaltar la antigüedad y preeminencia de la monarquía hispánica. Schulten redactó un compendio que apasionó a su tiempo y abrió la vía —al ser muy pronto traducido al español bajo la égida de Ortega y Gasset— tanto para los estudios posteriores sobre esta civilización como para la fascinación del gran público. Desde muy pronto, con la historiografía que mitificaba el edén hispano primordial, se relacionó Tarteso con la mítica Tarsis de las fuentes bíblicas y con el reino legendario de las fuentes griegas, intentando trazar un panorama verosímil de aquella supuesta España precursora. Se postularon ya en el siglo XX hipótesis atrevidas como la presencia de colonias egeas, procedentes de Creta, en una fecha muy temprana, en competencia con las colonias fenicias. A veces se cargaban las tintas en ponderar el elemento indoeuropeo, celta o helénico, entre otros, por encima del semita. Era el espíritu de los tiempos, me temo. Y es que Tarteso es parte de la historia mítica e ideológica de Europa, España y Andalucía, y su halo de leyenda a veces no permite evaluar imparcialmente lo que verdaderamente sabemos. Recientemente, los magníficos hallazgos del yacimiento de Casas del Turuñuelo (Guareña, Badajoz) sorprendieron sobremanera con dos delicadas efigies del mundo tartésico que nos permiten poner rostro a esa fascinante y desarrollada civilización del primer milenio a. C.

Pero ¿dónde estaba Tarteso? Para empezar, no sabemos si el topónimo se refiere a una ciudad, a un reino o a una cultura regional. En cuanto al paralelo con la bíblica Tarsis, quiere evocar un lugar —o acaso varios— mencionado una veintena de veces en el Antiguo Testamento como reino semilegendario y opulento: la expresión «las naves de Tarsis» alude a un comercio a larga distancia, por mar, de mercancías preciosas y materias primas con un pueblo rico en metales, pero su localización es dudosa y se quiere situar entre la región sirio-palestina y nuestros lares. Ya la antigua historiografía mítica quiso hacer la ecuación con Tarteso, que se menciona en fuentes grecorromanas, y tender puentes entre España y el país legendario al que alude la Biblia hebrea. Sin duda era interesante, para la católica España del Medievo y el inicio de la Edad Moderna, equiparar Tarsis con las antigüedades hispánicas.

Mítica era Tarteso también para los griegos, lugar de leyenda donde habitaban reyes longevos y opulentos, como Argantonio, 'el hombre de plata', si queremos seguir su popular etimología. Dice el poeta Anacreonte que no quiere «riquezas mil ni reinar 150 años sobre Tarteso», en alusión al legendario monarca que habría tenido relaciones con los griegos. En Heródoto se cuentan los viajes de Coleo de Samos, que llegó por casualidad a Tarteso, y la expedición de los focenses, a quienes Argantonio habría acogido y agasajado. El episodio parece en relación con aquel espléndido reino del sur peninsular en plena época de los viajes de los griegos al lejano Occidente, que están en el trasfondo de mitos como el de Odiseo o Heracles. Los griegos, buscando acaso su «El Dorado» en Hesperia, habían fundado Massalia y Ampurias en tales rutas. Pero, para cuando conocieron los enclaves de Tarteso, parece que este reino estaba ya en cierto declive, aunque conservaba su riqueza. Posteriormente, el topónimo pervive en época romana y los autores romanos ahondaron en su leyenda. Autores como Avieno (siglo IV) mencionan una ciudad de tal nombre que aún podía verse en su periplo por las costas del sur peninsular.

Los orígenes de Tarteso son discutidos en dos líneas principales, la que aboga por una misteriosa auctoctonía y la que lo hace derivar de los procesos de interacción, aculturación y mezcla entre la colonización fenicia y el elemento indígena. En todo caso, la edad de esplendor comienza en torno al siglo IX a. C., cuando llegan los fenicios a una costa que, por cierto, era muy diferente de lo que es hoy. Los geólogos han estudiado los cambios del litoral de la Andalucía atlántica y mediterránea y su relación con los asentamientos fenicios: Cádiz y San Fernando eran islas, el golfo tartésico —para los romanos, luego, *Lacus ligustinus*— se extendía casi hasta Sevilla y parte de las provincias actuales eran mar o, mejor dicho, la bahía de desembocadura del Guadalquivir. Por no hablar de lo que cambió el litoral y la navegabilidad de los ríos de la zona de Málaga. La descripción de la zona ha obsesionado a los estudiosos empeñados en buscar el vínculo con Tarsis, que puede ser verosímil, o incluso, algo más que dudoso, con la citada Atlántida platónica.

Y es que todo son enigmas hasta que la arqueología, a veces, va aclarando el panorama. Los avances han ido en progresión geométrica casi cada década. Hace 30 años, un congreso y una monografía colectiva, editada por los profesores Jaime Alvar y el ya fallecido José María Blázquez, *Los misterios de Tartessos* (1993), daban cuenta cabal de lo que habían avanzado las investigaciones desde que Schulten, meritoriamente aunque con sus limitaciones, abriera el camino; actualizó la cuestión Alvar con Juan M. Campos en otro congreso publicado luego también como monografía (*Tarteso. El emporio del metal*, 2013). Una década más tarde, y un siglo después de Schulten, otro interesante ensayo, esta vez de Diego Ruiz Mata (*Tartesos y tartesios*, 2023), compila minuciosamente toda la información que tenemos y constata que la investigación ha avanzado de manera impresionante. Pero este último libro no ha podido evaluar los últimos hallazgos, como el mencionado descubrimiento de los rostros del Turuñuelo, que permiten ahora albergar mejores esperanzas acerca de lo que se puede encontrar en años venideros. Estos rostros, que quizá tengan que ver más con factura helenizante que orientalizante, en todo caso, son los primeros que nos miran desde el sudoeste de la Península en esta cultura. La idea de Tarteso como el «Oriente en Occidente» —no otra cosa venía a buscar Schulten, émulo de Schliemann, que la «Troya hispana», la ciudad de los orígenes— es muy sugerente, y más al ver los perfiles extraídos de esa excavación pacense.

La tesis más audaz, y por ahora difícil de demostrar, quiere remontar el inicio de Tarteso a la Edad del Cobre, estableciendo vínculos con las navegaciones más antiguas. Se propone la preeminencia del elemento autóctono, en diversas variedades, sea este indoeuropeo o no, con la posterior interacción con los otros pueblos que surcaron el Mediterráneo, especialmente griegos y fenicios. Ciertamente, el Estrecho nunca fue un muro y desde el paleolítico ha sido una vía de comunicación con África, así como se ha navegado desde Oriente a Occidente desde al menos el III milenio a. C. Pero lo más prudente es por ahora definir como «Tarteso y tartésica» la civilización que parece comenzar a finales del siglo IX o principios del VIII a. C., según la tesis más verosímil, y cuyo esplendor puede ser influencia de la presencia pionera de los fenicios.

Hay ciertamente fases previas y gran mezcla: la tesis doctoral de Candela Hernández, genetista de la Universidad Complutense de Madrid, *Historia evolutiva de la población andaluza basada en su herencia materna y su relación con el poblamiento humano del espacio mediterráneo*, estudió el ADN mitocondrial de la población onubense para mostrar que la zona era de alto tránsito y que hay semejanzas genéticas con los Balcanes, por ejemplo. Está, por supuesto, la añeja cultura de El Argar en el III milenio a. C.; ya en la convulsa época del final del Bronce, marcada por las catástrofes en el Mediterráneo oriental, no sería extraño detectar múltiples movimientos —se halló cerámica micénica tan lejos como en Córdoba, por ejemplo—; y hay quien quiere incluso retrotraerse a milenios anteriores, a la cultura dolménica andaluza o a tiempos míticos y primordiales. Pero las ciencias de la Antigüedad no pueden aventurar nada, solo hipótesis, y lo que se afirme ha de ser construido en avances sólidos, paso a paso. Otra es la cuestión, más atractiva para nuestros intereses en esta historia mítica, de lo que la historiografía acerca de Tarteso refleja como etnogénesis legendaria de las Españas.

No podemos saber con seguridad cómo era Tarteso, con esta variedad de visiones, pero sí indagar en la cultura material, las fuentes literarias y la epigrafía para dar un panorama de la gran transformación provocada en la sociedad autóctona por el intercambio con fenicios y griegos, hasta llegar a la decadencia de esta cultura. En cuanto a la lengua, tenemos una serie de evidencias que permiten indagar en lo que se hablaba en la zona. Las estelas de guerreros del bronce y las inscripciones del sudoeste (llamadas «tartésicas» por algunos, ante lo que hay que mostrar precauciones) reflejan un abigarrado mundo lingüístico prerromano en el que no hay unidad. A tenor de la antroponimia y la toponimia de la zona parece que conviven lenguas diversas, indoeuropeas y no, con varios sistemas de escritura del que el llamado «tartésico» es el más antiguo y cuya interpretación es todavía controvertida. Se ha propuesto, quizá con demasiada ligereza, que su lengua fuera de la familia celta, pero a día de hoy seguimos sin conocer la filiación lingüística de la lengua de estas inscripciones «tartésicas». Nos remitimos a la obra de referencia, del añorado profesor Javier de Hoz (*Historia lingüística de la península Ibérica en la Antigüedad,* v. I, CSIC) y a los trabajos actuales de investigadores como Joaquín Gorrochategui, Javier Velaza o Eugenio Luján, en el meritorio «Proyecto Hesperia». Igualmente apasionante es el caso del ibero, del que tenemos más de dos millares de inscripciones pero que, lamentablemente, a día de hoy sigue siendo intraducible. Parte de la mitología hispánica de los orígenes quedaría más afianzada en la historia si se llega a descifrar y entender todo el conglomerado de las lenguas paleohispánicas y, en concreto, el ibero.

En suma, poco sabemos sobre quiénes eran, cómo vivían y qué hablaban en Tarteso. Por ahora, solo cabe seguir esperando que la arqueología y la filología nos ofrezcan nuevos avances —o incluso un «vuelco» definitivo— para profundizar en la fascinante historia de este «no lugar» histórico, ciudad o reino, definitorio de la España mítica. Sigue siendo parte integrante de la nebulosa geografía legendaria que hemos querido esbozar aquí a modo de introducción.

2. Mitos y figuras arquetípicas de la España antigua

En este capitulo se evocan las historias de los orígenes que tienen que ver con el sustrato prerromano de la península Ibérica. Son mitos, leyendas y figuras emblemáticas, recogidas en su mayor parte por las fuentes grecolatinas, que aluden a una España primitiva y oscura. En ella reinan personajes soberbios y descomunales, hay divinidades enigmáticas y criaturas sobrenaturales inquietantes que guardan el cruce de bosques y desiertos o que custodian tesoros sin cuento, muy característicos de un lugar de paso al más allá. En todos estos relatos hay una evidente tensión entre civilización y barbarie, lealtad y traición, arcaísmo e innovación, que funcionan como mecanismos narrativos muy repetidos en la historia mítica de España. No importa tanto si, como se ha querido defender, estas dinámicas pueden recoger lejanamente ecos de los procesos de aculturación que se dieron entre los habitantes aborígenes de la Península y los diversos pueblos que fueron arribando a ella durante la Edad

Antigua. No es relevante para nuestro propósito. Interesa sobre todo el ya citado motivo mítico fundamental, también hondamente enraizado en la España prerromana, del paso al más allá.

Esta aventura resuena con especial fuerza como una etapa crucial del camino heroico, la del cruce al mundo extraordinario, que, en el caso de Heracles-Hércules en su periplo ibérico, resulta especialmente evidente. Hércules, entre otros héroes, representa el personaje mítico que trasciende todos los límites conocidos y fijados para la humanidad, especialmente en lo geográfico, lo civilizatorio y lo existencial. No por casualidad su ciclo está especialmente relacionado con la península Ibérica como lugar de paso a un mundo allende de la experiencia ordinaria. Y no es de extrañar que, desde la Antigüedad prerromana, la Península fuera el lugar del fin del mundo y el final de la tierra conocida, con océanos y montañas amenazadores en el trasfondo, y la sospecha del abismo más allá del mar conocido. Así es que parte de las peripecias de Heracles tienen que ver con las columnas que plantó en la tierra del sol poniente, es decir, Hesperia, como paso al más allá, con los tesoros de las Hespérides en las inmediaciones de las montañas de Atlas y, por supuesto, con la idea de la obtención de la inmortalidad en este paso al otro lado: la adquisición de las manzanas de oro o del conocimiento de lo que había al otro lado de la muerte está en el trasfondo. Estas historias y personajes simbolizan todo lo misterioso y oculto que albergaba la península Ibérica en la Antigüedad prerromana y que los griegos y los fenicios, primeros pueblos comerciantes y cosmopolitas que llegan a sus costas, quieren adivinar en ella. Solo en breves apuntes, y a través de alusiones literarias, se dará cuenta de los principales mitos en torno a los iberos, celtas, griegos, fenicios y algunos otros pueblos.

Hércules y la historia mítica de España

Los grandes esquemas que mueven las ideologías y las sociedades hay que buscarlos en ocasiones a través de las oscuridades y los arcanos del mito. La mitología de la España antigua es importante no solo para la construcción ideológica de la época, sino también para la edificación de identidades sucesivas hasta llegar a la época actual. Estamos lejos de las antiguas acepciones y conceptos de las identidades comunitarias previas a la idea moderna de nación, desde los *ethne* griegos a las *gentes* o *nationes* romanas o medievales: pero desde entonces no cabe dudar de que los esquemas míticos han perdurado de forma soterrada pero notable en la conformación de los imaginarios nacionales. Así, si se buscan las raíces de una historia mítica de nuestro país, hay que empezar necesariamente por el mundo antiguo prerromano, desde la legendaria Tarteso y los iberos hasta las colonias griegas o fenicias, mucho antes de que los romanos introdujeran su lengua y su cultura.

En un primer momento, parece claro que los mitos del viaje al confín de la tierra, contados por narradores de las culturas que arribaban a la península Ibérica, conformaron, en contacto y a veces confusionismo con los mitos autóctonos, una nebulosa y evanescente identidad primera que se transmitió de generación en generación. Ahí están figuras heroicas o lugares fantásticos vistos desde el imaginario de los pueblos viajeros, notablemente griegos y fenicios. Nombres como Tarsis, Argantonio, Gerión, Túbal, y algunos otros, se mezclan con las hazañas o viajes de los míticos Melkart, Heracles, Odiseo o los colonos y viajeros semimíticos del mundo griego y fenicio. Una larga nómina de figuras legendarias acompañó a la gestación de la vieja España, la Iberia griega, la I-spn-ya semítica o la Hispania romana. Era el país de Poniente, la Hesperia, la Iberia de Occidente, un lugar prometedor e inquietante, pleno de fantásticos tesoros, pero también de riesgos terribles, por la cercanía de la frontera con el mundo extraordinario.

Como ya sabemos, la doble noción de Iberia en la Antigüedad, acuñada por los viajeros e historiadores grecorromanos, se refirió a las dos regiones que, míticamente, aludían a los extremos del mundo: la Iberia occidental se ponía en paralelo con la oriental, que corresponde a la actual Georgia, a la que el geógrafo griego Estrabón (XI 2 19) atribuye también este nombre. Las dos Iberias fueron durante siglos los puntos extremos de Europa y ambas, en un principio, simbolizaban lugares lejanos y de riquezas proverbiales: las dos sagas viajeras de los griegos, la de Ulises y la de Jasón, tocan ambos extremos legendarios en la *Odisea* y en las *Argonáuticas*. Allí estaba el *finis terrae*, los confines del mundo habitado, marcados por el sol poniente y el naciente. Además, sabemos que la Iberia del Oriente era ya conocida por los griegos antes que la de Occidente, por lo que ciertos motivos de allí, como el combate con criaturas sobrenaturales femeninas, la riqueza en oro o la frontera con el más allá, pudieron ser replicados simplemente en las propias hazañas cíclicas de Heracles.

Los nombres míticos del recorrido heroico, en el caso de Heracles, se repiten. El segundo nombre replicado a menudo, como ya se dijo, es el de Hesperia. En la mitología, la puerta a la muerte era esta Hesperia que alude a la «tierra vespertina». Sabemos que había otra gran Hesperia para los griegos, otra tierra del Poniente, que era la península Itálica. Y en tercer lugar hay que citar el nombre de Eritía ('la roja'), en la Iberia occidental, también referido al color del sol poniente, y que alude a una geografía mítica que abundaba en montañas infranqueables, impresionantes ríos y tremendos mares, elementos comunes que anunciaban el peligro de cruzar allende cualquiera de las dos Iberias.

Ya hemos citado el nombre del héroe simbólico que cumple sus hazañas viajeras en ambos extremos: Heracles, el romano Hércules, atraviesa todo límite con sus viajes y trabajos y se detiene precisamente allí. En Occidente vence a monstruos, logra los frutos de oro y establece sus Columnas para marcar el Océano exterior, poniendo otro conocido hito, su Torre, en el extremo noroeste de la Península. En Oriente, desde el mar Negro al Cáucaso, se sitúan sus otras aventuras extremas, como el descenso al inframundo o la lucha contra las amazonas.

Este héroe griego marca de forma indeleble los mitos sobre la península Ibérica. Es Heracles, también llamado Alcides, hijo de Zeus y Alcmena en el mito griego, uno de los héroes más importantes: último hijo del dios padre, que nace mortal y de una mortal merced a una treta mágica de suplantación de personalidad (el paralelo con el británico Arturo es claro), tendrá que ganarse el cielo como recompensa a sus muchos afanes y esfuerzos, los famosos trabajos, que, en número perfecto de 12, representan el afán del ser humano por superar su condición efímera y trascender hasta llegar al Olimpo de la inmortalidad. Finalmente, Hércules conseguirá, como no podía ser de otra manera, convertirse en divinidad. Asimilado en el mundo semita con Melkart y adorado por los romanos con un ciclo propio de aventuras, Hércules cruzó el Mediterráneo de Oriente a Occidente, como las propias colonizaciones fenicias y griegas, y vino a aposentar sus reales con todo derecho en la península Ibérica, que será su terruño predilecto y en el que culmina memorables gestas que pueblan los libros de mitología, literatura e historia.

Heracles es fundamental para la etnogénesis hispana a través de las edades, desde el mundo prerromano al tardoantiguo, de allí al Medievo y al Renacimiento, y luego hasta hoy.

Seguir las pistas míticas dejadas por Hércules en nuestra geografía es un ejercicio tan interesante como inagotable, desde las fuentes antiguas a las medievales, como la *General Estoria* de Alfonso X, y mucho más allá. Recordemos su primera gran aventura en el ciclo de los Doce Trabajos, cuando roba los ganados al tremendo rey Gerión, que gobernaba en el sur de la vieja Iberia. No lejos de allí rescató también las manzanas de las Hespérides, las muchachas de aquella «tierra de poniente». Son hazañas en el fin del mundo, pues Heracles va siempre hasta los confines, y a fe que en nuestro país los asienta en el imaginario colectivo desde la Antigüedad.

Huelga decir que la hazaña de Hércules más recordada en este sentido, pues llega al escudo nacional de España y al escudo y bandera de Andalucía, es la de sus dos columnas, que sitúa donde en principio acababa el mundo (*non plus ultra*). Pero Hércules transita por otros parajes de la geografía española con fundaciones legendarias como la de la Torre que lleva su nombre en La Coruña o la propia Universidad de Salamanca, recorriendo también Navarra, Aragón, las Cinco Villas, Cataluña, los Pirineos..., pocos son los lugares donde no aparece alguna referencia a Hércules, y su relectura simbólica se ve en la propia delimitación de los espacios físicos de la monarquía mediante sus fundaciones, desde el sur, en Gibraltar y el río Tinto, una puerta al más allá teñida de rojo, a Barcelona.

Esta preeminencia será aprovechada, a partir de Carlos V, por la monarquía hispánica de los Austrias, que toma a Hércules como divisa para convertirlo en una especie de héroe panhispánico. Recordaré además la presencia de la serie de trabajos hercúleos de Zurbarán en el Salón de Reinos del Palacio

8. Francisco de Zurbarán, *Hércules separa los montes Calpe y Abila. c.* 1634. Museo del Prado.

del Buen Retiro. La gesta del descubrimiento de América hará desaparecer el adverbio negativo del lema de las columnas y perpetuará el simbolismo de Hércules como héroe que no conoce fronteras. Tampoco las de la muerte. Desde su divinización en el mundo grecorromano, tras arder en la pira del monte Eta, y su filosofización en la sofística, hasta las relecturas cristianas medievales del mito —como *alter Christus* y modelo del virtuoso que recorre un camino plagado de peligros—, Heracles es el emblema de la superación de todo límite. No lo olvidemos como uno de los mitos fundacionales del imaginario hispano.

Gerión y los reyes de Tarteso

En los confines del extremo Occidente los pueblos que venían del Oriente, tanto griegos como semitas, encontraron un poderoso reino que estaba situado al sur de la península Ibérica. A veces se le llama Tarteso, como ya se ha tratado más arriba: un reino legendario, una isla fastuosa, una ciudad sobre una laguna o acaso una confederación opulenta que imponía su poder sobre otros pueblos y hablaba de igual a igual a los sofisticados extranjeros que venían a comerciar en búsqueda de materias primas. Comoquiera que fuera, sobre Tarteso como reino, o como federación de pueblos, reinaban personajes desmesurados, y casi sobrenaturales, marcados por la riqueza, el poder y la longevidad, pero también por la soberbia y la crueldad. Tal es el caso del rey Gerión, al que se cita en la literatura griega desde el siglo VI a. C. El robo de sus rebaños aparece como el décimo trabajo de Heracles, que se enfrenta al monstruoso rey tartesio. El héroe debía marchar cerca del fin del mundo, a una isla próxima al Océano exterior que, para el mitógrafo Apolodoro, se llamaba en su tiempo Gades. Así era Tarteso como lugar mítico en los confines de esa tierra del Sol poniente que mencionábamos más arriba, donde se situaba el paso al otro lado. No lejos de ahí se desarrolla el citado trabajo de Hércules, así como el siguiente: la búsqueda de las manzanas de oro de las Hespérides, un símbolo de pervivencia inmortal en la mitología comparada.

La imagen de la fruta áurea del jardín secreto, un edén utópico en un más allá de geografía fantástica, suele denotar el secreto del paso al más allá, de la vida eterna en varias culturas, desde los melocotones de oro chinos a las naranjas y manzanas fabulosas de los cuentos populares. No es extraña la situación de este edénico jardín en los límites entre Europa y África, entre nuestro mundo y el de lo numinoso, donde está la España mítica: ahí el héroe arquetípico lucha contra Gerión, personaje descomunal, a veces monstruo de tres cabezas o de tres cuerpos, como lo retrata la cerámica griega arcaica. Heracles mata a sus bestias, roba sus rebaños y lo vence en singular combate.

El propio Sol, admirado al ver que el héroe Heracles ha llegado hasta el fin de su curso cotidiano, le dará una copa de oro para simbolizar que ha logrado trascender los límites de la vida y la muerte, y ello a través de Tarteso y los episodios de Gerión y las Hespérides. Pero sobre todo con referencia al establecimiento de las columnas que marcan el límite de lo ignoto. Tras ver el fin del mundo, Heracles devuelve la copa al dios Sol y, como todo héroe que viaja al más allá que se precie, habrá de regresar para contarlo y conducir a su patria las riquezas obtenidas en del sur de la

9. Francisco de Zurbarán, *Hércules vence al rey Gerión. c.* 1634. Museo del Prado.

mítica península Ibérica, encarnadas en los rebaños de Gerión, símbolo de riquezas sin cuento. Sirva esto como glosa rápida de estos dos trabajos distintos y muy bien conocidos de Heracles, sin ánimo exhaustivo: los bueyes de Gerión y las manzanas de las Hespérides.

En cuanto al primero, alguna interpretación del mito habla de un antiguo culto a un rey divinizado prototartésico, que habría sido desplazado por el Heracles griego, identificado con el fenicio Melkart en la zona de Cádiz. En lo que al segundo se refiere, parece un típico esquema iniciático del cuento popular, con el tesoro de la inmortalidad guardado en el árbol de la vida por las hadas. En suma, que todo resulta demasiado evanescente, evocador... Se podría seguir por el camino del mito y el cuento, pero ¿es posible que nos recuerden algo estas narraciones en el plano histórico?

Independientemente de la confluencia entre mito e historia, como quiera que sea, el rey Gerión se perfila como el primer gran personaje de la España tartésica, en una secuencia mítica donde se miden dos culturas: una autóctona y ancestral —llámese tartesia, ligur, turdetana, argárica etc.— y la advenediza de los griegos o fenicios. Hay una gran transformación en la narrativa mítica: el héroe llega al fin del mundo y su destino —llamémosle «Tarteso», un muy etéreo concepto, como ya vimos— ha sido uno de los mitos fundacionales de la idea de la España antigua. La leyenda parece codificarse en la época de la colonización griega y fenicia, acaso como epítome del choque entre culturas, y luego será recibida en la época romana precisamente en la sofisticada provincia de la Bética.

Las andanzas de Heracles no solo serán recordadas por la hazaña de las columnas del *non plus ultra*: también por su enfrentamiento con fuerzas primigenias, como la representada por Gerión, en el ambiente fantástico del lugar mítico al que acudían los pueblos del Mediterráneo oriental para el comercio y el intercambio. Al fin, prevalecería la mezcla y el mito autóctono caería en las oscuridades del folclor. Sabemos del magnífico templo de Melkart en Gades, acaso bajo el actual castillo de Sancti Petri, que tuvo culto hasta la Antigüedad tardía, justo en el lugar donde se suponía que todo había ocurrido, como tótem de la leyenda para la historia.

Otros de los fantásticos reyes de Tarteso que conocemos por las fuentes grecolatinas son los célebres Gárgoris, Habis y Argantonio. Gárgoris aparece como el rey más antiguo, famoso por inventar la apicultura. Preso de una pasión

incestuosa por su hija, de ella tendrá un hijo que, por ver-
güenza, será abandonado en el bosque entre fieras, pero al
que, como Rómulo y Remo o Mowgli, su padre-abuelo encontrará milagrosamente amamantado por distintas fieras.
El príncipe providencial se salva de todo mal y de cualquier
asechanza, incluso del Océano, hasta volver al rey, que lo
aceptará al fin. Este será Habis, gran y justo legislador de
su pueblo. Son antecedentes del poder tartésico, quizá co-
nectados con el mítico reino de Gerión.

Larga es la recepción del mítico mundo de Tarteso en la
historiografía. Según el epítome de Justino a las *Historias* de
Pompeyo Trogo, en el siglo II, había un tal Hispalo o Hispano como rey epónimo de Hispania, al que también se lla-
mará luego Espán. Este fundador con el nombre resonante
—como Heleno, Doro o Eolo con los griegos, o Rómulo con
los romanos— permitió vincular a los tartésicos con Heracles en las crónicas medievales, desde Isidoro a Jiménez de
Rada o Alfonso X, pues se supone que este personaje habría sido sobrino de Hércules y el héroe le habría legado el
trono de España tras derrocar a los tartesios. Parece que
Trogo, de origen galo, también vinculaba a los predecesco-
res Gárgoris y Habis con la leyenda referida.

De Argantonio, el último rey tartésico que mencionare-
mos, parece que el nombre hace alusión a las riquezas me-
talíferas de la zona: el «hombre de plata» del sur de la península Ibérica es mencionado en la época arcaica y enlaza
ya con la historia de las navegaciones griegas. Su longevidad era mítica en la Antigüedad, como se menciona ya en la
lírica arcaica griega de Anacreonte. Pero aparte de literatura hay referencias históricas, pues estableció una relación
militar y comercial con Focea, ciudad griega de Asia Menor

que encabezaría la colonización del lejano Occidente a través de Marsella, Rodas y Ampurias, en los viajes precursores para comerciar con plata y otras riquezas, que Argantonio otorgó liberalmente a sus aliados griegos. Estos personajes han dejado una huella sutil y etérea en la historia mítica de España, pero su rastro es inconfundible en la legendaria potencia meridional, de siempre anhelado hallazgo, de Tarteso, y en el origen de la fascinación por la Península como tierra de promisión.

Entre iberos y celtas

Los dos grandes pueblos de la España antigua, iberos y celtas, produjeron mitos y héroes extraordinarios cuyas huellas entroncan con los arcanos del folclor europeo precristiano. Los siempre fascinantes iberos, de lengua aún indescifrada, son uno de los grandes desafíos de la historia antigua, para los lingüistas, los arqueólogos y los historiadores. Ese pueblo diverso, pues la etiqueta recoge seguramente un conjunto nada homogéneo, honró en sus cerros y collados, desde los que se enseñoreaban de las rutas de la vieja Iberia mediterránea, a héroes y dioses destacados. Su red de ciudadelas, no solo en peñas elevadas sino en motas y motillas, ciudades del llano, establecía alianzas muy diversas en lo que seguramente era una comunidad que compartía vínculos religiosos y hospitalarios. Pero hay más incógnitas que seguridades al respecto.

En todo caso, por mor del mito, si más arriba se hablaba de los viejos reyes de Tarteso, de vínculos ibéricos, ahora toca recorrer el camino que va de estos a los celtas. Entre los iberos, lo más que sabemos de la cultura nos lo cuentan la arqueología y las fuentes clásicas: de las inscripciones en su lengua sobre todo extraemos abundante teonimia y toponimia, a veces entremezcladas. Hay nombres resonantes y repetidos a menudo, como el de Ataecina, aparentemente una fecunda y terrible diosa de la fertilidad y el más allá, no en vano asimilada por los griegos con Perséfone, que hace renacer la vida en el cosmos como feminidad arquetípica. Netón, Neito, o Necis son nombres que recibe otra divinidad recurrente, que aparece patrocinando la guerra y la destrucción. Era adorada por los iberos en una forma iconográfica provista de rayos que recuerda a la del romano Marte. Su culto se extendía desde las grandes regiones iberas del meridión hasta el núcleo celtíbero de la Península, en el Sistema Ibérico. Citaremos también otra deidad, llamada Betatun, que aparece identificada en las inscripciones como divinidad sanadora. Otro nombre es el de Aletes, héroe local de la vieja Qart Hadasht, posteriormente divinizado y con una apoteosis astral, que tiene matices fenicios e influencia seguramente ibera.

Mucho más sabemos de los celtas y sus mitos hispanos. De las varias oleadas de invasiones indoeuropeas desde el primitivo solar ancestral en las llanuras eurasiáticas que se desarrollan en los cuatro milenios a. C., nos interesa la última, la que lleva a pueblos como los celtas hasta el núcleo duro de su presencia, en las provincias de la Extremadura soriana, en torno al Moncayo y al Urbión, en las estribaciones de la cordillera Ibérica. De ahí puede que se extendieran hasta el mar lejano, el *finis terrae* mítico de nuestra Península, la última tierra antes del mar abismal. Aunque se debate la extensión de su influencia y seguramente no llegaron a Asturias y Galicia en la Edad Antigua, su folclor y sus mitos han impregnado en épocas posteriores, en especial durante el Medievo, estas regiones: las han marcado indeleblemente, de forma que fueron percibidas después, sobre todo desde el Romanticismo, como parte de la *commonwealth* de la mitología celta.

Los celtas se asentaron con preferencia en el centro montañoso de la Península, entre otros lugares, pero irradiaron su influencia desde ahí a los cuatro puntos cardinales. Desde las oleadas anteriores, y en las culturas de La Tène en el centro de Europa y en el norte de la península Itálica, sembraron de mitos y leyendas todo el continente hasta llegar a las islas Británicas. Como en el caso ibero, era un conglomerado multiforme de pueblos, pero seguramente unido por una narrativa mítica y por figuras de la religión y el culto a los árboles y la naturaleza. Solo recordaremos algunos nombres: Lug, dios solar pero también siniestro, con sus cruentos sacrificios, ducho en diversas artes y padre de un sinnúmero de héroes tardoantiguos y altomedievales en Gales o Irlanda (Cúchulainn, el «Aquiles irlandés», es hijo suyo). Atestiguado en numerosos topónimos, desde Lyon a Lugo, el símbolo circular de Lug, la rueda de cuatro radios, es uno de los más conocidos del mundo celta, una «rueda de la vida». También se cita su lanza como elemento básico de su culto.

Asimismo se veneraba a Candamius, dios montañés del relámpago, que da la lluvia y la vida, y a Endovélico, dios del inframundo y los oráculos que curaba por sueños —mezcla de Hades y Asclepio— entre los celtas hispanos. Del taurino Bandue se hablará más adelante. Junto a los dioses masculinos había una amplia nómina de diosas, entre las que destaca, con su caldero de la fertilidad, la mágica diosa

Ceridwen. Los galos adoraban a Taranis, Tutatis y Cernunnos, entre otros nombres que se han transmitido desde la literatura latina en la Antigüedad hasta las crónicas medievales.

Especial interés tiene la cristianización de estas leyendas, con el surgimiento de reyes legendarios que conectan las naciones celtas en una historia mítica común. En el Alto Medievo, el epicentro de estas leyendas se localiza en Gales e Irlanda, con la compilación de mitos celtas en los libros escritos por los monjes de las abadías sobre todo irlandesas: el más importante de ellos es la historia mítica del siglo XI llamada *Lebor Gabála Érenn* o *Libro de las invasiones de Irlanda*. Curiosamente, esta mitología hace hincapié en subrayar la importancia de España en la historia de los celtas. Tal cosa se ve en el caso de Breogán, hijo de Brath, mencionado en el actual himno gallego, un caudillo que conquistó la antigua Hispania, refundó Brigantia (La Coruña) y construyó su famosa torre, cuya titularidad es compartida con Hércules. Se supone que la ciudad había sido fundada por Heracles y la torre construida por el sobrino del héroe, de nombre Espán o Hispán, sobre el cráneo del gigante Gerión (en una contaminación acaso con el mito celta de Bran), al que había matado su tío. Espán habría puesto en la torre un mágico espejo que vigilaba y advertía para prevenir las invasiones, pero su decadencia causó que llegara una hueste céltica de Irlanda, comandada por Brath, cuyo hijo Breogán refundaría el poderío de la zona.

La leyenda de Breogán, que habría sido el principal rey celta desde su reino galaico, ocupa una parte crucial del *Libro de las invasiones de Irlanda*, que pasa revista a los diversos pueblos mitológicos que habitaron la isla. Los últimos, de los que sale la población gaélica actual, serían los «milesios» —llamados así por un tal Mil Espáine (acaso la corrupción del latín *miles Hispaniae* o 'soldado de España')—, que, después de vagar cuatro siglos por el mundo desde la España celta, vencieron a los míticos Tuatha Dé Danann, que pasaron a habitar el inframundo, y dominaron el cosmos irlandés. Hoy día, los milesios serían los humanos de la «isla verde» y los Tuatha el pueblo feérico de debajo de las colinas. El

10. La Torre de Hércules y la estatua de Breogán, La Coruña.

tema será recuperado en el Romanticismo, sobre todo en Galicia, como motivo folclórico y nacionalista.

Como se ve, muchos mitos de la antigua España son una contaminación de culturas ancestrales: griegos, celtas o iberos, como en el caso de Hércules, Espán o Breogán. Otro es el caso de Túbal, de procedencia bíblica, que se sumará pronto a esta amalgama, como veremos a continuación. Una historia mítica, la de la España antigua, entretejida por pueblos diversos, que han ido conformando un imaginario inconfundible ya desde los comienzos: el país en los confines, la tierra que da paso al más allá, siempre fecunda y misteriosa, meta y comienzo de una historia vitalista y cíclica. La potencia mitopoética de estas leyendas, desde lo arcaico y sumándole luego lo medieval y premoderno, es innegable.

Figuras bíblicas de la historia mítica

Los lazos de las culturas semitas con la península Ibérica son antiguos y bien atestiguados en la historia y la arqueología. Los estudios fenicios y púnicos han sido una línea de investigación muy fecunda en el campo de la historia antigua de la Península en los últimos cincuenta años y la arqueología ha arrojado luz sobre la presencia de colonias y el influjo fenicio como factor dinamizador de la civilización del actual sur de España. Pero el largo eco del elemento llamado semítico, con lenguas de prestigio, cultura y expansión comercial y militar de honda presencia, llega hasta la posteridad, sobre todo medieval y moderna, como se verá, con el mundo árabe. Es una relación compleja, que actúa por acción y oposición tanto en lo material e histórico como en el imaginario colectivo.

En el campo del mito, en cambio, uno de los mayores influjos sobre el relato legendario e ideológico ha sido seguramente el de los textos sagrados del mundo semítico. En los remotos orígenes de España la historiografía legendaria sitúa una serie de patriarcas fundacionales que se remontan a las antigüedades griega, fenicia y bíblica trazando una línea de unión entre los diversos pueblos de la Península y otros que vinieron a asentarse en ella progresivamente. Se puede pensar, de forma sugerente, que acaso en la mitología de los orígenes siempre se manifiesta un hermanamiento clave entre lo autóctono y lo foráneo. Un ejemplo es cómo el griego Heracles (el romano Hércules o el fenicio Melkart) aparece como viajero impenitente y fundador. Se dice, así, que de Hércules y Astérope, hija de Atlas, nacieron dos hijos, Ibero y Celto, que encarnan los dos grandes pueblos de la Península. También tendrá Hércules un sobrino ya citado, de nombre Hispano, Hispalo o Espán, epónimo de España, que aparece en diversas genealogías fantásticas tardoantiguas y medievales, desde Isidoro en adelante. Y si el vínculo con los pueblos de otras partes de Europa —otros celtas, fenicios o griegos— se quería destacar desde un principio, a partir de la llegada del cristianismo a la Península estas genealogías míticas se inspiran especialmente en los orígenes bíblicos. Huelga decir que fue el Medievo, con sus crónicas imaginativas y su construcción de identidades sobre la religión, la época clave para legitimar en los textos sagrados de las grandes religiones del libro estos supuestos orígenes de España.

La cristianización de la Península fue muy rápida y, al igual que la romanización, seguramente prendió antes en el sur, por la sofisticada Bética. Asimismo, la paulatina llegada y asentamiento de los judíos a la tierra que luego llamarían Sefarad, especialmente durante la Antigüedad tardía, en los siglos posteriores del Imperio romano, marcó la génesis de diversas historias que entroncaban las antigüedades hispanas con el mundo del Antiguo Testamento. Se acentuó este proceso desde los primeros eruditos cristianos, notablemente Isidoro de Sevilla, generando una variegada leyenda acerca de la llegada a la Península de patriarcas, santos o personajes míticos de las escrituras hebreas y cristianas. Un buen ejemplo es el llamado «tubalismo», es decir, los mitos que entroncan los orígenes hispanos con el patriarca Túbal, hijo de Jafet y nieto de Noé, que habría venido a poblar España en los lejanos años después del diluvio. De Noé descendía la nueva humanidad, que sustituyó a la perversa sumergida tras el diluvio —un esquema mítico, como se ha visto ya, compartido con las antiguas Grecia, China y América—, y se habría generado a través de los tres hijos de Noé, Sem, Cam y Jafet, que habrían poblado las diversas partes del mundo y creado países, lenguas y razas: Sem a los semitas (Asia), Cam a los camitas (África) y Jafet, a los jafetitas (Europa).

De Jafet vendría Túbal, que habría sido el primer rey fundador de España. Se supone que tras el episodio de la Torre de Babel, y la confusión de las lenguas, las 72 familias de los descendientes de Noé se dispersaron por el orbe. La de Túbal se asentó en Hispania, también llamada Tubalia, según recogen Padres de la Iglesia como san Jerónimo y luego recopila Isidoro, transmitiéndose sin cesar la leyenda a las crónicas medievales, la historia renacentista y llegando a la historiografía católica del siglo XIX. Túbal, con un reinado de 150 años (curiosamente igual que Argantonio), parece el típico patriarca longevo y fundador que enseña leyes, genera riquezas y civiliza a los pueblos, y se le atribuyen fundaciones legendarias como Setúbal o Tudela. Este es un patrón frecuente en el Antiguo Testamento, pero pensamos también en los míticos reyes de Tarteso, como Habis. De Túbal se supone que desciende una fecunda línea de héroes y reyes que van fundando las diversas partes de España y cuyos nombres se relacionan con sus topónimos: Ibero, epónimo del Ebro, Idubeda, Brigo, Tago, Beto, Gerión (con lo que se entronca con el mito griego), Hispalo, Hispán (ya conocido), Héspero, Atlante, Sícoro, Sicano, Siceleo (nombre parlante que justifica el dominio español de Sicilia), Luso, Sículo, Testa, Zante, Romo, Palatuo, Licinio, Eritreo..., y luego los ibero-tartésicos Gárgoris y Habis (llamado a veces Habidis) más una serie adicional de reyes cuya genealogía enlaza con los griegos del ciclo de Troya: Teucro, Diomedes, Ulises, etc. Diversos autores —el más célebre sin duda el falsario Annio de Viterbo, en época de los Reyes Católicos— elaboraron complejos árboles genealógicos como este, que enlazan de forma hábil las diversas mitologías de los pueblos que influyen en el solar hispano: griegos, celtas, semitas, latinos... Todo para mayor gloria del relato mítico-propagandístico de varios reyes.

Pero el llamado tubalismo tuvo interesantes postrimerías desde el siglo XVI en la configuración de la idea de la «hidalguía universal» vasca y cántabra, y en la mitificación de la lengua vasca, considerada lengua heredera de remotas antigüedades bíblicas, que se hacía remontar incluso a Adán, como ha estudiado exhaustivamente Jon Juaristi en sus indagaciones por los mitos de ámbito vasco. En 1564 Martínez de Zaldibia en *Suma de cosas cantábricas y guipuzcoanas* afirmó que el mítico Túbal —confundido con Tubalcaín, otro personaje de

11. Torre de Túbal. Castell de la Suda, Tortosa.

raigambre bíblica y apócrifa, patrón de la metalurgia— había desembarcado en la costa cantábrica, trayendo la religión verdadera, las leyes morales y su antiquísima lengua.

Esta idea es recogida por otros tratadistas como Esteban de Garibay o Andrés Poza en *De la antigua lengua, poblaciones y comarcas de las Españas* (1587), y posteriormente, en el siglo XVII, por Baltasar de Echave y por Martínez de Isasti. La idea del «vascoiberismo», luego defendida por Wilhelm von Humboldt, es decir, que el vasco era la lengua primordial de la antigua Iberia, estaba servida.

Con estas leyendas, siempre fluctuantes, se abarca un milenio de historia mítica de España y se entroncan personajes de todas estas culturas prestigiosas, sumando también un elemento de autoctonía, a leyendas y figuras de los pueblos clave en el desarrollo cultural que se quiere destacar en el imaginario del Medievo, sobre todo semitas y griegos. Estas figuras míticas se explotan sobre todo en las crónicas tardomedievales, pero proceden en último término de la Antigüedad tardía, a partir otros autores que pretenden aunar los orígenes míticos de España con la historia sagrada del judeocristianismo: las alambicadas y fantásticas genealogías, que prácticamente remiten a cada pueblo, río o región de España, encuentran curiosas postrimerías en apologías y crónicas falsarias como la de Annio de Viterbo, en el siglo XV, que pretendía exaltar el puesto único del Imperio de España entre todas las naciones, o las teorías sobre el origen del pueblo y lengua de los vascos en el siglo XVIII, que sería nada menos que una reliquia del Génesis, la lengua de Adán, desbancando incluso al primordial hebreo. Son leyendas realmente fascinantes que incluso llegan hasta hoy con un cierto esoterismo en sus orígenes.

Capítulo aparte merecerían las leyendas relacionadas con el Nuevo Testamento, pero estas no son estrictamente mitológicas, o solo parcialmente, pues parte de su influjo entra en el campo de la psicología o sociología de las religiones: es el terreno de la fe. Pienso en la gran historia confesional y hagiográfica que se va entrelazando desde la Antigüedad tardía en adelante con la historia evenemencial: desde la primera aparición mariana de la historia, la del Pilar, hasta las diversas llegadas, milagros, hazañas o fundaciones de apóstoles, santos, mártires y otros personajes del cristianismo hispano que sería prolijo tratar. La historiografía eclesiástica, con la proliferación de santos y persecutores, y toda la hagiografía relacionada con España, desde el mundo antiguo al medieval, con su extensión en las Américas desde la conquista es, realmente un tema inabarcable. Sin duda, el gran santo y figura fundacional hispana es Santiago, cuyo viaje al *finis terrae* sigue los viejos patrones mitológicos de los héroes antiguos que llegaban a nuestros lares. Pero esa es sin duda otra historia, que se tratará en su momento.

Entre lealtad y traición. Viriato

Acaso el mayor héroe de la Hispania antigua, que representa como pocos otros la resistente personalidad del conglomerado de pueblos que se opuso a la conquista romana, fuera el lusitano Viriato. Este caudillo simboliza la resistencia y el apego a unas formas de vida que rechazaban la unificación militar y cultural que logró a la postre Roma. Aunando el apoyo de diversos pueblos, osó plantar cara a las legiones romanas que desembarcaron en la Península en el siglo III a. C. Pero Viriato ha pasado de la indudable historicidad de su persona en las fuentes antiguas al territorio del mito, pues ha devenido hoy una figura casi legendaria en las zonas donde desarrolló su actividad, desde el Alentejo y Huelva hasta Zamora. No sabemos mucho de él, más allá de su sobrenombre de raigambre prerromana que se relaciona con un adorno guerrero (*viria*), una suerte de brazalete. Pero sí que tenemos abundantes referencias en los historiadores de la conquista romana de Hispania de la magnitud del desafío que supuso para los conquistadores hasta que los romanos pudieron terminar con él gracias a la traición de algunos de los hombres que tenían acceso al caudillo lusitano. Repasemos los datos principales sobre su peripecia histórica para luego reparar en su dimensión legendaria.

De él sabemos por los historiadores clásicos, como Apiano, Tito Livio y Diodoro de Sicilia, entre otros, que cuentan sus campañas y sus victorias contra los romanos. Pero la historia corre por derroteros paralelos con la mitología nacional, pues lo que más ha trascendido es sin duda el conocido episodio de la muerte de Viriato, que ha magnificado su leyenda hasta convertirla en la quintaesencia de la traición a las esencias hispanas. Hoy es especialmente conocido y ha sido glosado durante siglos casi exclusivamente por la traición legendaria que logró terminar con su vida. Es interesante constatar la enorme dimensión de su leyenda, que aparece en los restos de su biografía. Según Livio, que escribe en época de Augusto, cuando ya Hispania queda pacificada, Viriato era originalmente un pastor, y no un guerrero. Una suerte de David frente a Goliat, Viriato se perfila como hombre hecho a sí mismo, con un enorme carisma y un encanto especial que se refleja en su oratoria y en la adhesión inquebrantable que inspiraba a sus hombres. Llegó a reunir a sus órdenes a diversos pueblos, que prestaron juramento de fidelidad a su figura. El origen de su revuelta es una gran matanza que el romano Galba infligió a los lusitanos cuando les preparó una encerrona bajo pretexto y masacró a traición a unos 8.000 que habían acudido en son de paz. Viriato fue uno de los pocos supervivientes. Esta matanza, por la que Galba sería juzgado y luego absuelto en Roma, prendió la mecha de la rebelión a partir de 147 a. C. Desde entonces Viriato y sus hombres cosecharon sus primeras victorias en la Turdetania y pusieron en jaque al ejército romano. Poco después desataron una «guerra de fuego» abierta contra Roma, que desde 146 tenía las manos libres para centrarse en Hispania, tras haber domeñado a la par a Cartago y a los griegos con la destrucción de Corinto.

El Senado encomendó la misión de sofocar la rebelión a Emiliano, enviado con nuevas tropas por orden del Senado e instalado en la actual Osuna, quien no consiguió capturar a Viriato; finalmente hubo un pacto (*foedus*) que otorgaba *de facto* la autonomía a las tierras gobernadas por el lusitano. Pero Roma no vio con buenos ojos esta solución negociada y envió a un nuevo general, Quinto Servilio Cepión, para reanudar la guerra. Fue Cepión el que astutamente prometió a los tres traidores turdetanos (Aulax, Ditalco y Minuro), que fueron en embajada a Viriato, enormes dones si lo asesinaban. Su traición y la muerte de Viriato, acaecida en torno a 139 a. C., son ya leyenda por la tradición prorromana de que finalmente los traidores no recibieron su ominoso sueldo (*Roma traditoribus non praemiat*). La sombra de Viriato y su mito, como puede verse, oscilan entre la *fides* y la traición.

La leyenda de Viriato fue amplificada desde los historiadores grecorromanos, como Polibio o Dion Casio, quienes hablan de su maestría como comandante, su austeridad, frugalidad y desprecio de las riquezas, en una suerte de

12. José Madrazo, *La muerte de Viriato, jefe de los lusitanos,* 1807. Museo del Prado.

mitificación del buen salvaje. Viriato fue exaltado desde las crónicas medievales hasta el siglo XIX como símbolo de la resistencia ibérica. Los autores del Siglo de Oro, desde Cervantes a Quevedo, con su poema «Túmulo a Viriato», lo idealizan notablemente, y en Portugal será convertido en el héroe nacional por excelencia desde Camões a Pessoa. En la tradición popular, se le honra en diversos lugares de España y Portugal, con especial mención a la bandera de Zamora, «la Seña Bermeja», con ocho bandas rojas que evocan las victorias de Viriato contra los romanos. En la literatura y el arte en nuestro país ha sido constantemente evocado como símbolo, de diversa inclinación, por escritores o artistas como Joaquín Costa, Ángel Ganivet, José Madrazo, Ramón Padró o Alfonso Sastre. En nuestros días se recuerda, por ejemplo, su paso por la pequeña pantalla en la serie de televisión *Hispania, la leyenda* (2010-2012). Larga es la sombra de Viriato, desde la oscuridad de su biografía al largo eco de su resistencia.

Indíbil y Mandonio

Otro par de héroes indígenas que representan la resistencia de la España prerromana es el formado por Indíbil y Mandonio. Su pervivencia también es prolongada en la historiografía mítica como símbolo del carácter indómito de los hispanos. Desde que las legiones de Roma pusieron sus *caligae* en la costa mediterránea de España en torno al 218 a. C. la aventura de la Hispania romana está marcada por los conflictos incesantes por el dominio del territorio en diversos frentes. En el contexto de la pugna entre la República romana y su sempiterna rival Cartago por el dominio del Mediterráneo occidental, en la llamada Segunda Guerra Púnica el control de la península Ibérica resultó ser la clave. No fue, desde luego, un camino de rosas para los romanos, que hubieron de vérselas, además de con los Bárquidas, con una acérrima resistencia indígena. Durante y después de la guerra con Cartago, el papel de los pueblos iberos de la costa del Levante hispano, y los denominados genéricamente como celtíberos de la zona interior, fue esencial para decantar la hegemonía hacia el lado romano. En principio, los indígenas se debatían continuamente entre las dos potencias, intentando mantener un equilibrio que conservara en lo posible su independencia.

Los romanos Publio y Cneo Cornelio Escipión habían caído derrotados ante Asdrúbal Barca y perdieron la vida en la guerra. Los cartagineses, que recibieron el apoyo para su victoria de los múltiples pueblos desunidos en la zona del valle del Ebro hasta su desembocadura, habían exigido a los ilergetes y ausetanos la entrega de rehenes para garantizar su fidelidad: algunos familiares de los caudillos Indíbil y Mandonio al parecer. Luego las tornas cambiaron cuando los romanos de Escipión el Africano se apoderaron brillantemente de Cartago Nova y atrajeron el apoyo de los indígenas, lo que resultó en la victoria romana en Baecula.

Sin embargo, Indíbil y Mandonio, a los que a veces se presenta como hermano mayor y menor, vieron claro que no podían seguir así y que si querían sobrevivir debían mantener a toda costa su independencia. Por eso promovieron una cierta unidad temporal, una suerte de confederación entre pueblos y clanes de la zona, con el propósito de organizar una gran revuelta contra el dominio romano. Ambos han representado el anhelo por la independencia de los pueblos celtas e iberos de la España prerromana y la feroz resistencia que opusieron. Hay que recordar que hasta dos siglos después, en época de Augusto, la Península no fue controlada por los romanos; ni siquiera entonces su franja norte llegó a estar enteramente romanizada. Indíbil estaba convencido de que era preciso mantenerse independiente y por eso se movía entre romanos y cartagineses en un juego de equilibrios muy peligroso que finalmente le costó la vida. Poco sabemos de él: su nombre parece ibero y se cree que su versión celta es Atabel. Parece que fueron sus hijas y la mujer de Mandonio las tomadas como rehenes por los cartagineses. En todo caso, Indíbil y Mandonio lograron, seguramente por carisma personal, mantener una gran alianza de pueblos ibéricos en casi todo el valle del Ebro, entre las actuales Lérida, Tarragona y Castellón, en lo que fue la última gran sublevación de esta zona contra Roma. Luego, sin embargo, este territorio quedaría totalmente romanizado, al menos tan profundamente como la Bética, siendo las dos grandes regiones de cultura romana en Hispania.

Ambos caudillos han sido recordados en lo sucesivo como símbolos de la resistencia de los iberos y celtíberos de la posterior Tarraconense. Hay pocos datos históricos en fuentes grecolatinas, como Tito Livio y Polibio, que nos hablan de los complicados juegos de alianzas de la Segunda Guerra Púnica. La leyenda se acrece en el Medievo, como un episodio que enlaza con el ya conocido caso del jefe lusitano Viriato, la ciudad de Numancia y la resistencia legendaria de cántabros, astures y vascones en la cornisa cantábrica. Es, en suma, otro mito perdurable de la resistencia hispana. Su intercambiabilidad es muy curiosa e interesa estudiar

13. Monumento a Indíbil y Mandonio, Lérida.

la historia de su recepción en el contexto político e ideológico de cada momento histórico. En efecto, el mito de Indíbil y Mandonio resucita primero durante el Renacimiento
español, como ejemplo de la imbatible combatividad ibérica. Luego repunta durante la Guerra de la Independencia,
para animar a la enconada resistencia en Aragón y Cataluña
contra las tropas de Napoleón. Al fin, se recupera de nuevo
al hilo de las guerras carlistas, como epítome de la resistencia de esta zona hasta la *Renaixença* y el alba del nacionalismo catalán. Ya a finales del siglo XIX será reutilizado el mito
como ejemplo de la resistencia catalana frente al dominio
castellano.

En fin, Indíbil y Mandonio siempre fueron utilizados como
símbolo de cierto irredentismo referente a esta zona geográfica, con mayor o menor extensión: ora como metonimia de
la resistencia de España entera frente a potencias extranje-

127

ras, ora como esencia de Aragón o Cataluña frente a otros enemigos. Así se ve, por ejemplo, desde las crónicas de Ambrosio de Morales a la *Historia de Cataluña* de Víctor Balaguer, quien los considera símbolos de los catalanes en su lucha por su independencia. Las figuras de estos caudillos prerromanos han sido manipuladas en diversas épocas. Hoy, un famoso bronce representa en Lérida a Indíbil y Mandonio como símbolo romántico de resistencia. En realidad, su final fue trágico: tras la revuelta clave del 206 a. C., su ejército fue derrotado por Léntulo y Acidino el año siguiente; Indíbil murió en combate y, aunque Mandonio escapó con el resto de las tropas supervivientes, fue entregado por una traición entre sus propios hombres y ejecutado por los romanos poco después.

Numancia o la resistencia

> No llevarán romanos la victoria
> de la fuerte Numancia ni ella menos
> tendrá del enemigo triunfo o gloria,
> amigos y enemigos siendo buenos.
> No entiendas que de paz habrá memoria,
> que rabia alberga en sus contrarios senos;
> el amigo cuchillo el homicida
> de Numancia será, y será su vida.

Así glosa Cervantes en su tragedia *El cerco de Numancia* (1585) la resistencia ideal de los pueblos de la antigua península Ibérica ante el poder de Roma, convirtiendo a la ciudad celtíbera en un símbolo de larga memoria que alude al ansia de libertad y al patriotismo en la España de los Austrias. Se transformaba el lema horaciano *Dulce et decorum est pro patria mori* en una evocación épica de este emblemático episodio de la historia de la conquista romana de Hispania. En ese sentido, se adivina cómo los pueblos prerromanos estaban dando origen, a través de su reutilización medieval y moderna, a una suerte de mitología nacional, un discurso que alienta el relato unitario del mito hispánico de la resistencia. Hubo una serie de etnias históricas siempre destacadas por su indómito carácter, desde los lusitanos a los cántabros o astures. Hubo personajes, como los citados Viriato e Indíbil y Mandonio. Y hubo lugares excepcionales como Numancia, la fortaleza casi inexpugnable de los arévacos.

El camino hacia la dominación del interior celta de Hispania y la apertura del norte pasaba de forma ineludible por el control de los pasos de la meseta y sus fronteras naturales, valles y montañas. Fue a mediados del siglo II a. C. cuando la República romana fue consciente de la necesidad de someter esta plaza fuerte, al ver que daba refugio a unos fugitivos de Roma, los segedenses. Las tropas de estos, unidas a las de los arévacos de Numancia, infligieron una severa derrota a las tropas romanas de Quinto Fulvio Nobilior. Desde entonces, Roma pugnó por conquistar la ciudad y durante casi veinte años los celtíberos se salieron con la suya y lograron burlar, merced a su conocimiento del terreno, a los romanos, muy superiores en número y técnica.

Finalmente, el Senado encargó la misión al gran estratega Publio Cornelio Escipión Emiliano, llamado *Africano Minor*. Era nieto del famoso Escipión Africano que fue vencedor de Cartago en la Segunda Guerra Púnica. El joven Escipión, conocido en su época por haber acabado con los

14. Alejo Vera y Estaca, *Numancia,* 1880. Diputación Provincial de Soria.

cartagineses en el año 146 a. C., a la vez que Roma se enseñoreaba de Macedonia, viajó a Hispania con tropas voluntarias y mercenarias y organizó una campaña de hostigamiento sin piedad para someter a los duros hispanos, como refieren Apiano o Plutarco en su relato.

El legendario asedio comenzó en 134 a. C., pues no se dio oportunidad a los indígenas de plantar batalla. Antes al contrario, Escipión descartó dar posibilidad alguna a los numantinos de plantear combate en abierto y asumió una severa estrategia de bloqueo y asedio de la ciudad. Merced a una estudiada técnica poliorcética puso sitio a la ciudad enemiga para lograr que se rindiera por hambre, sed y agotamiento. Devastó las tierras de los vacceos, que suministraban víveres a Numancia, con una política de tierra quemada, y sometió a la ciudad a un sitio implacable, con un muro de 9 kilómetros, un sistema de fosos y todo tipo de máquinas de asedio, gestionando además una tropa total de más de 60.000 hombres, entre romanos y mercenarios tanto locales como extranjeros, incluidos los elefantes aportados por Yugurta. De ellos, un tercio vigilaba el muro, que estaba sólidamente edificado en piedra, y respondía a los intentos de los numantinos sitiados, que no llegaban a 2.500 hombres. La ciudad estaba condenada y aun así sus defensores resistieron quince meses de feroz asedio: en el tórrido verano del 133 a. C., finalmente Numancia cayó, pero sus habitantes prefirieron morir por su propia mano que rendirse e incendiaron la ciudad. Los supervivientes fueron esclavizados por Escipión, que se llevó a algunos de ellos para celebrar el triunfo que le correspondía por una tan anhelada pieza. Para entonces, incluso entre los propios romanos, Numancia había adquirido dimensiones legendarias. Así se deduce de testimonios como el de Plinio. La recepción desde los propios escritores romanos del valor de los pueblos prerromanos de Hispania oscilaba entre el mito del buen salvaje, con su fidelidad legendaria al líder, y las historias sobre las traiciones y deserciones a los caudillos celtas e iberos, que también impresionaron hondamente a los romanos. De forma muy significativa, hay que recordar que toda esta mitificación de los irreductibles, fieles y puros hispanos se da mucho antes de la posterior idealización, en tiempos de Tácito, de los germanos, que tendrá larga trayectoria. El mito de la misteriosa España antigua, entre su consideración de paso al más allá y sus pueblos aislados e indómitos, estaba servido para la posteridad. Por otro lado, la Hispania romana asumirá parte de ese discurso sobre la singularidad del país mientras se insertaba en la civilización romana con pleno derecho y aportando significativos avances en su contexto.

3. La Hispania romana:
las grandes personalidades

En este epígrafe no se tratarán mitos en un sentido estricto, sino más bien grandes personajes mitificados procedentes de la Hispania romana. Y es que la romanización marca un antes y un después en la historia mítica de la Península, formando una suerte de ideal de edad de oro de la civilización y la cultura clásicas que tiene el epicentro en Hispania. Especialmente en el tercio sur peninsular se da un intenso proceso histórico de absorción de la cultura romana, una profunda y rica romanización que convierte la Bética en una de las provincias más ricas y cultivadas del orbe romano. Por eso, en vez de glosar los mitos romanos por excelencia, los de fundación de la Urbe, o a los clásicos que hacen referencia a Hispania —pues los escritores latinos recogen un sinfín de leyendas sobre ella—, he preferido presentar un grupo de figuras emblemáticas de lo que significó la civilización grecorromana en esta tierra de poniente. Y ello ante todo porque la Hispania romana, a la que se dedica este epígrafe, comparte mitología nacional e imaginario colectivo con la madre Roma, no solo en cuanto a los héroes y los dioses mitológicos, sino también en lo que a modelos de comportamiento se refiere. En todo caso, huelga decir que el producto civilizatorio de esta conquista de Hispana y de la sociedad hispanorromana que se generó fue magnífico. Se pasa revista aquí a una serie de emperadores, científicos, filósofos o poetas que provenían de las provincias de Hispania y que obtuvieron un éxito inusitado en todos los órdenes culturales y políticos. Pero lo que es más interesante para nuestro propósito, más allá de representar la consabida nómina de hispanorromanos célebres, es que todos ellos están muy ligados, de alguna manera, con la percepción de Hispania como lugar de emblemática opulencia, desde Columela, casi una personificación de la agricultura fértil de la Bética, a Isidoro de Sevilla, prototipo del sabio y feliz enciclopedista católico en el proverbial vergel del sur de Hispania. La tierra en la frontera del mundo conocido, de una riqueza excepcional, se convierte, bajo la égida de la civilización romana, en productora de personajes célebres que llevaron la cultura colonizadora, ya convenientemente asimilada, a algunos de sus máximos desarrollos, como se verá. En todo caso, se trata de examinar grandes personalidades que, por su enorme valor, se han convertido en casi míticas y han sido reutilizadas en una historiografía nacional y, a veces, con tintes nacionalistas. La Hispania romana representa, en el imaginario colectivo hispánico que investiga esta pequeña historia, una suerte de edad áurea y maravillosa, un paréntesis de paz, progreso, ciencia y prosperidad nunca recobrado. Para una historia mítica en la posteridad, pese al continuo sentimiento de pérdida de ese paraíso que sucede en diversas etapas históricas

—el motivo de la «pérdida de las Hispanias»—, la edad de oro de Roma en Hispania será un punto de referencia ineludible.

Columela, experto en cultivos y naturaleza

Entre las figuras que hicieron grande la Hispania romana y contribuyeron a esa edad auroral y mitificada, hay escritores, científicos, filósofos, oradores y políticos de alcurnia hispana, bética o tarraconense en su mayoría, que dejaron una honda impronta en la historia cultural del mundo romano. Hispania fue pronto incorporada al orbe romano, ya desde que Escipión pusiera pie en estos lares en el siglo III a. C., pero fue especialmente en la época del Principado, a partir de Augusto, cuando una Hispania plenamente romanizada produjo una serie de personajes inolvidables de los que he querido extraer siete ejemplos, algunos muy conocidos y otros mucho menos, pero que quizá sea más interesante recordar.

El primero es Lucio Junio Moderato, más conocido por su nombre de pluma de Columela, gran escritor de prosa científico-técnica en la literatura latina. Nació en Gades casi con el cambio de era, pasó su juventud en la Bética, entre el campo y la milicia. Se trasladó después a la península Itálica para proseguir su carrera. Allí puso en práctica todo lo que había aprendido en las fértiles campiñas de la Bética y se dedicó a la agricultura en varias propiedades familiares. Pronto, además de ejercer su práctica, quiso consignar estos saberes patrimoniales que había aprendido de su familia, en obras teóricas y literarias a la par. Se dedicó, así pues, a poner por escrito su ciencia agrícola y todas las variedades de los trabajos de los campos, los ganados y los árboles, creando las bases del naturalismo romano posterior.

Hay que elogiar el cuidado de los romanos por el paisaje natural, que se convierte en un verdadero personaje y a veces en un protagonista de muchas de las obras de la literatura latina, en lo que constituye toda una exaltación del mundo rural y de la naturaleza. Pensemos, con un paralelo poético, en la labor que hizo Virgilio en las *Geórgicas*: estas van más allá del modelo de la épica didáctica griega —*Los trabajos y los días* de Hesíodo— y ejemplifican bien cómo conjugaron los romanos la vertiente práctica y la teórica en el campo con la elevación estética y el modelo moral para la posteridad. Aunque Columela es un literato mucho más prosaico, como tratadista de agronomía, que se inspira una tradición anterior, hay que ponderar en él también la amplitud de su trabajo y el énfasis moral: escribió sobre los más diversos cultivos, desde la apicultura a la ganadería o la elaboración de todo tipo de productos derivados. Las dos obras que han llegado hasta nosotros, y que datan de los años 40 de nuestra era, son *Los trabajos del campo* o *De re rustica* y el *Libro de los árboles* o *De arboribus*. Puede que ambos fueran parte de un mismo proyecto. En él, el escritor gaditano se disponía a tratar el tema de forma diferenciada frente a la tradición greco-helenística anterior —como Virgilio frente a Hesíodo—, tradición que, a su modo de ver, había dejado esta importante arte de la agricultura, clave de bóveda de la cosmovisión romana, en cierto descuido. Para Columela, la agricultura está ligada a la más auténtica sabiduría que puede obtener un ser humano y que le hace estar en comunión con la naturaleza. Parece casi un ecologismo *avant la lettre* y que, además, está impregnado de una suerte de filosofía moral romana.

Frente al mundo oriental o a los pueblos prerromanos, se diría que en la obra de Columela y de los tratadistas agrícolas romanos —piénsese por ejemplo en Catón el Viejo o Varrón— el cultivo del campo y el cuidado de los árboles frutales, la ganadería y la viticultura, en fin, todo lo que rodea al campesino y a sus trabajos con el discurrir de los diversos meses y estaciones del año, sirve de perfecta encarnación y simbolismo de las virtudes tradicionales. Encarna, para empezar, esa aura sacra de la edad de oro del pasado, simbolizada

15. Retrato de Columela, Jean de Tournes, *Insignium aliquot virorum icones.* Lugduni: Apud Ioan. Tornaesium, 1559.

138

por el *mos maiorum*, la sacrosanta costumbre que hizo grande al pragmático espíritu romano. Por eso, hay que apreciar la obra del gaditano también como una especie de tratado de trasfondo moral. La interferencia con las citadas *Geórgicas* de Virgilio se puede ver claramente.

Columela, en fin, es por derecho propio una primera figura destacable del mundo hispanorromano —como un compatriota suyo, Moderato de Gades, filósofo neopitagórico— que nos recuerda la pujanza del sur de Hispania en la prosa científico-filosófica. Tuvo una larga recepción en el mundo posterior, siendo conocido por los árabes y también por naturalistas y botánicos posteriores ya en la época moderna. Quizás represente como pocos otros autores de la Antigüedad la conjunción de hombre y naturaleza, y más concretamente el valor supremo de las artes del campo, que fueron llevadas a su máxima expresión en el sur de la Hispania romana y que posteriormente serían heredadas por los árabes de al-Ándalus, cuyo engarce con la historia mítica española será tratado más adelante. La rica agricultura de España —sobre todo en el sur peninsular— es un tema recurrente y exaltado a lo largo de las edades, luego explotado por los árabes. Se alimentaba así el mito de la riqueza proverbial del solar hispano y de esa edad dorada y feliz, la de la *Pax romana*, y que para nosotros representa Columela.

Como apunte final, hay que señalar que en los siglos siguientes su figura se convierte en símbolo de la fertilidad asombrosa del suelo hispano, sobre todo de la Bética, y del progreso de las artes, las técnicas y la moral que representa el mundo agrícola, y así, por ejemplo, en la *Historia literaria de España* (1766-1791), una ambiciosa obra enciclopédica emprendida por los hermanos Rodríguez Mohedano —ambos frailes franciscanos— en la España de la Ilustración, aparece con un lugar preeminente Columela, al que se reivindica constantemente frente a otros autores que lo critican o lo manipulan, como el gran sabio universal. Escriben «apologías a favor de Columela contra algunos escritores antiguos», en el octavo tomo de su obra, con especial atención a Plinio, que muestra cierta animadversión hacia el escritor gaditano en su *Historia natural*. Los Mohedano defienden la sabiduría de Columela frente a Plinio en medio de una cierta *querelle* entre españoles e italianos por el gusto literario que es de su contemporaneidad, pero que quieren remontar a Roma. En el trasfondo, recogen la añeja rivalidad mítica entre las dos Hesperias, la península Ibérica y la Itálica, en torno a cuál es el lugar más paradisiaco para habitar.

Séneca: el mejor filósofo de Roma

> Aquel Séneca espiró
> a quien yo era Lucilio;
> el fecundo y alto estilo
> de España con él murió:
> assí que, no solo yo,
> mas España en triste son,
> deue plañir su Platón
> que en ella resplandesció

Así se alude a Séneca en las «Coplas necrológicas» de Fernán Pérez de Guzmán, dedicadas al humanista Alfonso de Cartagena, a la sazón uno de los grandes traductores del filósofo —de sus *Tractados* y *Tragedias*— en pleno rescate renacentista del estoicismo romano. Entonces se empieza a rei-vindicar con fuerza, en pleno humanismo español, a Séneca como precursor de todo el pensamiento hispano. Más allá de la comparación evidente con el homenajeado, se siembra la idea de que Séneca, además del gran filósofo romano, es el gran pensador español. Será una mitificación persistente en lo sucesivo en el imaginario hispano desde el Renacimiento, en un momento de reivindicación ante los autores itálicos.

Es fama que los dos grandes filósofos del pensamiento romano, Cicerón y Séneca, dos personajes apabullantes de la historia de la República tardía y el comienzo del Principado, fueron los padres fundadores del modo de hacer filosofía en la lengua de Roma y supieron conjugar su vertiente teórica y especulativa con su vertiginosa experiencia como hombres de Estado en dos de los momentos más apasionantes y turbulentos de la historia de la Antigüedad. Ambos supieron trasladar genialmente la filosofía griega al pragmatismo latino y crearon un lenguaje propio para expresar las sutilezas del pensamiento abstracto. Y, sin embargo, también se suele decir que son personajes contradictorios que, en ocasiones, arrastran una fama ambivalente e incluso negativa. Por decirlo de una manera discreta, sobre todo en el caso de Séneca, son personajes que no caen demasiado bien: el perfil histórico que tienen, según lo que refieren las fuentes de la época, no casa con lo que predicaban en sus escritos filosóficos. Tal vez esta sea la maldición y el riesgo que han corrido estos dos personajes brillantes e inolvidables, cuya obra ha marcado el pensamiento de la literatura de Occidente como modelo de expresión y de reflexión a la par, pero cuyas experiencias vitales resultan chocantes frente a sus ideas.

Séneca es, por derecho propio, el gran filósofo hispano-rromano. Nacido en Corduba, son famosos los versos de Marcial (Ep. I, 61, 8-9) que exaltan esa ciudad, la actual Córdoba, por ser la patria de tres grandes figuras de su generación, los dos Sénecas, el orador y el filósofo, y el poeta Lucano, sobrino de este último: *Duosque Senecas unicumque Lucanum / facunda loquitur Corduba*. Lucio Anneo Séneca, también conocido como Séneca el Joven para distinguirlo de su padre, el orador Marco Anneo Séneca, o Séneca el Viejo, nació en torno al año 4 de nuestra era y tuvo una completa carrera, desde su Hispania natal hasta llegar Roma, ocupando los cargos de cuestor, pretor, senador y cónsul. Por sus obras de filosofía moral es reconocido unánimemente como el gran representante del estoicismo romano: especial recepción han tenido sus *Epístolas morales a Lucilio*, pero también otras obras como *Sobre los deberes*. Además, se le atribuyen una serie de tragedias, mayoritariamente de tema mitológico con trasfondo psicológico y moral —mencionemos, por ejemplo, su *Medea* o su *Fedra*— y se le recuerda como el sabio que medró a la sombra de los complicados príncipes del tiempo que le tocó vivir. Es sabido que cayó en desgracia en la época de Claudio, y que acabó exiliado en Córcega. Pese a que rogó muchas veces al emperador que le permitiera volver, hubo de esperar a su muerte para una rehabilitación completa: luego lo ridiculizaría en su inclasificable obra *Apocolocyntosis* ('Apoteosis en calabaza'). Pero su relación más cercana con el poder se da, como es conocido, cuando es designado tutor del joven príncipe Nerón, sucesor de Claudio. Esto llevó la influencia de Séneca a la cúspide del poder romano, pero a la par acabaría causando su desgracia.

Hijo de un padre severo, pronto se trasladó a Roma para realizar el *cursus honorum* de magistraturas: no fue fácil para el joven de provincias, que, pese a pertenecer a una reputada familia, era asmático y de mala salud. Como padre de familia, superó la muerte de un hijo. Supo desenvolverse bien en tiempos complejos, incurrió en algunas conspiraciones y episodios turbios, calumnias y escándalos, que le valieron exilios y controversias. Fue uno de los hombres más ricos de su tiempo y, pese a su obra moral, también ejerció de prestamista, consejero áulico e intrigante: una vida ambivalente sobre la que mucho se ha escrito, pero una obra sin duda genial. Pese a la cercanía con Nerón y a que Séneca llegó a justificar el asesinato de Agripina por su hijo el emperador en el año 59, el filósofo acabó cayendo en desgracia ante su antiguo tutelado. Este se fue distanciando del emperador por diversos motivos —no poco pesó, quizá, la enorme riqueza que el filósofo había amasado a la sombra del poder—, seguramente por la opinión contraria de otros cortesanos, como Tigelino o Vitelio, bajo cuya influencia cayó Nerón y que querían minimizar la de Séneca. En la crítica posterior a Séneca como figura ejemplar pesa mucho, como contrapeso a su prestigio, su defensa del matricidio de Nerón o sus actividades de implacable prestamista: es una figura contradictoria para la crítica moderna.

En 62 Séneca decidió retirarse de la vida pública y ceder su fortuna al emperador, mas esto no consiguió librarle de una cierta manía persecutoria por parte de su antiguo discípulo. Al final, caído en desgracia por su presunta implicación en la conjura de Pisón, tuvo que suicidarse. La macabra escena de su suicidio forzado se recuerda especialmente como momento de entereza estoica y tremendismo romano

16. Manuel Domínguez Sánchez, *El suicidio de Séneca,* 1871. Museo del Prado.

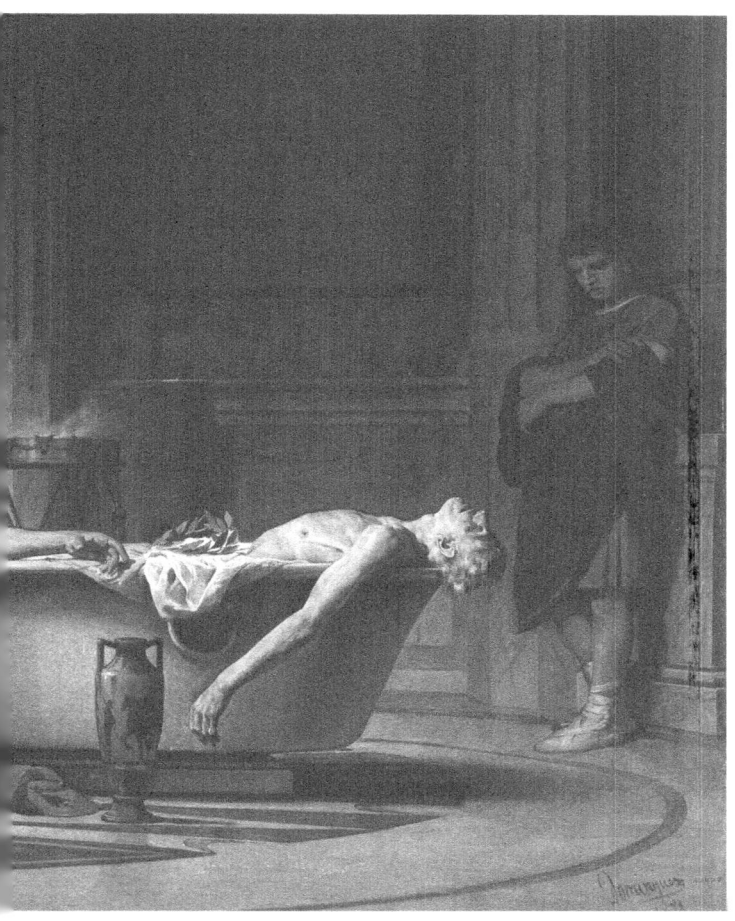

que ha sido recreado por las letras y las artes. La refiere con detalle Tácito: tras recibir la orden funesta, se reunió con sus íntimos amigos y con su mujer, que también quería quitarse la vida con él, aunque finalmente fue disuadida por el filósofo. Primero, Séneca se cortó las venas, pero esto no lo mató, por su complexión, su edad o el estado de aquellas. Luego se cortó también por debajo de las rodillas, pero tampoco consiguió desangrarse. Al fin parece que se introdujo en un baño caliente y se ahogó entre sus vapores.

Tras su desaparición, su figura cobró una dimensión enorme. Entre nosotros deviene casi un mito, el del filósofo hispano, de entereza moral intachable, que va acreciendo en la posteridad. A lo largo de la Edad Media, gracias a la rehabilitación cristiana del estoicismo romano, el senequismo adquiere nuevo vuelo, sobre todo a partir del siglo XIII. El proceso comienza en la España de finales de la Edad Media y comienzos del Renacimiento: como en el caso de Columela, la querella con los italianos encuentra en Séneca defensores de la cultura letrada procedente de tierras hispanas. Cuando los españoles ya están enseñoreándose de Italia, cunde el *revival* senequista desde Castilla a Aragón: hay que recordar que el rey Martín I de Aragón contaba en su biblioteca no solo con Séneca en latín, sino también con obras como las *Cartas a Lucilio* en traducción siciliana, recordando su reinado precursor sobre tierras itálicas; el humanismo en torno a Alfonso V el Magnánimo también hará uso de Séneca; y otro tanto ocurre en Castilla, con la biblioteca de Juan II y el afán de los círculos ilustrados por Séneca como filósofo hispano. Esto se ve en la proliferación de las traducciones castellanas y aragonesas de obras filosóficas iniciada en el siglo XV de la mano de, entre otros, el ci-

tado Cartagena. Su elogio en boca del Marqués de Santillana lo transmite Juan de Lucena:

> Nasçió en Greçia la philosophía. Sócrates la llamó desdel
> çielo. Después de Sócrates, al tiempo que Bruto liberó á
> Roma, Pithágoras la sembró por Italia. ¡Tú agora, transplán-
> tasla en España! ¡Beata ella, feliçe Castilla! Para ella nasçiste
> quando nasçiste, no para ti solamente. Tú de cavallería, de
> república, de fe cristiana escreviste vulgar, y las obras famosas
> del moral Séneca nuestro vulgarizaste.

Y no solo el Séneca filósofo será reivindicado por los reinos y autores hispánicos: sus tragedias, traducidas y glosa-
das por fray Luis de León, Juan de Mal Lara y Fernando de
Herrera, influyen sobremanera en la poesía, con tintes morales, al tiempo que su lectura precipitaba el auge del teatro
español. Sus ecos llegan hasta al Barroco, con la recepción
senequista por parte de Quevedo, a la zaga del neoestocis-
mo de Lipsio, y más allá.

Finalmente, la entereza que su enfrentamiento con su muerte transmite, según el pasaje de Tácito, impresionó sobremanera en la posteridad hispana. Es muy conocido el lienzo
que le dedica Manuel Domínguez, recogiendo una mitificación del episodio, con tintes de pintura historicista y neopom-
peyana. Su muerte, como le hace afirmar Tácito en esos últimos momentos, quedará en lo sucesivo como imagen de
su vida.

En suma, Séneca, de atormentada vida y obra, es uno de
los grandes personajes de la Hispania romana que convierten esta etapa también en una auténtica edad de oro de la
filosofía de todos los tiempos.

Lucano: la nueva épica

En Roma cobró nuevo ímpetu la poesía épica heredada del viejo Homero. La materia de Troya, sobre la que habría de refundarse la literatura en época romana gracias al genio de Virgilio, era uno de los tres pilares que sustentaban la epopeya romana, que enlazaba muy conscientemente con la tradición griega gracias al viaje del prófugo Eneas desde las costas de Troya hasta llegar a la nueva tierra prometida del Lacio, pasando por la atractiva pero peligrosa Cartago. El segundo ingrediente fue, sin duda, la revisitación de la épica que se hizo en el mundo posalejandrino, con matices novelescos y fabulosos, como se ve en el viaje de los Argonautas de Apolonio de Rodas (siglo III a. C.).

Pero, el tercer aspecto que contribuyó a la formación de la poesía épica romana fue, más allá de toda cuestión, el tema nacional, que aparece ya en Virgilio de forma poco disimulada y que alcanza su cota más destacada en la obra del hispanorromano Lucano. Con su *Farsalia*, epopeya de la cruenta guerra civil romana, la poesía latina alcanza una de sus cotas más altas, rozando un apasionamiento y un barroquismo desconocidos hasta la fecha. Por eso se suele defender y argumentar que Marco Anneo Lucano, nacido en Córdoba el 3 de noviembre del año 39 de nuestra era y sobrino del famoso filósofo Séneca el Joven, de la familia de los Anneos procedentes de la Bética, es una de las grandes cumbres que dio al mundo la Hispania romana.

La producción literaria de Lucano fue muy notable: aquel que fuera un poeta precoz, pues triunfó muy joven en Roma, impresionó hondamente a sus contemporáneos por su vasta cultura y honda sensibilidad y murió también joven, a los

26 años de edad, al verse lamentablemente implicado en una conjura, la muy famosa de Pisón, contra el no menos conocido emperador Nerón. Una tríada de grandes literatos, Séneca, Lucano y Petronio, cayeron a lo que parece víctimas de las insidias y rumores de la siempre peligrosa corte neroniana: dos de ellos, a la sazón, hispanos. Su obra es amplia y no del todo conservada: se habla de sus *Iliaca*, *Saturnalia*, *Catachthonion* y *Silvae*, más alguna tragedia —una *Medea*, como la de su tío el filósofo— y algunas pantomimas. Pero su magna obra es el *Bellum civile*, más conocida como *Farsalia*, por la célebre batalla que pone fin a la guerra civil entre César y Pompeyo que, como es sabido, transcurre en parte en la Hispania natal de Lucano. Compuesta por diez cantos, versa precisamente sobre aquel célebre conflicto de la generación anterior. El personaje más apreciado de la obra parece ser el republicano Catón el Joven, que se suicidó a la manera estoica, y, en su tradición hispana, muestra simpatías hacia la figura de Pompeyo frente a la de César. Es, en cualquier caso, un poema de índole realista y bien fundamentado sobre los hechos que acaecieron, pero combina la epopeya histórica con el acento lírico y ecos de la tragedia y de la mitología griega, mostrando un asombroso dominio de la retórica, de la estilística y de la historiografía. La obra causó asombro y, al parecer, le trajo problemas en su fama inmediata en la corte de Nerón. No olvidemos las veleidades literarias del propio emperador, quien, pese a haber reunido un círculo de escritores, pensadores y artistas en su derredor, no deseaba que estos le hicieran demasiada sombra.

El prestigio de Lucano, poeta cultísimo y bilingüe, en griego y latín, hizo que fuera pronto incorporado al cenáculo literario del emperador, recibiendo a sus escasos veinte años

todos los laureles del poeta nacional y los máximos honores de parte de Nerón. Sin embargo, puede que la adula-
ción no se contara entre sus habilidades más destacadas y,
comoquiera que fuese, muy pronto habría de caer en desgracia. El emperador decretó que su *Farsalia* fuese censura-
da por sus evidentes ecos contrarios al Principado, encar-
nado en la figura de César. Puede que esta censura, que sin
duda le causó una honda desazón, le llevara a acercarse a
los descontentos del entorno imperial que se arremolinaron
alrededor del senador Cayo Calpurnio Pisón para conspi-
rar contra el tiránico y caprichoso príncipe. Como sucedie-
ra con su tío, el filósofo Séneca, al verse condenado a muerte
por Nerón, en el ambiente de purgas y represalias orques-
tado por cortesanos como Tigelino, Lucano eligió la más noble y estoica salida que se estilaba por aquel entonces: el suicidio. El poeta se cortó las venas el 30 de abril del año 65,
el mismo año en que murió su tío. Dos muertes paralelas
de nobles escritores hispanos devenidos legendarios.

En paralelo con Séneca, también Lucano fue una de las
«glorias de España» mitificadas en la posteridad. En la primera mitad del XVIII, el ilustrado padre benedictino Benito
Jerónimo Feijoo escribe un discurso encomiástico con tal
título sobre las grandes figuras de la España antigua, desde
la resistencia de los iberos a la conquista romana a los buenos emperadores procedentes de Hispania o a los viajes del
apóstol Santiago. Con cierta osadía llega a proclamar la primacía de la épica de Lucano sobre la de Virgilio. Después,
en tiempos de Carlos III, el jesuita Francisco Javier Llampi-
llas alude a Lucano para la ya conocida polémica con los
italianos, en su *Ensayo histórico-apologético de la literatura española,* marcadamente nacionalista, donde afirma que solo

17. Busto de Lucano en la plaza Eliej Nahmias, Córdoba.

escritores hispanos como Lucano o Quintiliano evitaron la
decadencia generalizada de las letras latinas.

La nueva épica de Lucano, de tintes republicanos y tremendistas, era ponderada no solo como antecedente necesario de la literatura española sino como piedra fundacional de esta. En el XIX Eugenio de Tapia, en su *Historia de la civilización española* (1840) también insistirá en reivindicar la españolidad de escritores romanos como Séneca y Lucano, que tanto lustre dieron a las letras latinas. Tío y sobrino arrojan, pues, también una sombra legendaria sobre el imaginario de la edad de oro que fue la Hispania romana.

Los buenos emperadores: Trajano y Adriano

La Bética no llegó a ser la provincia por excelencia del mundo romano, como ocurre por cierto con la *Provence* francesa, pero se ganó por derecho propio un lugar preeminente en la historia política del Imperio. Hondamente romanizada y sede de una prestigiosa cultura que había acogido a diversos pueblos merced a contactos económicos y culturales desde hacía un milenio al menos, el sur de la Hispania romana brilló no menos en la política que en las letras. La familia que dio a Roma los «mejores emperadores» (*optimi principes*), Trajano y Adriano, que gobernaron entre los siglos I y II de nuestra era, fue precisamente oriunda de esta región. Hay que recordar en primer lugar al emperador Trajano, seguramente vástago de una estirpe híbrida, turdetana e itálica, que será para muchos el mejor emperador de Roma por su sabia combinación de vida cívica y militar. El príncipe que expandió la paz de Roma y veló por la prosperidad de un imperio de boyante economía y eficaz administración, Trajano (53-117), nacido en Itálica, representó lo mejor de

Roma y así ha sido reivindicado por muchos historiadores de diversas épocas. Pero también ha sido objeto de una larga mitificación como modelo de *optimus princeps* por excelencia: Trajano pasó por un proceso de cristianización en el Medievo, hasta ser un espejo ideal de gobernantes en el Renacimiento. Es muy curiosa su cristianización: sabemos que Trajano contestó a Plinio acerca de los cristianos de forma ponderada y serena, por lo que tendrá recepción positiva entre autores cristianos como Eusebio de Cesarea o Juan Damasceno, hasta que Dante se alegre de poder abrirle las puertas de su paraíso.

Si a esa rehabilitación cristiana se le suma el hecho de que había nacido en Itálica y que fue el primer emperador oriundo de la Hispania romana, se puede comprender muy bien el uso que se hizo de Trajano por parte de los historiadores católicos españoles de muy diversas épocas, desde los reinos medievales hasta casi llegar a la actualidad. Como ejemplo, dice Modesto Lafuente en su muy influyente *Historia General de España* (1850): «Nerva hizo al morir el mayor beneficio que pudiera hacer a España, el de darle por emperador a un español, el insigne Trajano». En la misma época isabelina, cuando se discutía en el Senado la ley de imprenta, en la sesión del 10 de julio de 1857, como recoge la oficial *Gaceta de Madrid*, un senador cerraba su discurso diciendo:

Yo quisiera que el gobierno actual, el gobierno de doña Isabel II, imitase aquel reinado de un emperador español, de un emperador romano, Trajano, de quien decía Tácito: «¡Dichosos tiempos en que se puede pensar, y decirse lo que piensa!».

Otro tanto ocurre con Adriano o Marco Aurelio, emperadores a menudo contados entre los «buenos» gobernantes relacionados con Hispania. Especial tratamiento merece
Publio Elio Adriano, nacido probablemente en Itálica en el
año 76 de nuestra era, refinado producto de esa alta sociedad
de la Bética. El segundo emperador hispano continuó la

18. Busto de Adriano, Musei Capitolini, Roma.

labor de Trajano e hizo del legado griego su base retórica y filosófica. Adriano procedía de una familia itálica establecida en la Bética desde el siglo III a. C., es decir, desde la época republicana, cuando se produce la primera incorporación de la península Ibérica al orbe romano. Sobrino segundo de Trajano, que le trató siempre con predilección, ascendió al trono a su muerte gracias al favor de Plotina, la esposa de su predecesor. Se le recuerda por su obra evergética y su munificencia en diversos lugares del Imperio, que recorrió como un peregrino de la belleza clásica. De su época es el comienzo del resurgimiento de la cultura griega clásica, sobre todo de la estatuaria y la filosofía, e incluso de la barba *more philosophico* entre los romanos. Cultivó la retórica y la filosofía, siendo versado en las principales escuelas: familiarizado con el estoico Epicteto —de quien se dice que llegó a ser alumno antes de ascender al trono— y el escéptico Favorino, además de con la escuela epicúrea, fomentó continuamente el desarrollo de la filosofía romana. Adriano siempre se empeñó en restaurar las glorias de la vieja Atenas, que favoreció y embelleció, y de la cultura helenística, visitando el oriente del Imperio con especial fruición.

Mitómano empedernido del mundo homérico y de la era de Alejandro Magno, recorrió con su amado Antínoo aquellos parajes que se los evocaban, hasta la trágica muerte de este, a quien rememoró el emperador en estos versos memorables:

animula, vagula, blandula,
hospes comesque corporis
quae nunc abibis in loca,
pallidula rigida nudula,
nec ut soles dabis iocos.

Quiere la tradición que fueran dictados en el lecho de muerte de Adriano, en 138, como legado último de una personalidad inolvidable. Los recuerda y traduce también el conmovedor final de las *Memorias de Adriano*, de Marguerite Yourcenar (1951), la popular autobiografía ficticia del emperador más culto de Roma, aquí en versión de Julio Cortázar:

> Mínima alma mía, tierna y flotante, huésped y compañera de mi cuerpo, descenderás a esos parajes pálidos, rígidos y desnudos, donde habrás de renunciar a los juegos de antaño. Todavía un instante miremos juntos las riberas familiares, los objetos que sin duda no volveremos a ver... Tratemos de entrar en la muerte con los ojos abiertos...

Además de estos versos, quedan otros restos de su cultivo de la poesía en griego y se le atribuye incluso una obra histórica o autobiográfica, que escribió acaso para explicar su obra de gobierno. El texto no lo tenemos, pero seguramente sea la fuente del autor del capítulo que dedica a su vida la compilación llamada *Historia Augusta*. Gran emperador en la política y sofisticado hombre de cultura, con él Roma alcanza tal vez una simbiosis perfecta con Grecia, la cual supo propiciar en sus círculos intelectuales. En suma, junto a su predecesor Trajano y a su sucesor Marco Aurelio, Adriano es una figura mitificada, y modernamente evocada en la literatura, que no puede faltar en cualquier repaso por los hispanorromanos más destacados. Adriano tuvo además el acierto de designar a un gran sucesor, Marco Aurelio, el emperador filósofo, también de origen hispano, que subió al trono después del excelente gobierno de Antonino Pío.

Con Marco Aurelio podemos dar por terminada esta mitificada «edad de oro» de emperadores vinculados familiarmente a Hispania. Marco Aurelio procedía de una familia de colonos itálicos asentados en Ucubi, cerca de Córdoba, la actual Espejo. Si Adriano escribió en griego y latín, de Marco Aurelio poseemos las *Meditaciones,* impactante diario íntimo de índole filosófica, en griego, y algunas cartas en latín que intercambió con su maestro de retórica, Marco Cornelio Frontón.

Estos «mejores emperadores» de Roma fueron reivindicados en lo sucesivo por historiadores muy diversos, pero precisamente sus vínculos familiares con Hispania hacen que hayan sido exaltados en cierta historiografía. Aquí solo he querido destacar algunos de los aspectos más singulares de su personalidad, especialmente los que se refieren al mundo de la alta cultura en su tiempo, a la vez que aludir a esa mitificación que tiene que ver con la idea de Hispania como edad de oro de la historia de España. Se ha escrito mucho sobre la reutilización de Trajano o Adriano por parte del nacionalismo español, e incluso algo también de sus postrimerías en el nacionalismo andaluz de Blas Infante.

Finalmente, y aunque se sitúe muy lejos de estos felices tiempos del pleno Imperio, hay que recordar la figura del último emperador hispano, Teodosio, nacido seguramente cerca de la actual Coca (Segovia). Su obra ha sido también exaltada, sobre todo por historiadores que hacen hincapié en la España defensora de la fe católica —como Marcelino Menéndez Pelayo— por su edicto de Tesalónica en el siglo IV y por todas las medidas que tomó para favorecer la expansión del cristianismo.

Quintiliano: maestro de retórica

La retórica, el arte de bien decir, no simplemente de hablar, y de persuadir mediante la palabra y el gesto, es una de las grandes invenciones de la Antigüedad clásica para la política, el derecho o los negocios: piénsese en la Atenas de los sofistas, con el ágora y la *pnyx*, o en los foros de la Roma de Cicerón. Era un aspecto fundamental de la educación clásica, hoy ciertamente dejado de lado en nuestras escuelas: frente a otros países de Europa y las Américas, es triste la incuria entre nosotros hacia el arte que hizo grande precisamente otro hispanorromano, Marco Fabio Quintiliano. Y es que la enseñanza superior en la Antigüedad estaba basada en dos grandes pilares: las escuelas filosóficas, que abarcaban todo el espectro de las ciencias, y las escuelas de retórica, que, además de su vertiente práctica para la administración, la justicia o los negocios, proporcionaban una formación integral para el individuo.

En esas últimas escuelas descolló el genio y el magisterio de este hispano que se convirtió, por derecho propio, en el educador de numerosas generaciones de estudiosos de la retórica latina. Quintiliano, nacido en Calagurris, la actual Calahorra, en torno al año 35, tiene el mérito de haber compilado el saber retórico de los antiguos griegos y romanos y de haber compuesto una obra modélica y de referencia que sería leída con fruición a partir del Renacimiento, constituyendo el gran manual de retórica y oratoria: su imprescindible *De institutione oratoria*. Educado en Roma, donde su padre era rétor, regresa a su provincia natal, la Tarraconense, en torno al año 61, ejerciendo de orador, entre otros cargos que le confía el gobernador de la provincia, Servio Sulpicio Galba. Cuando este deja el gobierno de la Tarraconense para asumir la púrpura imperial tras el asesinato de Nerón, se lo lleva con él de vuelta a Roma, donde se quedará hasta su muerte, en el año 96, como prestigioso profesor de retórica, bajo los reinados de Vespasiano, que le otorgó una cátedra pública de retórica, Tito y Domiciano.

Ante todo, Quintiliano es recordado como maestro —de hecho, lo fue de Plinio el Joven y Adriano, y quizá de Juvenal y Tácito—, amigo de los suyos, como Plinio el Viejo, y también, para la posteridad, como uno de los padres fundadores del arte de la pedagogía, como se le reconoce actualmente de forma casi universal. Además de su obra maestra, se le atribuyen declamaciones, diálogos y obras menores, pero se le recuerda sobre todo por la *Institución oratoria*, verdadero compendio del saber retórico anterior y que contiene unas excelentes vistas sobre las nociones básicas de una pedagogía humanista. El redescubrimiento de la obra en la modernidad se produce merced a los buenos oficios del sabio renacentista Poggio Bracciolini, que la encontró en su integridad en 1416 en un códice de la abadía suiza de San Galo. (A Bracciolini, casi un santo de los humanistas, le debemos también el rescate de Lucrecio a partir de un manuscrito en Fulda).

Se centró con preferencia, en los doce libros de su magna obra, en la retórica como disciplina que educa y enseña a pensar: a partir de sus tres géneros (deliberativo, judicial y demostrativo) y cinco operaciones básicas *(inventio, elocutio, dispositio, memoria* y *actio),* muestra cómo la retórica se aprende por medio de la lectura de los grandes manuales, la imitación de los maestros y la ejercitación incesante. Es de destacar que Hispania fuera cuna de grandes oradores

M. FABIO QUINTILIANO

ESPAÑOL.

Floreció en tiempo de Domiciano, año de 96 de J.C.

19. Retrato de Quintiliano según un dibujo de José López Enguídanos, en la Imprenta de la Administración del Real Arbitrio de Beneficencia. Madrid.

en diversos momentos, como Séneca el Viejo, el padre del filósofo, también oriundo de la Bética, y del que conservamos varios libros de *Controversias* y *Suasorias*. Muy conocida es la apología de la lectura de los modelos clásicos que hace Quintiliano en el libro X y su defensa de la educación integral del individuo, que comparte con el griego Isócrates (la idea griega de *enkyklios paideia* o la ciceroniana de *humanitas*). Desarrolló sobremanera la vertiente moralizante, humanista y positiva del concepto ciceroniano de orador como *vir bonus dicendi peritus*. Su convicción, propia de buen profesor, de que es posible mejorar la vida de las personas merced a la educación y sus opiniones acerca de cómo lograrlo, adaptando la enseñanza a cada alumno, son tomadas hoy como inspiración por numerosos pedagogos. Influyó en la retórica cristiana de Agustín de Hipona y Jerónimo de Estridón, y modeló a través de ellos las humanidades latinas a lo largo de la Edad Media. En el Renacimiento, aparte del mencionado hallazgo de Bracciolini, fue exaltado por Bruni y Petrarca, reverenciado por Lutero y utilizado a su vez por los oradores católicos después de Trento. Sus ecos en el mundo moderno son enormes, desde Montaigne a Derrida, que lo leyó filosóficamente para teorizar sobre los límites de la representación a través del lenguaje.

Por supuesto que en España la recepción encomiástica de Quintiliano es muy amplia a lo largo de la Edad Media y el Renacimiento: hay que recordar que la retórica fue la gran disciplina de la tradición clásica. Haciendo algunas calas en la tradición de nuestro orador, ya Quevedo, en su *España defendida*, de 1609, reivindica la *Institutio oratoria* de Quintiliano en una exaltación del pasado histórico de España. En esta línea de identificar a los antiguos escritores latinos con las posteriores naciones, afirma taxativo el padre Feijoo en sus *Glorias de España*, que

> si España no hubiera producido otro orador que un Quintiliano, bastaría para dar envidia y dejar fuera de toda competencia a las demás naciones, en que solo exceptuaré a Italia, por el respeto de Cicerón.

En la Ilustración podemos citar el empeño de Jovellanos, quien, en unas *Bases para la formación de un plan general de instrucción pública* de 1809, propone estudiar con preferencia a Quintiliano para mejorar la educación del país:

> Las *Instituciones* de este insigne español, que serán objeto de todo el curso, como se dirá después, podrán empezarse a traducir en la primera época, dándose en ella el lib. 1º y 2º, que contienen muy pura doctrina sobre la educación y buen gusto.

Alfredo Adolfo Camus, profesor de clásicas en la Universidad de Madrid, donde enseñó a una generación entera de prohombres del siglo XIX (desde Galdós a Cánovas), incluía en sus clases al «insigne español y sabio maestro» mientras que otro de sus célebres alumnos, Menéndez Pelayo, alaba su visión pedagógica en la *Historia de las ideas estéticas* (1883-1889):

> Solo nuestro español Quintiliano logró sustituir en las escuelas, por el mayor rigor didáctico y por haber compendiado en un solo libro, lo que andaba esparcido en muchos desemejantes.

Y es cierto que —sin caer en mitificaciones nacionalistas— Quintiliano fue un grande de la educación de todos los tiempos y una de las cumbres que alcanzó la cultura hispanorromana.

Marcial: el gran satírico de Roma

La sátira es el género literario totalmente romano y el que, por excelencia, tendemos a asociar hoy a la crítica social y de costumbres. Esto es cierto parcialmente en cuanto a la antigua sátira romana, que también se refirió a la vida urbana y activa y a la compleja sociedad de la modernísima urbe *caput mundi* —y precisamente por eso nos llama mucho la atención y nos toca muy de cerca hoy día—, pero también fue mucho más que crítica. Desde la fragmentaria obra que tenemos de Lucilio a las sátiras más filosóficas, como las del epicúreo e inolvidable Horacio, la historia del género es riquísima. Hay sátiras más costumbristas y actuales, como las de Juvenal, que han marcado el devenir del género desde sus orígenes, y otras que ya se adentran por los derroteros del final de la Antigüedad para pasar al mundo posterior.

Pero si hoy día asociamos la sátira sobre todo a los poemas breves sobre la sociedad y la política, y a la pasión por la invectiva que hemos heredado de la madre Roma, fue también gracias a un gran poeta satírico nacido en Hispania, en torno al año 40 de nuestra era, en la ciudad de Bilbilis, actual Calatayud: Marco Valerio Marcial. Como otros escritores e intelectuales hispanorromanos de su siglo, Marcial abandonó en su juventud su provincia natal, la Tarraconense, para trasladarse a la capital en busca de educación, fama

20. Grabado con el retrato de Marcial, *Encyclopaedia Londinensis or, Universal dictionary of arts, sciences, and literature*, vol. XIV. Londres, 1816.

y fortuna. Pudo experimentar como pocos lo difícil de medrar en la Roma en el siglo I: había que subsistir, primero, con la difícil profesión de alguien que pretendía vivir de las letras. Esto ocurre también hoy y acaso siempre ha ocurrido: la miseria de la profesión es una típica queja de los literatos y maestros que se repite en todas las épocas, desde el bizantino Teodoro Pródromo al quevediano dómine Cabra. Precisamente por eso la vida del literato que intenta sobrevivir en la dura sociedad urbana es el caldo de cultivo ideal para la buena y divertida sátira: Quevedo, epígono barroco de Marcial, se hace eco de muchas de sus páginas más recordadas entre bienhumoradas e hirientes. En Roma, como en la España de los Austrias, la sátira es un estupendo vehículo para la crítica de quienes saben moverse y ascender, entre patronos y clientes, villanos y señores, en mundos muy diferentes pero con unos círculos sociales tan rígidos que bien pueden ser intercambiables, o lo parecen, entre el mundo quevediano y el de Marcial.

Las agridulces experiencias en el escenario social de la clientela y la literatura curtieron pronto al joven poeta Marcial y fueron la clave para alimentar su obra, vida y leyenda. Frecuentó a buenos amigos, en un círculo literario que incluyó a Plinio el Joven y a Juvenal, y llegó a obtener honor y favores de los emperadores Tito y Domiciano. Después de su peripecia de unos treinta años en la ciudad conociendo las mieles y hieles de la sociedad tan sofisticada como cruel de la gran urbe (acabó dejado de lado en época de Nerva y Trajano), el poeta hubo de regresar a su Bilbilis natal, más o menos, a los 60 años para morir desengañado de los fastos y pompas de Roma en el año 103.

Pero su vida nos dejó una obra inmensa. Marcial fue uno de los grandes de la poesía satírica, culto, inteligente, irónico y mordaz como pocos. Al bilbilitano se le atribuyen 1561 epigramas, poemas breves que fue haciendo públicos durante su vida y que quedaron organizados en 14 libros. Sus sátiras supieron tomar como pocos otros testimonios el pulso de la vida en la gran ciudad, casi a la manera de un cronista moderno.

Nos interesa especialmente el retrato que hace de la vida literaria, del comercio de libros y de la dificultad de vivir de ellos, pero ciertamente también las vivaces notas que toma, a vuelapluma, de los tipos sociales que recorren la urbe, con su picaresca y su lucha por la vida, en la gran comedia humana que nunca cambia, pero también en sus aspectos más cotidianos, como los ruidos, olores, perfumes, delicias, molestias y maravillas de una Roma que nunca nos es ajena. Acaso podemos seguir sintiéndonos romanos al leer a Marcial. En esa urbe-universo que, calculamos podría haber llegado al millón de habitantes, leemos toda la historia de esta nuestra modernidad tardía, de nuestras ciudades postindustriales y alienadas.

Sin embargo, Marcial es recordado en especial por unos hermosos versos en los que evoca el regreso a la patria, una suerte de elogio de la vida sencilla y retirada, al campo hogareño, que se encuentran en el libro X de sus sátiras. Estos versos dan fe de un poeta también filosófico y de un trasfondo moral que nos permite leerlo hoy con especial aprovechamiento:

Las cosas que hacen la vida más feliz,
mi muy entrañable Marcial, son éstas:
una hacienda conseguida no a fuerza de trabajar, sino por
     herencia;
un campo no desagradecido, un fuego perenne;
nunca un pleito, pocas veces las formalidades, una mente
     tranquila;
unas fuerzas innatas, un cuerpo sano;
una sencillez discreta, unos amigos del mismo carácter;
unos ágapes frugales, una mesa sin afectación;
una noche sin embriaguez, pero libre de preocupaciones;
un lecho no mustio y, sin embargo, recatado;

un sueño que haga fauces las tinieblas;
querer ser lo que se es y no preferir nada;
ni temer ni anhelar el último día[2].

La recepción de Marcial es amplia y comienza en el Renacimiento, cuando, por ejemplo, Alfonso V de Aragón pide leer sus epigramas. Su obra es versionada poéticamente por autores como Juan de Mal Lara, Fernando de Herrera o Juan de Jáuregui y son legión los admiradores de «aquel portentoso ingenio también de nuestra Bílbilis y primero entre tantos», como le llama Gracián.

Pero entre los imitadores más leales al satírico romano, al que considera su propio precedente, está el ya citado Francisco de Quevedo; incluso se le atribuyen unas *Imitaciones de Marcial*, seguramente apócrifas, en un manuscrito de la Biblioteca Menéndez Pelayo. Otros versos que le son atribuidos le citan implícita o explícitamente:

Pues te nombra Marcial, Félix y Lope,
Lope feliz, ¿por qué tanta tristeza
si llenó la Fortuna de riqueza
tu genio y tus escritos hasta el tope?

Los homenajes a la sátira de Marcial, tan cara a la literatura española posterior, son constantes: la pléyade de poetas que lo han imitado la estudia brillantemente el profesor Vicente Cristóbal: Garcilaso, Baltasar de Alcázar, Mal Lara, Quevedo, Góngora, los Argensola, Lope de Vega, Andrada,

---

2. «A Julio Marcial, sobre las cosas necesarias para una vida feliz». (Epigrama X 47 de Marcial, en trad. de J. Fernández Valverde y A. Ramírez de Verger).

Villamediana, Salinas y Castro, Borja y Aragón, Salas Bar-
badillo, Colodrero de Villalobos, Salazar y Torres, Martínez de la Rosa, Bretón de los Herreros, Mesonero Romanos, Hartzenbusch, y un largo etcétera. Pero es que incluso
la poesía española más reciente sigue haciéndose eco lejano
de sus versos, sobre todo de ese famosísimo elogio de la
vida retirada y sencilla que se citaba más arriba. Dos ejemplos magníficos, por dos de los mejores poetas de la modernidad, cerrarán este epígrafe como homenaje al satírico hispanorromano.

«De Vita Beata», por Jaime Gil de Biedma

En un viejo país ineficiente,
algo así como España entre dos guerras
civiles, en un pueblo junto al mar,
poseer una casa y poca hacienda
y memoria ninguna. No leer,
no sufrir, no escribir, no pagar cuentas,
y vivir como un noble arruinado
entre las ruinas de mi inteligencia.

«Sobre una carta de John Keats», por Luis Alberto de Cuenca

Un dios por quien jurar. El buen tiempo (supongo).
La salud. Muchos libros. Un paisaje de Friedrich.
La mente en paz. Tu cuerpo desnudo en la terraza.
Un macizo de lilas donde rezar a Flora.
Dos o tres enemigos y dos o tres amigos.
Todo eso junto es la felicidad.

Grandes escritores cristianos
de la Hispania tardorromana

A partir del siglo II de nuestra era se empieza a cultivar especialmente una cada vez más importante literatura cristiana escrita en las lenguas clásicas, en griego y latín, que toma como modelo todos los géneros literarios de la tradición anterior. Desde la lírica y la épica a la historiografía y la oratoria, la literatura cristiana de la Antigüedad tardía conoció un desarrollo espectacular según los cristianos iban asumiendo posiciones más elevadas en la sociedad, la administración y la educación del orbe romano. Es una literatura muy peculiar, en principio extraña al Imperio romano, sobre todo escrita en griego por judíos helenizados, y luego en latín según se expande el cristianismo, con un origen y una ambivalente relación con el núcleo del mundo grecorromano, que ha llevado a algunos estudiosos a calificarla, incluso, como una literatura postcolonial, en su origen. Pero los cristianos, y los escritores de entre ellos, pronto pasaron, desde el siglo III hasta comienzos del IV, de ser perseguidos a ostentar el poder en las comunidades locales y también en la administración imperial a todos los niveles. El cristianismo, bajo el ya citado Teodosio, el último emperador que reinó sobre un Imperio unificado, llegó a ser religión de Estado imponiéndose a los cultos anteriores y persiguiéndolos hasta lograr, siglos más tarde, su erradicación.

Hispania fue una de las regiones occidentales más rápidamente cristianizadas, sobre todo en su tercio meridional —la culta Bética—, cuyos oradores, científicos, filósofos y poetas son ya bien conocidos a estas alturas. Se establecieron pronto grandes obispados que aprovecharon las estructuras administrativas de la reforma de Diocleciano y Constantino para ir expandiéndose rápidamente hacia el norte, donde el paganismo resistió más tiempo. En la Hispania del Bajo Imperio romano también destacaron, en un ambiente cada vez más cristianizado, grandes figuras de la nueva fe que extendieron, desde la época de las persecuciones y el martirio hasta los siglos del final del Imperio, la nueva cosmovisión cristiana por toda la península Ibérica.

Hispania, en la tradición cristiana, se iba convirtiendo en una suerte de tierra de promisión para la nueva fe, con las leyendas de Santiago y la Virgen del Pilar, los santos y las reliquias y los martirios como los de santa Eulalia de Mérida, san Fructuoso de Tarragona y san Vicente de Zaragoza. Asimismo, se nota un desarrollo muy importante de la literatura cristiana, que incluye una abundancia de leyendas hagiográficas. Los mitos hispánicos se enriquecían a partir de entonces con el acervo de estos relatos de santos y mártires, que tantas veces entroncan con la tradición popular y con el relato maravilloso. Pero hubo también muchas figuras emblemáticas de la literatura, de entre las que podemos resaltar tres que corresponden a tres géneros muy diferentes.

En primer lugar, cabe hablar del poeta Prudencio, adalid de la nueva epopeya alegórica cristiana, que le perfila como una suerte de Virgilio de la nueva fe. Aurelio Clemente Prudencio nació en torno a 348 en la Tarraconense, en Calahorra o Zaragoza, fue orador y un funcionario imperial que viajó por todo el Imperio en diversos cargos en época de Teodosio y el obispo Ambrosio de Milán. Al final de su vida —después de una agitada carrera que no estuvo exenta de controversia— se recluyó en un monasterio hispano, muriendo alrededor de 410. De entre su abundante obra cabe destacar el *Peristephanon* —una colección de himnos a mártires para tareas cotidianas—, algunos de cuyos poemas han pasado a la liturgia católica. Pero sobre todo, su influyente *Psychomachia*, poema alegórico que representa el combate por el alma humana entre virtudes y vicios, y que será una lectura clave desde el Medievo al Barroco cristiano. Prudencio supo amoldar la antigua epopeya grecolatina a las nuevas ideas cristianas.

Su figura es glosada por los historiadores y filólogos de tendencia católica, a lo largo de muy diversas épocas, como esencia de la poesía española e inspiración piadosa para la literatura más sublime. De Prudencio afirma, por ejemplo, Menéndez Pelayo con cierta exageración que fue el poeta «más inspirado que vio el mundo latino después de Horacio y antes de Dante»; para el polígrafo santanderino es el precursor perfecto, cuando no parte integrante de pleno derecho, de la cultura católica que para él define la historia de España. Así, en su *Historia de los heterodoxos españoles* Menéndez Pelayo califica los himnos y la épica cristiana de Prudencio como

la expresión más brillante del catolicismo español, armado siempre para la pelea, duro y tenaz, fuerte e incontrastable, ora lidie contra el gentilismo en las plazas de Zaragoza, ora contra la Reforma del siglo XVI en los campos de Flandes y de Alemania. Y en esos himnos quedó también bautizada nuestra poesía, que es grande y cristiana desde sus orígenes.

Prudencio, como otros personajes de la Hispania cristiana, será parte esencial del programa ideológico de un conservadurismo español y una cierta historiografía que, como se ve también en Modesto Lafuente, alaba el papel evangelizador de España: fue el primer país donde se aparece la Virgen, el elegido por Santiago, el de los primeros mártires, el que lleva la fe cristiana a América, el que lidera la Contrarreforma... En fin, que para la Católica Monarquía los autores cristianos de la Hispania romana son los perfectos precursores.

Pero sigamos con los grandes hitos de la literatura hispanorromana del cristianismo. En segundo lugar, y también en el siglo IV, cabe hablar de la viajera y cronista Egeria, una religiosa de la provincia de Gallaecia que escribió un interesantísimo itinerario del viaje que realizó a Tierra Santa en torno a 381. Su apasionante viaje, desde el extremo noroeste de la península Ibérica, llega hasta Egipto, Jerusalén y Belén. Pasados tres años desde su partida, decide regresar a Gallaecia y viaja por Tarso a Siria y Mesopotamia, llegando luego a Constantinopla. No sabemos más de su diario de viaje, pero es un documento único para tomar el pulso a las primeras peregrinaciones cristianas. En la historiografía literaria ha tenido un eco limitado. Por ejemplo, Julio Cejador y Frauca en su *Historia de la lengua y la literatura castellana* incluye los viajes recogidos en la *Peregrinatio Silviae* de Egeria como uno de los «orígenes» hispanorromanos de la literatura de viajes española. Con el auge de los estudios sobre historia de las mujeres se ha recuperado el interés por la figura de esta monja hispana que permite entender el contexto literario de los peregrinajes en la época tardoantigua y altomedieval.

Por último, entre los escritores célebres de las letras tardolatinas de Hispania, y aunque su figura ya pertenece al mundo visigótico, es obligado citar a Isidoro de Sevilla, nacido aproximadamente en 556 en Cartagena, por entonces bajo dominio del Imperio romano de Oriente. Pasó su familia pronto a la Sevilla visigótica y su nombre quedaría para siempre asociado a esa ciudad: como obispo y santo, tendrá una enorme recepción como mito de la cultura hispánico-católica en la posteridad. En una época de crisis de la cultura clásica tradicional, Isidoro fue un tesoro de erudición, que manejó fuentes en griego y hebreo, y quiso compilar, para las generaciones venideras, el saber que había logrado reunir en su obra más conocida, las *Etimologías* (c. 634), verdadero monumento combinado de los saberes del mundo pagano y cristiano. Esta gran empresa enciclopedista *avant la lettre* es típica de la edad tardía y puede ser comparada a la de Casiodoro en el siglo anterior. Ambos son la base de la erudición medieval. Las *Etimologías* ejercieron un enorme influjo sobre el saber posterior, pues todo el Medievo depende de su concepto de historia y de su clasificación de disciplinas. No citaremos otros trabajos de este gran polímata, que trabajó sobre música, derecho, historia y un sinfín de disciplinas, que le valieron ser llamado por Montalembert «el último sabio de la Antigüedad». Su figura es un brillante cierre de esta y un comienzo de un Medievo nada oscuro, sino luminoso por su enciclopedismo. Un punto de unión, además, entre dos etapas historiográficas que permite hilvanar el relato de la continuidad de las Hispanias.

Además, como era de esperar su recepción posterior en España es muy intensa y siempre bajo una óptica muy positiva, por su erudición cristiana, en la historiografía católica medieval. También será clave para el Renacimiento español como se ve, por ejemplo, en el caso del Marqués de Santillana, que funda su nueva poética precisamente sobre

21. Bartolomé Esteban Murillo, *San Isidoro de Sevilla,* 1655. Catedral de Sevilla.

la obra de Isidoro. Se sabe, además, que Isidoro componía epigramas a la manera de «su compatriota Marcial», como dice Ernst Robert Curtius. Resume espléndidamente este autor, en su aún hoy imprescindible *Literatura europea y Edad Media latina,* la cuestión de la mitificación de los autores hispanorromanos y su estatus canónico dentro de la literatura española, en un párrafo que citaré como punto final de este capítulo sobre el imaginario áureo de la Hispania romana. Dice Curtius:

España difiere del resto de Europa, entre otras cosas, por lo que toca a la formación del canon y a la designación de las épocas. La literatura española presenta ante todo la peculiaridad de tener un romanticismo, pero no un clasicismo. Más notable aún es el hecho de que los autores ibéricos del Imperio romano se hayan incorporado a la literatura nacional. Los dos Sénecas, Lucano, Marcial, Quintiliano, Pomponio Mela, Juvenco, Prudencio, Merobaudes, Orosio, San Isidoro y otros aparecen en los manuales modernos más difundidos, que con ello siguen fielmente la costumbre de la Edad Media y del Renacimiento.

4. La España tardoantigua y medieval: entre historia, mito y arquetipo

Uno de los motivos historiográficos típicos del final de la Antigüedad en la literatura latina es el de la «pérdida de las Españas». Con ello se alude a la decadencia de un lugar y un tiempo mejores en un pasado áureo que, en un momento dado, quedó en ruinas por la acción de fuerzas foráneas o por la propia culpa —inacción, desidia o incluso defección— de parte importante de los depositarios de aquel edén feliz. Así era acaso también la pérdida de la España antigua, como luego lo será la de la Hispania romana. Esto se repetirá como *leitmotiv* ideológico en épocas posteriores. En el plano histórico, ciertamente, hubo una gran crisis transformadora a partir del siglo IV y V de nuestra era, cuando la presión de los pueblos externos de los límites del imperio quiebra la uniformidad del mundo romano y precipita a diversos pueblos de origen germano a las provincias del occidente. Muchos de ellos van a recalar en la rica Hispania y se van a enseñorear de ella paulatinamente formando diversos reinos:

a ello se suma la crisis económica y las turbulencias espirituales con los monoteísmos que cambian el mundo mediterráneo entre los siglos V y VII, desde la definitiva implantación del cristianismo frente al politeísmo clásico hasta la llegada del islam.

En el plano mítico, la quiebra del mundo clásico incorpora, a la amalgama que este va formando con las narrativas del monoteísmo judeocristiano, una serie de figuras y motivos de origen centroeuropeo que revitalizan la herencia céltica, por una parte, e introducen el elemento germánico, por otra. Como se ha mencionado ya, el ideario caballeresco del ciclo artúrico y del Grial, con su ceremonia de armar caballero, calará especialmente en la mitología hispánica a través de los ideales de la perfecta caballería cristiana, que difunden las órdenes militares. Hay que citar las hispanas –Montesa, Calatrava, Santiago o Alcántara– y las europeas, especialmente el Temple, que tendrán gran influencia en el imaginario colectivo y abundantes reflejos mítico-literarios. Luego, a partir de la irrupción musulmana, hay que integrar también todo el rico acervo de las leyendas que provienen de la literatura árabe. El resultado es único y sugerente, una mezcla de arquetipos entre santos y herejes, héroes y villanos, reyes fundadores y personajes tutelares de toda índole que hacen del fragmentado Medievo hispánico una tierra abonada para la historia mítica o la mitificación de la historia. Interesa especialmente la serie de mitos de etnogénesis surgidos en torno a los pueblos germánicos, sobre todo los visigodos, centrados en las leyendas de estirpes nobles y caballerescas, pero también la posterior fusión con los motivos de la literatura árabe, que dará arquetipos perdurables procedentes de los cuentos eróticos o sapienciales y de las fábulas y espejos de príncipes. En este capítulo se ofrecen

algunas vistas sobre estos temas, con algunos casos arquetípicos de los personajes más señalados con los que luego se
trenzará un relato unitario hispano. El traidor don Julián, el
perdedor don Rodrigo, las invasiones continuas, las pérdidas y recuperaciones, los romanos, los godos y los musulmanes... Los esquemas binarios de pérdida y restauración,
traición y heroísmo, santidad y heterodoxia, religión e impiedad son recurrentes y marcarán el discurso histórico y
literario en los siglos siguientes a partir de esta apasionante
Edad Media hispana.

Santiago: santo y patrón

> Dice un hombre que ha visto a Santiago
> en tropel con doscientos guerreros.
> Iban todos cubiertos de luces,
> con guirnaldas de verdes luceros,
> y el caballo que monta Santiago
> era un astro de brillos intensos.

Así evoca Lorca en su «Balada ingenua» (1918) el camino
mítico de Santiago Campeador por el firmamento, paralelo
al de la tierra, que ha marcado indeleblemente los territo-
rios y los confines de las Españas. Muy lejos llegó el apóstol
Santiago el Mayor, hijo de Zebedeo, en la tradición y la leyenda que se extiende a la América hispana y lo convierte
en el protector e intercesor por excelencia de todo el mundo hispánico. En la tradición del Nuevo Testamento, Santiago es uno de los discípulos más característicos de Cristo
tras resultar elegido providencialmente: en el plano de la

narrativa mítica y del folclor, el grupo de los doce representa un heroísmo colectivo, junto al Maestro, en el que cada uno tiene su misión y perfil sobrenatural. Será caracterizado por su carácter impetuoso como «hijo del trueno», frente a Pedro, más institucional, o al amado Juan. Su aura guerrera puede que proceda de esa consideración. Quiere la historia sagrada que después de Pentecostés Santiago hubiera sido enviado al lejano Occidente, hasta recalar en la actual costa de Galicia, tras pasar por Gibraltar, con el propósito de evangelizar las *Hispaniae*. En la historiografía posterior española se destacará el papel privilegiado del país por esa visita y su misión mística y guerrera a la par, entre el imperio y la cruz.

Muchas son las leyendas sobre su arribada: habría desembarcado, a fin de consagrar un templo luego dedicado a san Pedro, no lejos de las Columnas de Heracles, en las cercanías de Cádiz, para luego bordear la costa hasta Iria Flavia. Otras versiones hablan de su llegada a Tarraco o Cartago Nova, las dos grandes ciudades portuarias de la Hispania romana. No está lejos esta leyenda, que por cronología es poco creíble, de otras más difundidas en su día, como la de los siete obispos enviados a Hispania desde Roma por los apóstoles, que comenzaron la evangelización en Acci (Guadix) y precipitaron las conversiones masivas desde el sur de la Península y las subsiguientes construcciones de iglesias.

En todo caso, estos caminos postreros de Santiago iban a confluir no por casualidad en Galicia, pasando por Portugal, Francia o Zaragoza y con un itinerario de culto y milagros: no es casualidad la presencia del apóstol en las ciudades principales de España, en diversas rutas, hasta llegar al *finis terrae*. Seguía sin duda los pasos de una antiquísima devoción popular, desde las leyendas grecorromanas, celtas e iberas. Los pasos de Santiago por la Península conforman todo un mito, o más bien una hagiografía mítica de la España antigua. En Zaragoza, por ejemplo, se le habría aparecido la Virgen en una columna —el popularmente llamado

22. Peter Paul Rubens, *Santiago Apóstol, c.* 1612. Museo del Prado.

180

Pilar—, en la primera aparición mariana de la historia, como ya sabemos, y que está supuestamente fechada en el año 40. Luego, tras evangelizar y fundar diversas iglesias, notablemente en Zaragoza y Compostela, habría hecho todo el viaje de vuelta a Judea para encontrarse con María en sus horas finales, antes de la Dormición y posterior Asunción. Santiago habría sido ejecutado por Herodes, según Hechos 1:12, en torno al 44. Ajustada cronología la de su viaje para la realidad histórica, pero posible siempre en la vertiente mítica.

Históricamente parece que el cristianismo llega a España desde África y las fuentes literarias más antiguas son autores del siglo II como Ireneo de Lyon o Tertuliano. Pero las tradiciones apostólicas tuvieron gran predicamento. Mientras que la idea de la predicación de Santiago parece una tradición tardía recogida desde Isidoro de Sevilla y Beato de Liébana, la ya citada de los siete varones apostólicos, que habrían sido enviados por san Pedro, parece más antigua. Otra es la tradición que recoge que Pablo desembarcó en Tarragona, que se funda en la Epístola a los romanos, en la que el apóstol comenta su deseo de marchar a Hispania.

Sin embargo, es a partir del siglo IX, en época de Alfonso II de Asturias, cuando empieza a reforzarse el mito de Santiago: el milagro de unas luces nocturnas en Iria Flavia que llevaron al hallazgo providencial de la tumba del apóstol inició un camino de devoción popular que poco a poco fue obteniendo carta de naturaleza por parte de las autoridades políticas y religiosas. Posteriormente, tras los reinados de Sancho el Mayor de Navarra y Fernando II de León, la época de Alfonso VI —marcada por las alianzas con Borgoña y con la Orden de Cluny— atestigua la popularización del culto de

Santiago. No poco influyeron los hábiles oficios de Diego Gelmírez, primer arzobispo compostelano. El Camino de Santiago, concebido como «Camino francés» desde París, es desde entonces utilizado como instrumento de influencia cluniacense. Como refrendo papal, Calixto II sancionó el *Codex Calixtinus* y estableció los años jacobeos y las indulgencias por el peregrinaje.

Forjado, pues, sobre todo a partir del siglo XII, pero con hondas raíces anteriores, el mito de Santiago será materia prima para la evocación de España como tierra de primacía del cristianismo. Sus gestas pasan de la evangelización a la lucha contra la España islámica, encarnando el espíritu de reconquista cristiana en las Españas, concepto geográfico en esta época, desde Castilla a Portugal, que se ve en la creación de las primeras órdenes militares hispánicas, notablemente la suya. Historiadores emblemáticos de los siglos XIX y XX, desde Modesto Lafuente a Sánchez-Albornoz, se detienen en los hitos del cristianismo hispano primitivo, destacando la temprana presencia en estos mitos originarios de Santiago o de María. Estos entroncaban con otros elementos posteriores, como la conversión de Recaredo al catolicismo, configurando una unidad católica que pronto se tornaría antitética a otras Españas, como la musulmana.

En todo caso, es la posteridad del apóstol lo que más nos atañe. Se dice que su cuerpo habría llegado de nuevo a España, en concreto hasta Galicia, donde dejó una huella imborrable: su tumba es crucial para la posterior tradición del Camino de Santiago en el Medievo. Ciertamente, su leyenda se superpone a un camino ya entonces cristianizado que venía a continuar las antigüedades célticas, clásicas y prerromanas. La peregrinación al misterioso fin del mundo, donde se sumerge el sol en el océano exterior —símbolo del ocaso y renacimiento de la existencia— suponía la experiencia iniciática por excelencia que sustenta el mito de la España-umbral del más allá desde los arcanos prehistóricos. No quiero referir su nómina de milagros *post mortem*, como el que le atribuye la victoria del asturiano Ramiro I frente a los árabes en la batalla de Clavijo (844), con la intervención de Santiago a caballo entre la hueste cristiana. Asientan para siempre su halo legendario de patrón de España: son legión las tradiciones locales, las leyendas y cuentos del folclor, las fundaciones del apóstol y sus milagros en todas sus rutas. Y ciertamente no solo en la Península sino, más tarde, las que se atestiguan en el mundo hispánico y se celebran en las muchas fiestas a ambas orillas de ese océano no hollado hasta entonces que, con el paso a la Nueva España, siguió asociado a la antigua como símbolo de toda superación. Deja una amplia huella que se traslada, en efecto, a América, donde muchas son las ciudades que llevan su nombre y asumen su protección como popular patrono.

Poco nos importa ya el carácter precristiano del camino o la identidad de los restos de la tumba, que a veces algunos han supuesto ser la de Prisciliano o algún otro ilustre tardorromano —amplia es la polémica sobre la historicidad del viaje a España, que sigue puesta en duda—, comparados con la inconmensurable dimensión de su figura mítica en las artes, las letras, la toponimia, la onomástica, la devoción popular, etc. En fin, no conviene olvidar al apóstol, al santo y al guerrero en la mitología y el folclor, de tan honda raigambre. Siempre, como recomienda Lorca, «pensad en Santiago / por los turbios caminos del sueño».

Prisciliano o el hereje

Uno de los tópicos más persistentes sobre la peculiaridad de la religión en la Hispania antigua y protocristiana es la influencia social del llamado priscilianismo, una de las cuestiones más nebulosas de nuestra historia legendaria. No en vano se ha dicho, con razón, que el obispo hispano Prisciliano de Ávila fue el primer condenado y ejecutado en la historia por hereje. Y, en efecto, ya en el siglo IV aparece este precedente apasionante. Parece que este religioso se desvió de la norma y, frente al ascenso de la Iglesia como poder sociopolítico y económico, creó una escuela ascética y rigorista en la que las mujeres tenían una presencia muy notable. Hay que recordar que el siglo IV es el del comienzo del prestigio social del santo, de los movimientos espirituales de ascesis y misticismo, cenobitas, eremitas, anacoretas y otros ejemplos de religiosidad «extra-vagante» (etimológicamente, entiéndase) que promovían, sobre todo en Oriente, la huida del mundo y la ciudad hacia el desierto.

¿Había postulado una comunidad semejante Prisciliano? Parece que su inspiración no era muy distinta del rigorismo ascético del Oriente, lejos del creciente lujo que rodeaba a los obispos de las ciudades, pero que su énfasis en el conocimiento en torno a maestros carismáticos, hombres y mujeres de inspirada presencia, y un cierto misticismo la aproximaban a cenáculos gnósticos y neoplatónicos. Fue acusado de gnóstico y maniqueo, de dualista y libertario. Pero poco es lo que realmente sabemos de sus enseñanzas. Vamos a ver lo que Menéndez Pelayo, pionero del estudio de la heterodoxia hispana, dice acerca del hereje. Como resumen de lo que de sus actividades vedadas se sabe, sacamos en limpio dos cosas: primero, que Prisciliano poseía esa elocuencia, facilidad de ingenio y varia doctrina necesaria a todo corifeo de secta; segundo, que se había dado a la magia desde sus primeros años. Difícil es hoy decidir qué especie de magia era la que sabía y practicaba Prisciliano. ¿Era la superstición céltica o druídica, de la que todavía quedaban, y persistieron mucho después, restos en Galicia? ¿O se trata de las doctrinas arcanas del Oriente, a las cuales parece aludir San Jerónimo cuando llama a Prisciliano *Zoroastris magi studiosissimum*? Quizá puedan conciliarse entrambas opiniones, suponiendo que Prisciliano ejerció primero la magia de su tierra y aprendió más tarde la de Persia y Egipto, que en lo esencial no dejaba de tener con la de los celtas alguna semejanza (*Historia de los Heterodoxos Españoles*, cap. I, 3)

Desde Hispania empezó a tener problemas para difundir su doctrina, que partió en dos el clero de la diócesis. Viajó a Roma para defenderse de las acusaciones de heterodoxia, pero el papa Dámaso, también hispano, no quiso recibirlo: marchó a Milán y logró revertir las acusaciones imperiales contra sus prácticas, con lo que pudo regresar a Hispania para seguir con sus enseñanzas. Su movimiento se vuelve muy popular en las provincias occidentales y obliga al emperador Máximo a perseguirlo con un proceso por brujería. Convocado un concilio al respecto en Burdeos, al que acude Prisciliano, se condena su doctrina y marcha a Tréveris en 385. Allí fue detenido por orden del emperador y acusado de prácticas mágicas, danzas extáticas y astrología por la jerarquía eclesiástica. Se le acusaba de *maleficus* o encantador, lo que conllevaba la pena capital, como la reservada a los maniqueos. Se decía que encantaba los frutos a través de cánticos mágicos

23. Relicario de la catedral de Santiago de Compostela.

en honor del Sol y de la Luna y de ciertas danzas nocturnas. Se le acusaba de usar hierbas abortivas y de practicar la adivinación y las ciencias astrales, condenadas por la Iglesia. Parece que defendía un concepto teosófico de la naturaleza, una filosofía de la emanación de lo divino en animales, plantas y minerales, y una explicación de la generación a través de la distinción en Dios de un principio femenino y otro masculino. Tras ser torturado, Prisciliano confesó la veracidad de estas acusaciones y fue decapitado junto a sus seguidores, entre ellos alguna de las matronas que habían seguido sus doctrinas. De su tumba corrió la especie, a partir de comienzos del siglo XIX, de que era la que en 813 la tradición identificó con la de Santiago, hipótesis popularizada por Unamuno y Sánchez-Albornoz. En fin, podemos considerar a Prisciliano una figura mitificada de la historia hispánica, la del primer hereje ejecutado, de larga pervivencia.

Don Julián o el traidor

El mito del traidor y el del héroe evidencian claramente lo complementario de dos caras de la misma moneda. Lo vio muy bien Borges en un famoso relato titulado precisamente «Tema del traidor y del héroe». En él se tratan dos figuras arquetípicas que acaban siendo intercambiables: un héroe de la revolución irlandesa frente a los ingleses que, a la vez, resulta ser el villano. Todo depende del punto de vista del narrador de la historia mítica. En todo caso, muchas veces hay que entender las razones del traidor, sin el cual el resorte narrativo no funcionaría. El caso de Judas es paradigmático: para que Jesús cumpla su misión heroica ha de consumar la delación y cobrar las ominosas monedas de sangre

En la historia mítica de España, la del final de la Antigüedad y comienzo del Medievo, el traidor por excelencia es el conde don Julián. Quizá gobernador de una plaza fuerte bizantina en el Estrecho, Ceuta o Septem en la tardía Antigüedad, es una figura histórica muy dudosa y ambivalente recogida por las fuentes árabes de la conquista de España, como al-Hakam (siglo IX) en su *Kitāb Futūḥ miṣr wa'l Maghrab wa'l Andalus*. Refiere este que el gobernador, un tal Ilyan, primero resiste y luego se une a las huestes de los Omeyas de al-Walid I, comandadas por Tariq ibn Ziyad. Ilyan habría mandado a una de sus hijas a la corte de Rodrigo en Toledo para su educación (hay quien postula que era una rehén), pero, al saber que había quedado embarazada del rey, decide unirse a los árabes y dejarles franco el paso del Estrecho como represalia. Así nace la figura de Florinda, llamada «la Cava», la hija de Julián. Su historia es parte del mito de la traición, con la perfidia y la pérdida. La violación de Florinda —o a veces su proceso de seducción— será romantizada y formará parte también de la geografía mítica de Toledo, donde se recuerda el torreón del baño de «la Cava».

También narra la historia de Julián otro historiador árabe del siglo IX, Al-Razi, quien no aclara si el «traidor» era godo o bizantino; el último gobernador bizantino de Ceuta había sido Filagrio, a mediados del siglo VII, pero hay quien identifica a Julián con el Urbano de la *Crónica mozárabe* de 754. Pero luego, en el XI, Ishaq ibn Zayyat afirma que Julián era un godo subordinado a Rodrigo.

Los cronistas cristianos españoles entre los siglos XII y XV, como en la *Historia legionense* y en otras obras, acrecen la leyenda, que pasará al romancero y luego a la literatura. La historia se reviste de un aire de tragedia familiar, de honor y venganza, que va de lo personal a lo intemporal y que acabaría con la entrega de España a los musulmanes. La «pérdida de las Españas» parece un ciclo repetido en los extremos de la Antigüedad tardía, desde la conquista de la Hispania romana por los pueblos germánicos a la avasalladora invasión de las huestes mahometanas. Las brumas de la historia se confunden en ambos casos con las de las leyendas, posteriormente ficcionalizadas en una historia novelesca que llega a adquirir matices teatrales y de tragedia de la honra, en la más pura tradición del teatro del Siglo de Oro español, en obras tan emblemáticas como *El último godo*, de Lope de Vega. Así, desde las crónicas tardías, la leyenda de Julián y «la Cava» será recogida por los escritores de la Edad Moderna, desde el *Quijote* al Romanticismo europeo: si los románticos ingleses —como Walter Scott, entre otros— se fijarán sobre todo en Rodrigo, otros, en la modernidad, tomarán también la voz de don Julián, entre padre desesperado o traidor consciente. Así se ve, por ejemplo, en la obra *Reivindicación del conde don Julián,* de Juan Goytisolo (1970), que reivindica su figura contra el mito de la España monolítica.

Tendríamos que repensar la confluencia de historia y leyenda cuando se trata de grandes cambios en el régimen político y la orientación histórica. A veces la leyenda quiere poner siempre en el trasfondo un asunto de violencia sexual. Pienso en el cambio de régimen desde la tiranía a la democracia ateniense, con el *affaire* mitificado en el trasfondo del episodio de los tiranicidas atenienses, Aristogitón y Harmodio —que habría sido acosado por el tirano Hiparco—, en el célebre magnicidio de Filipo II de Macedonia, padre de Alejandro —donde hay también el trasfondo de una violación, esta vez homosexual—, o, por supuesto, en el cambio constitucional entre la monarquía y la república en Roma con la famosa violación de Lucrecia y el derrocamiento de Tarquinio el Soberbio. Parece que los cambios de ciclo en la mitología política de Occidente corren en paralelo con algún tipo de historia de violación y venganza. En el caso que nos ocupa es la hija del conde don Julián la que es mancillada por el rey en lo que será la perdición no solo de este sino también de todo el reino. Y... *se non è vero è ben trovato,* como ocurre en los ejemplos de la Antigüedad. El rencor de don Julián le hace formar parte, con todo derecho, del elenco de esa especie de gran historia mitológica de las Españas.

24. *Florinda «la Cava», hija del conde don Julián, bañándose* (1853), por Franz Xaver Winterhalter. Metropolitan Museum of Art. Nueva York.

Don Rodrigo o el perdedor

Uno de los personajes que se encuentran en el célebre «fresco de los seis reyes» (siglo VIII) en el castillo del desierto de Qusair Amra (Jordania oriental), uno de los pocos ejemplos de figuración humana en el arte islámico, es curiosamente don Rodrigo. El fresco representa a los gobernantes de las grandes potencias rindiendo pleitesía al califa omeya: el último rey visigodo está entre el emperador bizantino y el *sha* de Persia extendiendo las manos en señal de súplica. Es una de las apariciones estelares en las artes del rey de infausta fama en la mitología histórica española. Roderico o Rodrigo (688-711) fue un gobernante efímero que llegó al trono en 710, tras la usurpación que le costó la vida a su antecesor Witiza, según la *Crónica mozárabe* de 754, y murió en 711, derrotado por los musulmanes en la batalla de Guadalete, debido a una traición entre facciones visigodas.

La sucesión en el mundo visigótico era compleja y casi nunca pacífica, pero parece que Rodrigo, apoyado por la aristocracia, fue elegido nuevo rey en la conjura que causó la muerte de Witiza, pero no pudo llegar a gobernar mucho tiempo por las impugnaciones de que fue objeto en rebeliones de diversos nobles. No sabemos mucho de su actividad como gobernante hasta su derrota en Guadalete, pero aquí nos interesa más su vertiente legendaria. Se le describe en las fuentes con tintes sombríos, en un fin de ciclo, y en la leyenda aparecerá como el gobernante crepuscular y tiránico que no supo hacerse cargo de una situación compleja y cambiante. La fiabilidad histórica de las fuentes en torno al último de rey godo antes de la llegada del califato es discutible: su figura es usada en la etnogénesis e historiografía mítica-nacionalista por parte tanto de los cristianos como de los musulmanes.

Como sabemos, hay varias versiones acerca de cómo llegaron los árabes a España: puede que fueran llamados por los hijos o partidarios de Witiza, que pidieron ayuda para expulsar a Rodrigo del trono. Aquí, además de don Julián, está la figura de otro traidor arquetípico, don Opas, que a veces aparece, en fuentes históricas y legendarias, como hijo del rey Egica o de Witiza, y otras como «obispo de mala andanza», según el romancero: se cuenta que habría pactado con los invasores la ruina del ejército godo.

Pero, para nuestra mitología, es mucho más interesante la leyenda de Florinda «la Cava», hija del conde don Julián, gobernador de Ceuta. La noble princesa y *femme fatale* a la par habría sido violada por don Rodrigo, causando las iras de Julián y provocando que dejase el paso franco a Muza para el desembarco en la península Ibérica. Pero otras versiones, más misóginas, quieren un escenario contrario: que «la Cava» fuera la seductora culpable a la postre de la situación desencadenada. En cualquier caso, romance o violación, todo acabaría de forma terrible con la defección vengativa de una parte de los godos o la traición de don Julián, que provocaría la caída del reino. Es curioso evocar otros episodios en los que la pasión ambivalente en torno a una bella mujer, como en el caso de Helena de Troya (¿adúltera o raptada?) habría causado la caída de una civilización y la materia heroica de otra.

La literatura ha sido pródiga en versiones de esta leyenda. Dentro de la atracción que suscitó España entre los escritores románticos ingleses, es de señalar la atención al último rey godo en autores como Walter Scott (*Visión de Don Rodrigo,* 1811), Landor (*Conde Julián,* 1812) y Southey (*Rodrigo, el*

25. Bernardo Blanco. *El rey Don Rodrigo arengando a sus tropas en la batalla de Guadalete,* 1871. Museo del Prado.

último godo, 1814). También destaca la figura de Rodrigo en la obra de Washington Irving, concretamente en sus *Crónicas Moriscas.* La España de la pérdida sedujo en la época romántica de los mitos nacionales. En música cabe destacar el *Rodrigo* de Georg Friedrich Händel, entre otros, como el de Alberto Ginastera ya en el siglo XX.

En todo caso, para esta evocación de la historia mítica de España es fundamental considerar la larga sombra de don Rodrigo, romántico, taciturno, seducido, violador, usurpador o tirano, que simboliza el perdedor por excelencia, sobrepasado por los hechos y por la imprevisión, zarandeado por las traiciones y las emociones. El esquema narrativo es, por lo demás, muy repetido: un gobernante voluble y escurridizo, en un momento clave de la historia, sucumbe a su sensibilidad y sentimientos personales y así sucumbe también todo un país, toda una época y todo un sistema. Don Rodrigo quedará asociado para siempre a Guadalete y a esta segunda «pérdida de las Hispanias», después de la romana frente a los bárbaros, en el patrón cíclico de nuestra historia legendaria. El romantizado último rey godo, como quiere una dudosa tradición, sería recordado por una lápida en Portugal que cubriría sus tristes huesos.

Don Pelayo o el fundador

Aquí yace el Rey Don Pelayo, electo el año 716, que en esta milagrosa cueva comenzó la restauración de España. Vencidos los moros, falleció el año 737 y le acompañan su mujer y su hermana.

Así reza otro epígrafe mítico, el de la supuesta tumba de don Pelayo en Covadonga. Una tosca lápida supuestamente auténtica, como la antes citada de Rodrigo, cubre la tumba que alberga los huesos del héroe. Esta vez el arquetipo heroico no es el perdedor, sino el fundador o el restaurador: en uno de los esquemas más repetidos de la mitología política —desde Teseo en Atenas a Napoleón en Les Invalides o Federico el Grande en Sanssouci—, la nación no estará tranquila hasta que los restos del héroe tutelar no reposen en el solar de las esencias patrias.

«¡Oh, bella, admirada España, romántico país! ¿Dónde aquella bandera que enarboló Pelayo?». Así cantaba Lord Byron, tras su *Grand Tour* (1809-1811) por Grecia, Turquía, Portugal y España, en *Las peregrinaciones del joven Harold*. Y es que, en la mitología romántica del siglo del nacionalismo por excelencia, el heroico don Pelayo aparecía como antítesis del traidor don Julián, y el perdedor don Rodrigo a la par, así como la batalla de Covadonga (718), también de índole legendaria, se contraponía a la de Guadalete (711) como símbolo de la restauración cristiana que venía a salvar los rescoldos de una antigua y romántica idea de España.

Pelayo se erigió entonces, en la poesía, la historiografía e incluso en la ópera, como el símbolo de la continuidad entre la España visigótica y los reinos cristianos medievales: en concreto el de Asturias, epítome de las esencias hispanorromanas, heredera de sus glorias, inicio de la Reconquista y sede del milagro mariano, entre otros de santos célebres como Santiago, que la marcarían en lo sucesivo. Es, por un lado, el esquema de la Reconquista, pero también, vinculado a esta de forma indeleble, el de la continuidad entre el mundo visigodo y el asturleonés y castellano, una suerte de mito fundacional goticista. No es este un esquema ajeno a otras naciones europeas, desde luego, en la etnogénesis romántica de los países en los que se quiere seguir un hilo a veces tenue y sutil pero siempre presente de mitos nacionales que hablan de los altibajos de la historia, entre héroes y traidores, en un patrón narrativo muy repetido en diversas latitudes. Esta narrativa de pérdida y recuperación, por ejemplo, es típica del mundo romano, especialmente tardío —con la aparición de los pueblos germanos—, y bizantino, donde se explota la idea de *Restitutio Reipublicae/Restauratio imperii* para dar fundamento a la idea de la continuidad política. El *leitmotiv* mítico del restablecimiento de la cierta edad de oro está presente desde Augusto a Justiniano.

La mitología tiene como una de sus funciones clave la de proporcionar cohesión a una comunidad sociopolítica en la larga duración, a través de los siglos y las edades. Aunque se trate de una superposición de culturas o de un aluvión de pueblos de diferentes lenguas y tradiciones, resulta interesante constatar que así sucede con el caso de Pelayo en el mito goticista del Medievo hispano. Se trata de una figura que sirve de puente entre el mundo visigótico previo a la invasión islámica y la Edad Media peninsular, con sus diversos reinos. La continuidad de la monarquía goda ha sido siempre una de las pretensiones más claras de este tipo de relatos que sustentan la idea de la Reconquista, en una historiografía esencialista de España con una línea que va desde lo hispanorromano y godo católico, anterior a los árabes, hasta lo medieval posterior de ámbito sobre todo asturleonés y castellano. Tal es la idea de Asturias como núcleo de España para la llamada Reconquista.

26. Luis de Madrazo y Kuntz, *Don Pelayo, rey de Asturias*. Museo del Prado.

Aunque diversas fuentes apuntan a la historicidad de la batalla de Covadonga en la segunda década del siglo VIII, solo a finales del IX se empieza a afianzar la certeza sobre este episodio fundacional. Las crónicas anteriores de los mozárabes, de los años 741 y 754, narran la invasión musulmana sin mencionar ningún núcleo de resistencia godo en Asturias. La primera cuenta la conquista brevemente y la segunda lo hace incidiendo ya en el consabido tono apocalíptico del final de la civilización frente a la barbarie, recordando las caídas de Troya o Roma, por ejemplo, y abundando en el tópico de la pérdida de la edad de oro, una Hispania feliz que pasa a ser *infelix Spania* como estudian José Álvarez Junco y Gregorio de la Fuente.

Entonces ¿qué se sabe de Pelayo o Pelagio, supuesto primer monarca del reino de Asturias? Es una figura muy discutida. Hay investigadores que lo consideran visigodo, astur o hispanorromano, y otros que, directamente, han abogado por el carácter ficticio del personaje, que dirían creado o recreado en el siglo XI por razones políticas, en la era de Alfonso III. En las crónicas posteriores (la albeldense, rotense o sebastianense) se detalla el episodio y se da cuenta de la personalidad del héroe fundador —o refundador— que establece el hilo conductor del mito goticista. Se narra cómo Pelayo, expulsado por Witiza o luego por los musulmanes, se refugia en Asturias con su hermana. Se emparienta a don Pelayo con la casa real goda o bien como un caballero a las órdenes de Witiza, según la *Crónica rotense*, como hijo del duque Favila en la ovetense o como nieto de Rodrigo o primo de Opas, para la albeldense, que legitima a Alfonso I de Asturias, yerno y sucesor de Pelayo, en la sucesión de los reyes asturianos desde los godos. En la historia, que va creciendo con el pasar de los siglos, habrá también una intriga amorosa, pues el líder musulmán de Gijón se enamora de la hermana de Pelayo, a quien a veces se atribuyen orígenes nobles. ¿Realidad o ficción? Mito e historia se funden, como siempre en estas páginas.

¿Se produjo tal cual la batalla de Covadonga, en la que se aparece la Virgen para despeñar a los árabes? El episodio de Covadonga seguramente tiene mucho que ver con el espíritu de una época, entre los siglos VII y IX, marcada por la resistencia al pujante islam. María es la mejor defensora, como en el asedio de Constantinopla en el que se aparece y se engendra el famoso *Himno Acátisto* bizantino, que celebra a la *Theotokos* o «Madre de Dios», como la mejor general de los ejércitos cristianos. Seguramente fue un incidente militar luego magnificado: en la épica de todos los tiempos sucede, como en el episodio de Roncesvalles, que luego fue acrecido por la leyenda de Roldán. El debate está servido: véanse las páginas de Kamen, Corral o Martino.

Pero volvamos a las recreaciones románticas: desde el punto de vista de la narrativa mítica aquí interesan siempre más las ficciones mitopoéticas. Llama la atención que el mito de Pelayo resucite especialmente en el XIX, marcado por el Romanticismo nacionalista. Se ve en todo el ámbito europeo, desde el Romanticismo inglés, con el ya citado Walter Scott, pero sobre todo en el alemán y en el italiano. No en vano, eran países en curso de reunificación nacional, que culmina de forma paralela en 1870. En la ópera italiana anterior a Garibaldi, Pelayo es un símbolo muy apreciado: ejemplos conocidos son el *Pelagio* de Mercadante (1857) o *La solitaria delle Asturie*, de Coccia (1838). En esta, Florinda «la Cava», tras el desastre de Guadalete, huye a Asturias y conoce a Pelayo: hay amor hacia él pero también está Elvira, una de las hijas de don Rodrigo. La triste Florinda cura a Pelayo y alimenta sus amores con Elvira para que la monarquía gótica perdure. Amores y cambios de ciclo nuevamente unidos en la mitología nacional de la fundación, la restauración y la reconquista.

El Cid o el buen guerrero

La épica tiene sus mitos y todos ellos suelen tener un pie en la historia. Las brumas de la historia engendran el mito y, si no, que se lo digan al mitómano Heinrich Schliemann, quien, convencido de la historicidad detrás de la guerra de Troya (cosa que ya sabían Heródoto y Tucídides), descubrió los tesoros del mundo llamado «micénico» en torno a las ciudadelas de Troya y Micenas. Cuando no se historiza el mito, a menudo, más allá de las oscuridades de este, hay una lejana historia, o a veces no tan lejana. Los visigodos tenían sus cantares, a los que se refiere Isidoro de Sevilla, y que no hemos conservado sino en referencias históricas. Seguramente en ellos se mitificaría su etnogénesis, a partir de las dinastías de los amalos y los baltos. Pero en otros monumentos épicos vemos el trasfondo histórico difuminado. El *Cantar de los Nibelungos* oculta las luchas de los clanes germanos, el *Beowulf* contiene un nebuloso mundo de ordalías anglosajonas, mientras que el trasfondo de la epopeya bizantina del *Digenís Akritas* muestra la pugna tenaz entre árabes y cristianos de Oriente. La sociedad de frontera es idónea para este tipo de héroes de historia mitificada, como se ve en las marcas carolingias, con epopeyas medievales de índole popular y trasfondo histórico, como el *Cantar de Roldán*. Entre nosotros, sin duda, el *Cantar de Mio Cid* es el ejemplo más conspicuo de la sublime intersección entre literatura, mitología nacional e historia.

Quiso la ciencia literaria del folclor y la mitología, que nació a comienzos del siglo XIX —época auroral de toda fabulación y lingüística comparadas— que hubiera un «genio popular» depositario del gran río de la literatura desde tiempos inmemoriales y que fuera el responsable de las más altas creaciones del espíritu humano. No en vano, la mayor parte de este tipo de poemas narrativos es anónima. No hay que creerse esta fantasmagoría del «espíritu del pueblo» romántico-nacionalista *(Volksgeist)* que pululó por doquier en la Europa del momento, pero sí que se constata la espléndida criatura que surge de la fusión de mito, folclor e historia en la épica popular a lo largo y ancho de la geografía europea en la etnogénesis de los pueblos del Viejo Continente. Tal es el caso del *Cantar de Mio Cid* y de todos los romances que se generan a la lumbre de este gran héroe castellano. La historia ha sido suficientemente investigada, y también la literatura, por nuestros grandes sabios de cabecera, como Menéndez Pidal. En el trasfondo está la figura real de Rodrigo Díaz de Vivar, caballero que sirvió a Sancho II y luego a Alfonso VI, con quien pronto tendría desencuentros hasta ser desterrado dos veces. En el primer destierro serviría a la taifa de Zaragoza y luego, tras una breve reconciliación, pasaría a campear por Levante hasta conquistar Valencia, donde seguramente murió en 1099.

La historia del Cid se sitúa en la segunda mitad del siglo XI y se superpone sobre la conexión entre el mundo gótico y el asturiano en la narrativa mítica, cuando ya no hay interés en legitimar a Asturias, sino en plena época de expansión castellana. El Cid no aparece en las crónicas alfonsinas y solo lo veremos mencionado en el siglo XII en la *Dajira* de Ibn Bassam ya con dimensión mítica, como «tesoro de las bellas cualidades de la gente española». Para ver aparecer al gran héroe castellano en las fuentes cristianas hay que esperar casi un siglo después de la muerte del personaje histórico hasta la prosa de la *Historia Roderici* (*c.* 1180), el *Carmen Campidoctoris*, poema de la misma época, y, sobre todo, a la gran epopeya del *Cantar de Mio Cid,* que data probablemente del cambio de siglo. El gran impacto de la épica castellana hace que su figura pase a la historiografía de Jiménez de Rada o Alfonso X y, desde entonces, se convierta al guerrero histórico en una suerte de modelo de caballero ideal cristiano y ejemplo de las virtudes y la lealtad castellana. Un fenómeno parecido, pero sin tan insigne reflejo

27. El Cid, por A. H. Huntington. Sevilla.

épico-literario, lo experimentaron también en Castilla Bernardo del Carpio o Fernán González.

Por eso, es su enorme dimensión legendaria lo que nos interesa más aquí: sobre la base del desencuentro histórico entre caudillo y rey se trenza la maravillosa épica popular salmodiada con la que los rapsodas de la época recorrieron las Españas, desde el mundo navarro-aragonés hasta el castellano, causando un tremendo impacto. La composición en tres cantares refleja la típica estructura tripartita de las epopeyas patrimoniales. El primer cantar, el del destierro, conmovedor en sus acentos tristes por la prohibición de dar posada al héroe (la célebre escena de la niña), incluye el refugio de la familia del Cid en sagrado y prosigue con sus hazañas en tierras musulmanas. El segundo cantar, que se inicia con la conquista de Valencia, contiene las bodas de las hijas del héroe con los turbios infantes de Carrión, aludiendo acaso a la etapa de reconciliación con el rey, en cuya mediación está la infortunada alianza matrimonial. El tercer cantar es el del deshonor de los infantes, su burla y célebre venganza en la «afrenta de Corpes», y acaba con el clamor de justicia del héroe, la devolución de la dote y la ordalía que finaliza con la anulación de las bodas y la restauración de la honra del Cid.

Frente a otras epopeyas populares, todo gira en torno al tema de la honra del héroe, primero ganada, luego perdida y al fin restaurada en varios ciclos. Salvo la aparición del arcángel san Gabriel al Cid y el león que se humilla ante él, pocos son los elementos oníricos, sobrenaturales y fantásticos, pero existen, con lo que incluso para las más puristas de las definiciones del mito —las que, como quería Elíade, demandan que este incluya un elemento trascendente—, la historia del Cid ha de ser comprendida como mitológica. Pero más allá de ello, como en la épica guerrera tradicional, se ve un canto sincero a la excelencia moral de un héroe. Sobre todo, en el mundo castellano de su tiempo, la versión literaria de lo que en principio no era sino un señor de la guerra del siglo XI, acaba exaltando su figura como un arquetipo de las virtudes castellanas, que se mide con enemigos externos e internos, estos de linajes superiores, y que prevalecerá gracias a su tesón y carisma. Su figura de leal guerrero, padre y conquistador por excelencia es clave como afirmación de la ética del buen caballero que conformará en adelante la tradición heroica hispánica.

Montsalvat: santos y místicos tras los pasos del Grial en España

Tras el advenimiento del cristianismo, la tierra de Poniente que era España se convirtió en el fin de un mundo y comienzo de otro nuevo, con un carácter religiosamente renovado que llevaba a una ruta de búsqueda interior. Pero la marca sempiterna de la España mítica como lugar de paso al más allá se acentuó incluso desde entonces merced a los itinerarios de santos, los peregrinajes sagrados, el comercio de las reliquias y unas muy variadas epifanías.

La leyenda más popular, la que da cuenta de la llegada del apóstol Santiago a España, ya fuera historia o mito —recordemos el citado trasfondo priscilianista en la Antigüedad tardía—, fue razón del restablecimiento o perpetuación de un camino antiquísimo para las mitologías celtas e ibéricas de la Antigüedad. El Medievo llenó España de caballeros perfectos, caminos místicos y santos, de apariciones en grutas y de objetos de poder venerados por doquier. Las rutas marianas, los milagros de santos transformadores, los apóstoles que campean contra los enemigos de la fe y también, cómo no, la siempre latente heterodoxia desde un sustrato precristiano, transitan por la geografía hispana y son parte integrante de su mitología. Pero pocas leyendas han sido tan fascinantes y han estado tan ligadas a la España medieval, de estratos celta, ibero, grecorromano o semita, como la leyenda del Santo Grial y de la andante caballería en su búsqueda: como ocurre en el caso de Santiago, harían falta bibliotecas para tratarla.

Como se ha visto anteriormente, el proceso clave es la cristianización de una leyenda anterior. La materia de Bretaña, de raigambre celta, evoca la Mesa Redonda de Arturo y sus caballeros, sobre todo desde la *Historia* de Geoffrey de Monmouth (siglo XII). Aunque las fuentes del mito son antiguas: una pizarra del siglo VI menciona a un Arturo, así como un poema galés del siglo VII, como un ejemplo de heroismo. El personaje se irá desarrollando luego en la *Historia Brittonum* (siglo IX) y en los *Annales Cambriae* (siglo X). Si estos caballeros cumplen al principio hazañas guerreras, pronto se tornan místicos paladines en busca de un mundo fantástico o del Cáliz de Cristo. La leyenda del Grial aparece primero en el romance francés de Chrétien de Troyes (1190) y se liga a Perceval, el caballero que ha de «atravesar el valle» *(percer le val)*. Se acentúa la idea de la *quête* o búsqueda mística del caballero del Grial, en pos del castillo interior, en su continuador alemán Wolfram von Eschenbach: es el último gran ciclo mitológico de Occidente, el del viaje hacia el reino de los adentros.

Se percibían ambigüedades de mitología celta en estas obras, y lo que seguramente era en principio un plato o un caldero se iba a fundir muy pronto con el cáliz de la Última Cena. A la vez, la lanza del golpe doloroso del Rey Pescador, monarca cuya enfermedad causa la tierra baldía, y que era un símbolo inseparable del caldero, se iba a contaminar pronto con la leyenda de la lanza de Longinos. La narración de Robert de Boron (siglo XIII) sobre José de Arimatea conecta el mundo celta y el cristiano: el ciclo de Lanzarote pone la leyenda en manos de la literatura monástica y la cristianiza definitivamente.

Desde la Gran Bretaña a la otra Bretaña, el mito celta acaba llegando, como no podía ser de otra manera, al confín hispano, Galicia, en cuya bandera ondea el Santo Grial. Los pasos de este llevan sin remisión a las rutas místicas de España, donde al menos hay dos reliquias que se disputan el honor de ser consideradas griales: el Santo Cáliz de la catedral de Valencia —quizá el más universalmente reconocido— y la Copa de Doña Urraca en León, entre otras piezas. La búsqueda del Grial deviene camino de busca interior de la Sangre Real. Y en la obra de Eschenbach, musicada y ampliada más tarde por la mitología wagneriana, esa *quête* se mistifica aún más, lindando con oscuridades esotéricas y cerrando el círculo que va del paganismo al cristianismo y viceversa.

Existe en la leyenda de Chrétien y sus sucesores un castillo encantado donde se encuentra la gran prueba o la custodia del Grial. A veces se llama Montsalvat, el «monte de la salvación», otras Corbenic, posiblemente relacionado con «cuerpo bendito». De las muchas teorías sobre su localización, las más llevan a tierras hispanas, desde las rutas cátaras que pasan

28. Cáliz de la catedral de Valencia.

por el malhadado Montsegur, hasta las huellas del Santo Cáliz, que estaba primero en San Juan de la Peña, en el Alto Aragón. Puede que el Munsalvaesche de *Titurel,* que menciona Eschenbach, fuera ese maravilloso enclave en la montaña aragonesa y el rey Anfortas un reflejo de Alfonso el Batallador. Luego el cáliz acabó en la catedral de Valencia.

Otra teoría muy difundida identifica el castillo de Montsalvat con Montserrat, que incluso devino obsesivo en ciertas fantasías esotéricas. Un ejemplo es la obsesiva búsqueda del Grial por la sociedad nazi Ahnenberbe, fundada por Himmler, y los mitos germánicos en nuestros lares. En todo caso, muchos wagnerianos situaron allí, en Montserrat, un buen símbolo mistérico de aquel castillo interior de la leyenda, y tendieron un evocador puente operístico y literario, con ribetes curiosos. Quizá Eschenbach pensara en Aragón y Wagner en Cataluña, mientras al fondo ondea el Grial del *finis terrae* galaico, pero no hay duda de que los caminos del Grial y su mitología de búsqueda mística llevan a España.

Distinta es la cuestión de los caballeros andantes de la mítica corte de Arturo que salen a buscar el tesoro mágico, en un esquema del proceso iniciático centroeuropeo de «armar caballero», con todas sus pruebas y ordalías. Aquí hay que hacer un inciso importante en cuanto a la raigambre de la caballería hispánica, que también se extiende de oriente a occidente por todos los reinos cristianos, empezando por Cataluña y la Marca Hispánica. El prototipo del perfecto caballero cristiano, más allá de las brumas celtas y germanas, aparece también conectado al mundo carolingio, en el que hunden sus raíces los relatos mitológicos de Cataluña y Aragón. La estirpe imperial de Carlomagno, que interviene profundamente en la épica francesa, llega al condado de Barcelona en la figura de Wifredo el Velloso, quien da lugar también a una serie de leyendas caballerescas sobre las virtudes de los caballeros cristianos, bien simbolizada en el mito de las cuatro barras, que en realidad remonta al siglo XVI en la invención de Pere Antonio Beuter. Curiosamente, en las crónicas catalanas más antiguas se suele obviar el mundo prerromano —la «edad de oro» de la Hispania romana— y la época visigótica —pese a su importancia histórica en Cataluña— para centrarse en el influjo carolingio con la recuperación del territorio frente a los musulmanes, como se ve en los *Gesta Comitum Barcinonensium* del monasterio de Ripoll (siglo XIII). Desde el siglo XIV la historiografía mítica, como la *Crónica pinatense*, recupera el pasado común, con personajes como Túbal o Hércules. Pero luego surgirán figuras como Otger Cataló, una suerte de Pelayo catalán que, ya en el siglo XV, entronca con el ideal de caballero del Cáliz de Cristo y de su Madre, esta vez de la Virgen Negra, enlazando con el mito fundacional de Montserrat en el siglo IX, cuando la aparición mariana en la montaña lo cambia todo. Parece que fue en torno al año 880 cuando unos pastores vieron descender del cielo por la montaña una luz y escucharon una música sagrada, milagro que se repitió hasta que descubrieron en el lugar indicado la imagen de la Virgen de Montserrat, «la Moreneta», una imagen negra que se relaciona con otras en el mundo medieval y que cuenta con muchas fabulosas teorías sobre sus conexiones con el mito celta del Grial a través de la Orden del Temple.

Larga es la trayectoria por los lares hispánicos de los mitos de la sangre de Cristo y el perfecto caballero centroeuropeo, ya sea de raigambre, céltica, bretona, carolingia o germánica, que recoge la vulgata amalgamada del Santo Grial y sus caballeros. Hay que recordar, para terminar, que de los tres que emprenden la búsqueda del Grial —Bors, Perceval y Galahad—, solo el puro Galahad, una suerte de *alter Christus*, superará la iniciación. Los otros, con muy diversas personalidades, a los que se agregan Galván o Lanzarote, corren otras suertes. ¿Cómo no evocar las conexiones de la materia de Bretaña con la novela de caballerías, tan influyente en la mitología hispánica hasta llegar a su némesis en don Quijote? Ahí están Amadís, Esplandián o Tirant, cada uno con sus peculiaridades, en su camino de perfección por el amor y las gestas de la espada.

5. La España moderna:
arquetipos entre unidad y diversidad

En este epígrafe, más que mitos entendidos en el sentido estricto, se presentan figuras arquetípicas de especial incidencia posterior en la literatura que se han forjado en los albores de la Edad Moderna en la península Ibérica o que la han condicionado de cierta manera. La unificación de los reinos peninsulares en un proceso que se inicia en la Baja Edad Media y culmina en la Edad Moderna va acompañada por un proceso de amalgama también de paradigmas, míticos y legendarios, y, sobre todo, por una presencia abrumadora de mitos literarios que van surgiendo a lo largo de esta época, como es natural, en lo que se suele denominar el siglo o los siglos de oro de las letras hispánicas. Por una parte, se va conformando, desde las crónicas bajomedievales, una visión histórico-mítica que empieza a buscar unidad en la diversidad, desde los iberos, los griegos y los romanos, hasta el mundo de los godos. Desde allí, sobre todo a la par del reinado de los Reyes Católicos, se promueve un relato marcado por el neogoticismo que entiende la España musulmana como una especie de lapso anómalo, de forma paradójica, que se subsana con la Reconquista. La condena de periodos y sectores de la historia, notablemente musulmana y hebrea, produce un mundo paralelo y un cierto ostracismo de ambas comunidades, además de una homogeneización por la fuerza tras la expulsión de musulmanes y judíos.

Pero la polifonía de voces y narrativas míticas no dejará de sentirse en la literatura, y el auge cultural irá integrando la visión histórica de todos los elementos. En todo caso, para el interés de esta pequeña historia, hay que señalar que este proceso conlleva una visión binaria de las otras religiones que hasta el momento convivían en la península Ibérica, como oposición a la cristiana, que cada vez más se va a entender en el relato mítico historiográfico como la natural del país. Se leerá en la monarquía hispánica de los Austrias la historia anterior desde el paradigma mítico, con la reutilización del mundo clásico y la exaltación del reino visigodo. En el contexto de guerras de religión y tras el descubrimiento de América, la cosmovisión hispánica será la de una monarquía católica universal, émula de un Imperio romano cristianizado y bajo el estandarte papal.

Sin embargo, las figuras míticas que se recogen en lo que sigue no son tan unívocas y denotan a las claras el esplendor intelectual: tienen a veces más que ver con la heterodoxia, como en el caso de la picaresca o de don Quijote, que con un discurso de historia mítica oficial. En otros casos se va perfilando un discurso historiográfico basado en estos parámetros religiosos que van a marcar también la ambivalente percepción de nuestro país en el extranjero, como se ve en el caso de la Inquisición o de la conquista de América, con sus luces y sus sombras. Huelga decir que todo este material, tanto los mitos literarios de larga tradición —como don Juan, don Quijote o la Celestina— como los arquetipos sociales o religiosos, van configurando la percepción de lo español en el imaginario universal de forma ambivalente y plagada de tópicos. Estos temas, motivos, formas y figuras serán indisociables de una cierta mitología ligada a España en la posteridad.

Al-Ándalus entre utopía y negación

¿Qué castillos son aquéllos?
¡Altos son y relucían!
—El Alhambra era, señor,
y la otra, la mezquita;
los otros, los Alixares,
labrados a maravilla.
El moro que los labraba,
cien doblas ganaba al día,
y el día que no los labra
otras tantas se perdía;
desque los tuvo labrados,
el rey le quitó la vida
porque no labre otros tales
al rey del Andalucía.
El otro es Torres Bermejas,
castillo de gran valía;
el otro Generalife,
huerta que par no tenía.

A preguntas del asombrado rey don Juan responde Abená-
mar con el recuento de las maravillas de al-Ándalus, mito
literario sin par de nuestra historia, que ha devenido tópico
desde el romancero popular hispánico —con su deleitoso oc-
tosílabo— al Romanticismo internacional para los extranjeros del *Grand Tour* por las Españas, como Potocki o Irving,
en busca del exotismo y la magia del «Oriente en Occidente» que era la Península. La nostalgia de un paraíso perdido se hace notar en cierta literatura evocadora. El *leitmotiv*
de la pérdida de España se pone ahora en lengua arábiga,
con el llanto del «rey moro», como antes fuera llanto de romanos ante bárbaros y de godos ante árabes. Un ciclo mitopoético que no cesa.

La toma de Granada en 1492 suele ser considerada el hito
histórico del paso a la Edad Moderna en España, tras la unión
dinástica de Castilla y Aragón, a la par que el comienzo de
la empresa de América. En la narrativa mítica que se va
conformando, con el ideal católico y unitario de España ya
mencionado, se leerán estos sucesos como destinos paralelos. Pero la España musulmana ha marcado la historia de
las mentalidades, pues, tras decaer como rival de los reinos
cristianos, pasará a ostentar un halo mítico de alteridad y
fantasía que se ve claramente en las ficciones relacionadas
con la España medieval y su carácter excepcional, desde el
romancero a las evocaciones del Romanticismo. Desde entonces, bajo el lema al-Ándalus, irá adquiriendo una dimensión
casi legendaria en la historia de España y de toda Europa,
como la única experiencia de plena estatalidad, lengua y cultura árabe y religión islámica vivida en Occidente. Detrás
de la literatura, en la historia más popular se mencionan siempre algunos lemas muy divulgados en torno al papel civiliza-

torio del mundo árabe —heredero de la ciencia y la filosofía griega en el, por entonces, «bárbaro Occidente», que las habría perdido—, así como a la convivencia pacífica de poblaciones de diferentes religiones gracias a la una ley que, pese a algunos problemas, permitió que cristianos y judíos conservaran su credo, previo pago de un impuesto.

Y si hay que ponderar siempre las maravillas de la España musulmana, la herencia léxica de la hermosa lengua árabe, la ciencia, el pensamiento y la poesía, también se debe mostrar cierto escepticismo ante las visiones simplificadoras de esta presencia en la historia de la península Ibérica, en uno u otro sentido. Siempre ha habido extremos, tanto la utopía idealizadora como la dudosa Reconquista, en función de las ideologías, en relación con un periodo histórico, el andalusí, que ha sido tomado más bien como «excepción» en la historia de España, no como una fase más. Y así, en la historia mitificada, se ha tenido como un paréntesis entre las épocas romana y visigoda y la restauración neogoticista de la Castilla del siglo XI. El debate está, ciertamente, de nuevo en la «esencia» hispánica y surge sobre todo tras la grave crisis de identidad que supone el Desastre del 98: véanse los tratamientos ya clásicos de Menéndez Pelayo, Sánchez Albornoz y Américo Castro, y de ahí a la historiografía de la década de 1970.

Pero, más allá de la literatura y la evocación esencialista, no hay que aceptar acríticamente ni las ideas edénicas de al-Ándalus como paraíso pacífico de las tres culturas ni la noción de la no-hispanidad demonizadora de un yugo foráneo a los cristianos, así como tampoco hubo unidad monolítica en lo político o geográfico. Más allá de etiquetas y de los ecos literarios de héroes como el Cid y de las nostalgias

29. Manuel Gómez-Moreno González, *Salida de la familia de Boabdil de la Alhambra, c.* 1880. Museo de Bellas Artes de Granada.

del romancero, heredadas luego por el Romanticismo, hay que investigar el tratamiento de la alteridad en nuestro Medievo *cum mica salis*, siguiendo obras de estudiosos como Manzano, Sénac o García Sanjuán. Así, por ejemplo, ha hecho en sus últimas publicaciones María Luisa Bueno en el marco de un interesante proyecto de investigación sobre espacios de frontera en el Medievo, que ha obtenido resultados innovadores.

Pero dejemos las literaturas y las ideologías en el lugar que les corresponde. Más allá de las intersecciones con ecos poéticos y etnogénesis de uno y otro signo, está el debate sosegado sobre la historia. No hubo modelo ideal de tolerancia —quizá se abusa de la etiqueta de «convivencia»—, pese a la clara inspiración de legislaciones posteriores, como las Partidas, en cuanto al pago de impuestos para otros credos. Y aunque no hay que dudar de la importancia del Aristóteles árabe, la Europa cristiana no era en absoluto iletrada en cuanto al legado clásico, que le llegó a través de la literatura latina y cristiana tardoantigua e incluso, en parte, en griego. La herencia islámica de España puede ser evocada poéticamente, pero merece una investigación imparcial, como la que se hace en la academia actual, para poder transmitir a la sociedad una visión ponderada acorde con las circunstancias históricas y alejada de todo esencialismo.

Don Juan o el seductor

Entre los mitos hispánicos más universales hay uno que aparece en múltiples obras musicales, literarias y artísticas: el del seductor condenado. Es don Juan, personaje arquetípico donde los haya. Puede que su figura, además de hundir sus raíces en el acervo del folclor hispano, haya tenido precedentes históricos en Sevilla o en Madrid. Se suele aducir el caso del llamado «Caballero de Gracia», célebre por su Oratorio en Madrid, establecido por la Congregación de Indignos Esclavos del Santísimo Sacramento —a la que perteneció Cervantes—, que él mismo fundó. Se trataba de un hidalgo de origen italiano, Giacomo de Grattis, que llegó al Madrid de Felipe II como secretario del nuncio apostólico y al que se atribuye una vida de libertino e impenitente seductor. Otro personaje de la España del Barroco que, aunque posterior, recuerda mucho a don Juan es Miguel de Mañara, personaje sevillano relacionado con la Hermandad de la Santa Caridad, que habría llevado una vida licenciosa antes de una fulminante conversión al caer a tierra mientras oía voces nocturnas sobre su entierro. Considerado venerable por la Iglesia, su figura de pecador y mujeriego arrepentido se sitúa en la línea de santos tan conocidos como Agustín de Hipona. Amor y muerte, Eros y Tánatos, se unen en este mito.

Pero el personaje de don Juan aparece por primera vez en la obra teatral *Tan largo me lo fiáis,* estrenada en 1617 y luego refundida en *El burlador de Sevilla y convidado de piedra* (1630). Ambas fueron atribuidas tradicionalmente a Tirso de Molina, pero últimamente se han asignado también a Andrés de Claramonte, de quien es también *Deste agua no beberé* (1617), sobre Pedro I el Cruel, pero con cierto parentesco con el tema de don Juan. En *El burlador de Sevilla y convidado de piedra*, la obra que consagra al personaje, se recoge, por un lado, la tradición arquetípica del libertino y mujeriego hispano, un soldado o un caballero llamado muchas veces «burlador», que desafía todas las leyes escritas y no escritas, las convenciones morales, sociales y religiosas con seducciones, desplantes y desafíos. Pero, por otra parte, el personaje del libertino se funde con otra antigua leyenda hispánica, que también se encuentra muy difundida en otros ámbitos del folclor europeo. Tal es la aventura sobrenatural del «convidado de piedra». En este don Juan Tenorio, pues, la vida licenciosa, con su desafío a la moralidad, se mezcla con la experiencia sobrenatural del desafío a la muerte. El burlador no solo burla a las mujeres, sus maridos o sus padres, sino que se convierte en un personaje desmesurado que llega a desafiar a la propia muerte. El impío convida a una cena a un muerto o a la estatua de su túmulo, como ocurre en la versión más conocida de la leyenda, y luego el muerto le corresponde invitándole a él a su vez a cenar en el infierno. He ahí la huella sobrenatural en la historia de don Juan que nos permite hablar de un mito *stricto sensu* en este caso, como estudió Rousset. La salvación o condena del libertino, claro está, dependerá de la versión recogida, en cuentos, teatro, ópera etc., siguiendo la intención más o menos moralizante de cada autor. Este mito, arraigado en la tradición, se consagra en la obra atribuida a Tirso o Claramonte y desde ella se convierte en un motivo muy popular en toda Europa, llegando a ser uno de los arquetipos más universalmente relacionados con España.

Sería prolijo recordar toda la nómina de obras y autores inspirados por este mito, pero no podemos dejar de mencionar algunas de las más importantes recreaciones. Lo recibe el teatro europeo: Molière, que escribe su *Dom Juan ou le Festin de Pierre*, en 1665, y Carlo Goldoni, con su *Don Giovanni Tenorio,* en 1735. Estas obras inspiran el libreto de la famosísima versión de Mozart, su *Don Giovanni*, de 1787. Pero habrá más versiones y variaciones: desde Lord Byron (*Don Juan*, 1819-1824) a Pushkin (*El convidado de piedra*, 1830), de Espronceda

30. Alexandre-Évariste Fragonard, *Don Juan y la estatua del Comendador*, *c.* 1835. Musée des Beaux-Arts de Estrasburgo.

(*El estudiante de Salamanca*, 1840) a Zorrilla (*Don Juan Tenorio*, 1844). Este último consagra el tema para siempre con la inmortal obra que recoge los temas que, en cierto modo, encarnan el espíritu del Día de Difuntos.

Larga es la sombra de don Juan y sus ecos en la novela, en la música, en las artes plásticas y escénicas, como se ve en la nutrida nómina de su recepción: Dumas, Rostand, Strauss, Azorín, Gonzalo Torrente Ballester, etc. Sería prolijo estudiarla en un breve tratamiento como este, pero interesa destacar aquí sobre todo su categoría excepcional en el imaginario de la historia mítica. Es, no en vano, uno de los mitos más imperecederos que ha dado la mitología hispánica.

Recordemos, para finalizar, el recuento de sus hazañas que hace el propio don Juan en la obra de Zorrilla con palabras que resuenan cada Día de Difuntos, las del burlador impertinente, convidado a su pesar al festín de lo sobrenatural:

> Por dondequiera que fui,
> la razón atropellé,
> la virtud escarnecí,
> a la justicia burlé
> y a las mujeres vendí.
> Yo a las cabañas bajé,
> yo a los palacios subí,
> yo los claustros escalé,
> y en todas partes dejé
> memoria amarga de mí.
> Ni reconocí sagrado,
> ni hubo razón ni lugar
> por mi audacia respetado;
> ni en distinguir me he parado
> al clérigo del seglar.
> A quien quise provoqué,
> con quien quise me batí,
> y nunca consideré

que pudo matarme a mí
aquel a quien yo maté.

Don Quijote o el loco

> Yo sé quién soy —respondió don Quijote—, y sé que puedo ser, no solo los que he dicho, sino todos los Doce Pares de Francia, y aun todos los nueve de la Fama, pues a todas las hazañas que ellos todos juntos y cada uno por sí hicieron se aventajarán las mías.

Así clama don Quijote, el caballero loco de Cervantes, en el paroxismo de la búsqueda de su identidad. Aquí parece responder, como héroe de la mitología sapiencial, al imperativo y a la pregunta délfica sobre el conocimiento de lo que realmente se es y la manera de atreverse a serlo. El vuelco de la personalidad, entre locura y lectura, lo cambia todo.

En el principio fue la locura de un caballero rural, obsesionado por los libros de caballerías, que sale en busca de aventuras por los paisajes de La Mancha. Varias veces abandona su aldea y regresa por lo general molido o desencantado, habiendo fracasado en sus imaginarias aventuras, hasta que finalmente vuelve enfermo, recobra el juicio y muere. Dentro de este argumento lineal de un viaje externo e interno, el relato marco, se entrelazan numerosas tramas secundarias, novelas dentro de la novela, y niveles narrativos. Cervantes usa todos los recursos clásicos (como en la novela de Apuleyo), desde la narración enlazada al manuscrito descubierto o la autoría intrincada, en un complejo juego de espejos que se va complicando y adquiriendo vida propia. El mito gótico y medieval de la caballería andante, una reliquia de la mitología centroeuropea, bien interiorizada en la hispana, devenía en manos de Cervantes en un inagotable y polivalente hidalgo que todo lo cambia y crea el mito hispánico más perdurable, con una mezcla de elementos clásicos, medievales y modernos.

Seguramente Cervantes no podía calibrar el efecto de su propuesta literaria, anclada en la tradición clásica y medieval, y en una inteligente y divertida subversión de los paradigmas heroicos anteriores. En todo caso, a partir de la locura del hidalgo nada será igual en la historia de la literatura. El enfrentamiento quintaesencial del caballero contra la realidad, la muerte y el mal, en una partida de ajedrez perdida de antemano, causó una cascada imparable. Se prefirió, en lo moderno, buscar la interpretación romántica, idealista o simbolista del mito y del personaje, en un caso único de desdoblamiento e independencia de un mito literario que absorbe a su inventor. Casi se podría discutir qué fue antes, si creador o criatura, pero el viaje del héroe enloquecido es claramente arquetípico.

Sublime era la locura para los antiguos, como la manía en Platón, con sus cuatro divinidades inspiradoras —o la melancolía aristotélica de los genios— y existen para don Quijote ilustres precedentes de héroes enloquecidos. Personajes desmesurados de la tragedia y el mito griego, como los locos Heracles, Áyax o Penteo, cegados por la oscura *manía*, o el Orestes fustigado por las Furias, rozan la sublimidad del arte y el abismo de hazañas que se tornan crímenes. Por no hablar de *Orlando furioso* y de tantos y tantos héroes de la materia de Bretaña, en pos de aventuras místicas o amorosas, del Grial o de la Dama, que cantan su locura en

31. Gustave Doré, primera ilustración para la primera parte de *Don Quijote*.

las soledades. Pero la locura del Quijote lo cataliza todo, es radicalmente transformadora para el arte y la vida, como quise mostrar hace no mucho en *Las máscaras del hidalgo* (2022).

Parodia contemporánea o precedente a la del *Quijote* puede ser el *Entremés de los romances*, en el que un labrador enloquece por la lectura de estos poemas épicos. Pero las cuestiones filosóficas que plantea Cervantes, entre lo platónico y lo real, la tragedia y la comedia, convierten su obra en algo mucho más grande que una parodia de las ficciones anteriores de la andante caballería: es el mayor de los mitos hispánicos. Si la novela fue leída al principio como sátira o parodia didáctica, pronto pasó a representar una búsqueda arquetípica del sentido, en las muy diversas lecturas que se remontan al prerromanticismo anglosajón y centroeuropeo. Se diría que el *Quijote* fue una aventura sorprendente para su propio autor, que emprende un viaje paralelo al de su hidalgo.

Y es que seguramente Cervantes no era consciente de los vericuetos misteriosos y fascinantes por los que iba a transitar cuando emprendió su primera salida con don Quijote en 1605. El *Quijote* se ha metamorfoseado de forma infinita, no solo desde sus fuentes, sino incluso por mediación de todos los que han leído esta obra y la han teñido de subjetividad filosófica, cómica, romántica, política o postmoderna. Las hazañas de su hidalgo han triunfado finalmente de la muerte en una recreación continua e incesante, celebrada a lo largo de la historia en las muchas versiones literarias, musicales o fílmicas, en todo el orbe, desde el mundo inglés, francés y alemán, donde se reciben mito y arquetipo con entusiasmo ya desde el propio siglo XVII, hasta las culturas rusa, china o japonesa. Es, sin duda, la figura arquetípica española más universal, el mito hispánico por excelencia, la más grande aportación de la historia mítica y literaria de España a la humanidad.

Lázaro o el pícaro

La novela moderna surge de una relectura de los viejos modelos novelescos cómico-realistas de la Antigüedad, desde las curiosas historias de la biografía de Esopo, presentado como un esclavo deforme y descarado pero ingeniosísimo, hasta las aventuras de los pícaros romanos de Petronio o las desventuras de Lucio pasando por diversos amos en la famosa novela de Apuleyo. La idea es sencilla: una combinación de viajes, amoríos, cuentos humorísticos, fantásticos, eróticos o simplemente de tradición popular, todo ello con carácter episódico en el marco de una narración que lo cohesiona. Una itinerancia que toma diversas excusas, la vida de una persona, una carta, un manuscrito encontrado, el relato de una anciana, una leyenda de segunda o tercera mano, etc. Las hazañas de esta serie de antihéroes en el paisaje costumbrista de Grecia, en el caso de la *Vida de Esopo,* o en los bajos fondos y bambalinas sociales del mundo romano, como en el del *Satiricón,* son un precedente innegable de la picaresca. Todo esto, heredado de la tradición clásica y contaminado gozosamente por la tradición popular de los cuentos y fábulas de tipo burlesco que han recorrido Eurasia durante milenios, viene a desembocar en el alba de la novela moderna que se produce en el siglo de oro español con un nuevo modelo de personaje que va a devenir un mito hispánico de muy prolongados ecos.

Sin temor a exagerar, los grandes arquetipos hispánicos, que cobran dimensiones míticas en nuestra novela áurea, universalizan la más estupenda simbiosis entre lo culto y lo popular de todos los tiempos. Tras sus precedentes en la transición entre Antigüedad y Medievo, con el aderezo de otros

ingredientes del folclor universal, surge la figura del pícaro en un momento clave del Renacimiento español, como
fruto de un humanismo reposado. Ahí está, sin ir más lejos, la irónica serie de pícaros en obra de Cervantes, desde *Don Quijote* a *Rinconete y Cortadillo*, pero sobre todo,
años antes, el *Lazarillo de Tormes*, que consagra un arquetipo literario indisolublemente relacionado con la mitología hispánica. Es cierto que la figura del pícaro, tal y como
aparece en la novela, tiene antiguas raíces folclóricas y míticas en la Antigüedad, pero es de una modernidad arro-
lladora y se corresponde con el auge cultural hispano en
una inteligente combinación de temas morales, satíricos y
de crítica social y de costumbres. Desde entonces, la figura del pícaro quedará profundamente inserta en el imaginario español.

Con el *Lazarillo*, la inolvidable novela autobiográfica anónima publicada en 1554, se da carta de naturaleza al subgé-
nero de la picaresca y se cambia para siempre la historia de
la literatura. Seguirán otros títulos legendarios de la caterva
de pícaros del acervo hispánico: Rinconete y Cortadillo,
Guzmán de Alfarache, el Buscón quevediano y, en seguida,
réplicas incesantes en toda la literatura europea hasta la actualidad. Y es que pocos caracteres son más puramente hispánicos que el pícaro, según noción extendida no solo en
nuestro país, especialmente en el sur, sino en toda Europa,
que recibió muy pronto la novela española del siglo de oro
con asombro y fruición. Incluso para la leyenda negra ha
sido un arquetipo bastante productivo el del pícaro ladrón,
taimado, embaucador y marrullero. Un *trickster* que reco-
rría las pobres aldeas y las calles de los bajos fondos en una
especie de viaje de iniciación paródica.

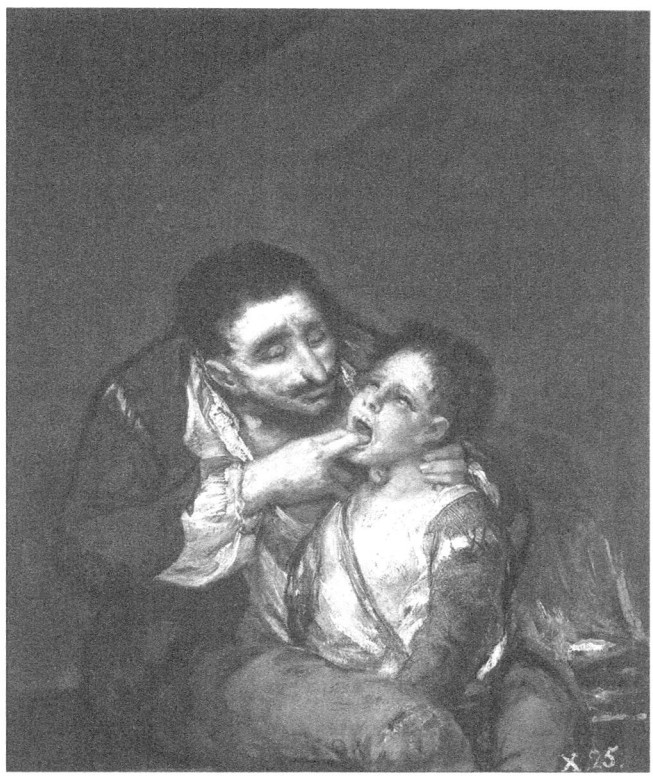

32. Francisco de Goya, *El lazarillo de Tormes* (antes llamado *El garrotillo*), *c.* 1812. Colección privada. Fundación Goya en Aragón.

Pero el pícaro es mucho más: le deben mucho los antihéroes de toda la literatura europea, desde el *Bildungsroman* hasta el realismo decimonónico. El *Lazarillo* supone una mediación asombrosa entre pasado y futuro, pues es pionero y, a la vez recoge toda la raíz clásica de la novela latina. Pienso en la gran revolución del *Satiricón* de Petronio, con su viaje no solo geográfico sino también moral, a los bajos fondos, a los nuevos ricos, a la depravación y la ambición desmedida en Roma. Y también en el curioso humor del apaleado *Asno de oro* de Apuleyo, que va cambiando de amo de mal en peor. Esa gran narrativa la amplifican alegremente sus epígonos, nuestros pícaros, especialmente Lázaro y sus inolvidables aventuras con el cruel ciego al que ha de guiar y que acaba por descalabrar.

Como toda innovación, tiene añejas raíces que aúnan literatura y mitología: del lado literario, además de las novelas clásicas y sus fábulas milesias, el pícaro está emparentado con los *maqamat* árabes, los goliardos del Medievo —y su epítome hispánico en el Arcipreste—, el folclor y la épica paródica de *Reynard el zorro* o *Till Eulenspiegel*. Pero hay que pensar en su cercanía con los arquetípicos marrulleros de todas las mitologías, héroes embaucadores que usan la astucia y la mentira, y van pasando por una serie de encuentros en sus muchos viajes.

Así es el *Lazarillo*, una novela de formación *avant la lettre* con una estructura simple en apariencia, pero que esconde esa complicada serie de artificios literarios y relaciones con el mito. Se supone que es una carta destinada a un superior donde se cuenta el «caso Lázaro», que ya es conocido y que debe contar el propio protagonista (¿quizá por una cuestión judicial, moral o religiosa?). Luego empieza la gran aventura. Desde la perspectiva formal, pues, la novela pionera de la picaresca presenta de forma autobiográfica la vida de un antihéroe que cuenta sus peripecias y cambios de fortuna con un descarnado realismo, crítica social y de costumbres, en una narrativa iniciática o itinerante al servicio de varios amos y un trasfondo moral. La calidad y la originalidad del libro marcan una época y crean, con todo derecho, un arquetipo indisociable de esta pequeña historia mítica de España.

La Celestina o la alcahueta

> Días ha grandes que conozco en fin de esta vecindad una vieja barbuda, que se dice Celestina, hechicera, astuta, sagaz en cuantas maldades hay; entiendo que pasan de cinco mil virgos los que se han hecho y deshecho por su autoridad en esta ciudad. A las duras peñas promoverá y provocará a lujuria si quiere.

Así describe a la alcahueta Pármeno en la *Tragicomedia de Calisto y Melibea* (1499), más conocida como *La Celestina,* en lo que se nos antoja una de las figuras literarias de más honda huella en nuestra historia mítica. No podemos decir que el arquetipo literario y folclórico de la vieja alcahueta y metomentodo, medio bruja y mediadora, más o menos simpática, según las versiones, sea una figura de tradición totalmente hispánica.

En efecto, la alcahueta, conseguidora o medianera en la historia de amor, ya sea cómica o trágica, feliz o desafortunada, es un antiguo personaje, casi un arquetipo para la historia de la cultura. No tenemos más que recordar la nodriza de Eurípides en su inolvidable tragedia *Hipólito*, que media en los amores fallidos entre la madrastra y el casto hijo, sin dejar de lado la versión posterior de Séneca, en su *Fedra*, y, posteriormente, una larga historia literaria a través de los siglos, de Racine a Unamuno. Cabe recordar también los mediadores y pícaros conseguidores de la comedia antigua, desde los esclavos ingeniosos del griego Menandro a los liantes siervos latinos de las obras de Plauto o de Terencio. La larga sombra de estos auxiliares del héroe, que son antihéroes y contrapuntos cómicos e irónicos, se prolonga hasta la modernidad, con los compañeros de don Juan y una larga nómina de casanovas, con Leporello y su estirpe como intermediarios y facilitadores en asuntos eróticos. El magisterio amoroso de ciertos personajes populares es continuo desde la literatura clásica, como se ve en Ovidio, con mitos como el del dios Pan, y presencias evocadoras en la novela griega y en la poesía pastoril y erótica desde la tradición clásica.

Pasos intermedios que acrecen esta tradición y la contaminan con el folclor vernáculo son los de la llamada literatura pseudo-ovidiana en la época medieval. En efecto, el gran poeta latino, por un lado, será alegorizado cristianamente por parte de los mitógrafos de los siglos IX a XI, en obras que intentan hacer su obra más aceptable para los gustos de un Medievo no inexperto en amores. Esta tendencia aparece en los llamados «mitógrafos vaticanos» y corre desde la alegoría en latín a la poesía vernácula, llegando al *Ovide moralisé*, del siglo XIV. Pero, a la par, se engendra una comedia elegíaca a partir de Ovidio, más seductora y curiosa, que tiene su mejor ejemplo en el *Liber Pamphili* (siglo XII), y que será la fuente de la que beben el Arcipreste y *La Celestina*. Con esta imitación clásica se contaminan otras historias de la gran familia del folclor, en cuentos eróticos que transitan por toda la Edad Media, desde los *Gesta Romanorum* a las obras de Boccaccio o Chaucer.

33. Francisco de Goya, *Maja y celestina en un balcón. c.* 1812. Colección privada. Fundación Goya en Aragón.

Sin embargo, y pese a lo dicho, qué duda cabe de que el inolvidable retrato que de este tipo de personaje hizo, en la época de los Reyes Católicos, Fernando de Rojas en su espléndida *Celestina* pasó a los anales de la historia literaria de Occidente como una de las más brillantes concreciones de esta figura típica. La tradición de la mediadora en la literatura hispánica es muy conocida, como se ve en el precedente clave de la Trotaconventos del *Libro de Buen Amor* (1330) de Juan Ruiz, arcipreste de Hita. Muy diferente de estas dos ancianas de la literatura castellana medieval es la alcahueta del *Tirant lo Blanc* (1490) de Joanot Martorell, la jovencita ambigua y atractiva Plaerdemavida, que consigue acercar en el amor a Tirant y la princesa Carmesina, entre otras parejas.

La figura de la alcahueta aparece en el contexto literario europeo que se cita más arriba, no mucho después de los Ovidios romanceados y alegorizados, pero se desarrolla sobre todo en el mundo hispánico, donde alcanza sus más altas cotas mítico-poéticas. Su primer gran ejemplo es aquella Trotaconventos del Arcipreste cuyos lazos con la literatura árabe, según una antigua teoría de Américo Castro, pueden ser muy sugerentes. De hecho, algunas obras de la tradición erótica árabe comparten con el Arcipreste la autoficción amorosa y variedad métrica, tonal y estilística. Así se ve en *El collar de la paloma* (1023), del cordobés Ibn Hazm, donde aparece el personaje del amoroso «mensajero». No otra cosa quiere decir en árabe «alcahuete» (de *al-qawwád*), quien transmite los regalos del cortejo: típicamente, un caballo regalado al marido consentidor. Pero hay que rastrear el tema en otras fuentes, desde las hebreas a las del amor cortés, caballeresco y de los trovadores y *minnesänger*.

El caso es que pocas alcahuetas hay universalmente más conocidas que la Celestina y su célebre precursora en el *Libro del Buen Amor*. Ambas son expertas en la retórica amorosa tardomedieval, heredera clara del gran Ovidio. Los matices entre todas las recreaciones de estas mediadoras y conseguidoras eróticas son muy reveladores. En la literatura española, por ejemplo, la Celestina es vista desde una óptica más negativa que la Trotaconventos, pues la primera, entre hechicerías, concibe un astuto plan para lograr su objetivo, mientras que la segunda usa el don de la palabra. Si Trotaconventos muere de vieja y es llorada por el autor, Celestina es asesinada y nadie sino las prostitutas que trabajan con ella lo lamenta.

Habrá muchas otras famosas alcahuetas en la literatura clásica española, desde la Gerarda de *La Dorotea* a Fabia en *El Caballero de Olmedo*, por no citar a Brígida en el *Don Juan* de Zorrilla. Es una figura, en suma, indefectiblemente asociada a la historia mítica de España.

La Inquisición: entre religión, política y cultura

En el mismo momento en que se detiene el cortejo, aparece en la plaza el cardenal gran inquisidor. Es un viejo de noventa años, alto, erguido, de una ascética delgadez. En sus ojos hundidos fulgura una llama que los años no han apagado. Ahora no luce los aparatosos ropajes de la víspera; el magnífico traje con que asistió a la cremación de los enemigos de la Iglesia ha sido reemplazado por un tosco hábito de fraile.

Sus siniestros colaboradores y los esbirros del Santo Oficio le siguen a respetuosa distancia. El cortejo fúnebre detenido, la muchedumbre agolpada ante la catedral le inquietan, y espía desde lejos. Lo ve todo: el ataúd a los pies del desconocido, la resurrección de la muerta... Sus espesas cejas blancas se fruncen, se aviva, fatídico, el brillo de sus ojos.

—¡Prendedle! —les ordena a sus esbirros, señalando a Cristo.

Así evoca Fiódor Dostoyevski en su última novela, *Los hermanos Karamázov*, el arquetipo del Gran Inquisidor, en un proceso que, a modo de parábola narrativa, emprende contra el propio Cristo. La leyenda sombría de la Inquisición y la torva figura del inquisidor son inseparables de la historia mítica de España. Pero hay que empezar por recordar que la Inquisición no es un invento español, aunque el recorrido histórico de esta institución tan controvertida está indefectiblemente relacionado con España desde la época de los Reyes Católicos, como ha estudiado Henry Kamen. En efecto, Isabel I fue persuadida en Sevilla por el dominico Alonso de Ojeda de la necesidad de crear el Santo Oficio en Castilla para controlar la cuestión religiosa y Sixto IV promulgó la bula por la que constituía la Inquisición castellana en 1478 (le siguieron otras, como la romana, en 1542). Pocos años después, Inocencio VIII nombró inquisidor general de la reina al célebre Tomás de Torquemada, primer Gran Inquisidor y, por lo demás, parece que un honesto y buen administrador, pese a su lado sombrío. Y es que en la lista de grandes inquisidores hay figuras que brillan con luz propia (no solo con propia sombra). Quizá en lo brillante, poco después de Torquemada, destaca una de las luminarias del humanismo español, el cardenal Francisco Jiménez de Cisneros, primado de España y fundador de la Universidad Cisneriana, responsable de grandes avances humanistas, como la Biblia políglota.

34. Pedro Berruguete, *Auto de Fe presidido por santo Domingo de Guzmán,* *c.* 1493. Museo del Prado.

Pero, como decimos, la creación del llamado Santo Oficio se remonta mucho más atrás en el tiempo, y no se sitúa en España, sino en Francia. La Inquisición, en efecto, fue fundada en el siglo XII en el sur de Francia para combatir las herejías que, como la de los cátaros, se habían extendido por toda la Europa occidental, con antiguas raíces en la oriental, desde el arrianismo y la gnosis al bogomilismo. A partir de la bula del papa Lucio III, que la instituye hasta los siglos venideros, se fue organizando como un instrumento a la vez judicial y doctrinal que velaba por la ortodoxia de la fe, entre derecho y teología, y fue afinando las mentes del Medievo y la Edad Moderna. En esta se convirtió en arma intelectual contra la Reforma, y política contra los estados protestantes rivales de los católicos. Pese al indudable lado oscuro de la Inquisición, amplificado sobremanera y de forma interesada por los enemigos de la monarquía hispánica y luego por todo tipo de recreaciones artísticas y literarias, muchos de los miembros del Santo Oficio fueron reputados humanistas, filósofos, juristas y filósofos y no solo viles clérigos que ejecutaron fanáticamente a judíos y herejes, como quiere la visión más simplista y maniquea. La España de los primeros Austrias contó con eclesiásticos que fueron algunas de las mentes más brillantes de su tiempo, como los dominicos Francisco de Vitoria o Domingo de Soto (este calificador del Santo Oficio). La célebre Escuela de Salamanca estaba en la vanguardia del pensamiento y fue, entre otras cosas, precursora del derecho internacional, la soberanía popular o la economía de mercado de la modernidad.

Por supuesto que hubo una utilización interesada y como instrumento de dominación social, política y religiosa del Santo Oficio; no olvidemos que en el contexto de las guerras de religión europeas el control social era ejercido desde los bandos en conflicto de manera inmisericorde. En todo caso, algunos historiadores han apuntado la tergiversación histórica de que ha sido objeto la Inquisición española, relativizando su omnipotencia y haciendo de ella sobre todo una institución jurídico-religiosa. Como estudió Caro Baroja, los inquisidores de carrera fueron una categoría funcionarial más en la España de los Austrias, como una presencia ineludible del paisaje del Antiguo Régimen, no siempre de tintes tan terroríficos. Con todo, el temor reverencial que inspiraba su mera mención sirvió como instrumento esencial de disciplinamiento social en la monarquía hispánica.

La fama tremenda de la Inquisición en las letras y las artes posteriores debe mucho a la llamada «leyenda negra», que tanto se estudia desde el siglo XX a raíz del libro de Julián Juderías, sobre el que volveremos. Autores como García Cárcel o Kamen han revisado las fuentes y, sobre todo, los números de los ejecutados en los procesos inquisitoriales, y han matizado un tanto su célebre crueldad. Devino el símbolo de las oscuridades de la historia española hasta llegar a los enciclopedistas, y entre nosotros fue un elemento clave contra el que quiso luchar todo proceso modernizador. De ahí el empeño de los ilustrados en acabar con ella. Su abolición se produjo en diferentes momentos de comienzos del siglo XIX, desde los decretos napoleónicos de Chamartín (1808) y las Cortes de Cádiz (1813), al pronunciamiento de Riego y su final definitivo en 1834, durante la regencia de María Cristina de Borbón. Acababan entonces siglos de Santo Oficio, aunque su nombre perduraría aún hasta el siglo XX en el Vaticano y perdura aún en ecos legendarios de la literatura, como el mencionado pasaje de Dostoyevski.

Mitología de la conquista de América: héroes y villanos

Tal vez la epopeya mítica por excelencia de la historia de la España moderna sea la empresa de América desde 1492, la que para muchos —pese a la consabida controversia— es una de sus grandes aportaciones a la historia universal. Es inevitable la polémica entre luces y sombras y, desde casi el comienzo de este proceso histórico que enlazó para siempre ambas orillas, se desarrolló una completa y ambivalente mitología que la ensalza y la demoniza en oleadas alternativas e incesantes. Desde la épica paralela a la conquista se canta, como hace Ercilla,

> el valor, los hechos, las proezas
> de aquellos españoles esforzados,
> que a la cerviz de Arauco, no domada,
> pusieron duro yugo por la espada.

A la par, surgieron ya desde Castilla voces críticas a los excesos, como la del padre Las Casas, «el apóstol de los indios», que gozó de la confianza de la Corona y fue atendido por las autoridades políticas y eclesiásticas: desde la propia potencia conquistadora y colonizadora, en un caso único en la historia, se generó un vivo e interesante debate jurídico, filosófico y teológico sobre la conveniencia de la conquista y el trato a los indígenas.

A ello se suma el plano de la narrativa mítica, que es el objeto de nuestro interés en estas páginas. Hay que decir que los propios conquistadores, en su empresa, conformaban su ideología e intereses no solo desde los parámetros políticos, religiosos o económicos que impulsan este fenómeno histórico: estaban influidos por las leyendas más diversas, de la Antigüedad clásica —como prueban los avistamientos de sirenas o amazonas— y de la materia celta, artúrica y caballeresca, como prueba la propia «California» y otros topónimos de los libros de caballería. La conquista fue un hecho mítico y trascendente, formado sobre estos modelos heroicos, pero también sobre la historia bíblica y la pugna entre paganismo y cristianismo en la Antigüedad tardía, entre otros recursos narrativos.

El ambiente y el contexto literario e ideológico era enormemente propicio para las historias de viajes lejanos, acrecidas por la tradición mítica del romance de Alejandro y su expedición a la India o los no tan lejanos viajes de Marco Polo, sumados a viejos mitos como el de los Argonautas en pos de una ruta a Oriente o el del legendario reino del Preste Juan y sus historias de raigambre céltica. Estos y otros mitos, como el de la Atlántida, las Islas Afortunadas —donde habitaba la antigua raza de oro— o la fuente de la eterna juventud, espolearon la imaginación de los conquistadores para marchar en pos de El Dorado y otros lugares donde encontrar tesoros sin cuento y, ciertamente, la inmortalidad. Se superaba el viejo arquetipo de Iberia, Hispania o España, como lugar del *finis terrae*, allí donde estaba la frontera con el más allá. Quería acaso el hado que de allí precisamente hubieran de surgir unos personajes excepcionales, héroes para unos, villanos para otros —en la «leyenda negra» que empieza a cundir acaso, como se verá, a partir de las denuncias de Bartolomé de las Casas—, que transforman el mundo para siempre. También desde el punto de vista político y económico, como muestra el aluvión de oro, plata y diversas riquezas y productos que invade la Europa inmediatamente

35. Dióscoro Puebla, *Primer desembarco de Cristóbal Colón en América,* 1862.
Museo del Prado.

posterior al descubrimiento, con el despegue de la banca y el crédito.

Nada volvería a ser igual en el orbe conocido, que se ve ampliado al quebrarse el *leitmotiv* del «*non plus ultra*». Y la impresionante actuación de esta tropa variopinta de descubridores, conquistadores, místicos, idealistas, guerreros, aprovechados, oportunistas y demás aventureros que marcharon a América bajo la guía de unos pocos visionarios providenciales —de personalidad poliédrica e igualmente disputada— es inolvidable, materia para la ficción mitopoética de todos los tiempos: Cortés, Pizarro, Orellana, Quesada, Ojeda, De la Cosa, Heredia, Alvarado, Díaz de Solís, Lope de Aguirre, Hernández de Córdoba, Ponce de León, Coronado, Rodríguez Cabrillo, Cabeza de Vaca o Elcano. Fatigosa sería la nómina de los partícipes en esta portentosa empresa coral, que forjarán una cierta mitología, con sus luces y sus sombras, sus héroes y villanos, traidores y víctimas.

Muchos son los cronistas, para bien y para mal, de esta epopeya, desde los mencionados Ercilla y Las Casas, a Bernal Díaz del Castillo y sus muchos epígonos: los hubo mestizos y criollos, ya desde el Inca Garcilaso a Fernando de Alva o Suárez de Peralta, y también, algunos extranjeros, admiradores de la conquista o no, como Kirkpatrick, Prescott o Hugh Thomas. Uno de los más asombrosos apologistas de los conquistadores españoles del siglo XVI es el divulgador norteamericano Charles Fletcher Lummis, que tiene el mérito de haber publicado, solo cinco años antes de la guerra de Cuba entre España y Estados Unidos, una obra encomiástica de la conquista española de América. Pero esto es solo un episodio emblemático y curioso en un mar de historiografía anglosajona adversa que se extiende por el siglo XIX, con su cénit en el conflicto con Estados Unidos, y continúa a lo largo del siglo XX. Ambas visiones, la negativa y la positiva, perdurarán en la ficción. La conquista de América es una inagotable fuente de inspiración para pintores, novelistas o cineastas, como se ve en *El corazón de piedra verde* de Madariaga, *Malinche* de Laura Esquivel, *Leyendas de Guatemala* de Miguel Ángel Asturias o los filmes *Aguirre* (1972), *1492* (1992), *El Dorado* (1988), *La misión* (1986) o *Cristóbal Colón* (1992), por citar unos pocos. Hay que recordar en la historia óperas como las de Purcell, Vivaldi, Grau o Spontini, y dramas como el *Moctezuma* de Spengler (1897)

Se empezaba citando a Ercilla al hilo de la vertiente épica de la conquista, y se podría terminar abundando en la historia en imágenes de esta empresa. Un ejemplo fascinante de la iconografía de esta epopeya se puede ver en las impresionantes colecciones de enconchados del Museo de El Prado y del Museo de América, procedentes de la Colección Real y de los duques de Moctezuma. Las tablas de El Prado, de época de Carlos II, basadas en crónicas como las de López de Gómara (1552), Díaz del Castillo (1632) y Solís (1684), representan los sucesos de la conquista de México por Hernán Cortes frente a Moctezuma, que ha sido arte y literatura desde entonces: batallas, astucias, oro, sangre, ambición, crueldad y gloria emanan de este magnífico fresco histórico concebido como un enorme biombo que expresa resumidamente y con maestría la mitología de la conquista.

6. La España contemporánea: mitologías recientes

Puede extrañar en este epígrafe la referencia a los mitos de la España contemporánea si no se recuerda que aquí la acepción de la palabra «mito» vuelve a ampliarse y no se refiere tanto al breve repaso por las definiciones académicas que hemos esbozado en la introducción, a las estrictamente mitológicas, sino más bien a las grandes ideas que construyen el relato de la historia de España: esta vez de un país en perpetuo declive y lucha consigo mismo.

La cuestión de la eterna e inacabable decadencia española desde una edad de oro primordial es importante en varios planos, desde lo político a lo literario. En el primero, a finales del siglo XVIII pero sobre todo en el XIX, desde la Ilustración y la primera generación liberal hasta el 98 y los movimientos nacionalistas, calará muy hondo en las identidades políticas el mito de la decadencia de las libertades originarias de los colectivos, ya sean los fueros o las instituciones: frente al mito de la pérdida de las Españas en épocas anteriores, que idealizaba el mundo prerromano, romano o godo, ahora se pondera como edad de oro precisamente el Medievo de la pureza de la sangre —gótica o germánica, sueva o carolingia— en diversos nacionalismos, centrales o periféricos. Pero también, en el plano literario, cunde la idea de la larga y en cierto modo noble decadencia de España, saqueada por malos administradores o asediada por poderes extranjeros, de modo que impregna el imaginario universal, en centenares de novelas y películas que llegan hasta nuestros días y que se remontan en el tiempo. También el incesante ciclo de conflictos civiles, pronunciamientos, luchas entre facciones, dictaduras y guerras intestinas que se extiende, por cierto, a la América hispana, conformando una imagen típica de la inestabilidad y el caos.

Tiene todo ello bastante que ver con la cuarta acepción de «mito» que aparece en el *Diccionario de la lengua española* que se citaba en el ensayo introductorio y que insiste en la connotación de fabulación o falsedad que a veces tiene la palabra. Pero, más allá de la verdad o la mentira, no cabe dudar de la importancia de estas ideas como fuerzas motrices para la sociedad española entre los siglos XIX y XXI. Los motivos de esta narrativa mítica son, entre otros, el atraso secular, la decadencia, lo pasional, el cainismo, las dos Españas, el ámbito de lo exótico en Europa, la excepcionalidad, los bandoleros, las revoluciones, las guerras fratricidas, etc. No está de más, así, repasar estas figuras e ideas mitificadas en lo que sigue, entre otros personajes también del ámbito literario, como la Carmen de Bizet y Mérimée, para reparar en los derroteros de la historia mítica de España en lo contemporáneo. Sumado esto a la visión retrospectiva que se ha presentado en los epígrafes anteriores, bien se puede obtener una idea cabal de cómo la historiografía mítica ha moldeado la historia de las mentalidades en nuestro país.

Leyenda negra: decadencia y atraso.
El mito de la excepcionalidad de España

Se ha considerado modernamente la publicación de la *Brevísima relación de la destrucción de las Indias* (1552) de fray Bartolomé de las Casas como el pistoletazo de salida de una llamada «leyenda negra» que habría lastrado la reputación española en la historia moderna y contemporánea. En su epicentro está la conquista de América, pero también otros fenómenos históricos de nuestro país en su época de máxima expansión y poderío, como el apoyo decidido al Papado en las controversias religiosas de la Reforma y la Contrarreforma, el papel de la Inquisición en estas luchas y, en suma, la configuración de España como una monarquía católica minimizando, o mejor dicho tratando de cancelar, su tradición árabe y hebrea en favor de una visión cristiana, gótica e hispanorrománica. Esta leyenda negra es ciertamente una manera de hablar que ha cundido en los historiadores contemporáneos desde comienzos del siglo XX. Aunque la expresión se encuentra anteriormente, la primera vez que es desarrollada con amplitud es por Julián Juderías en su libro *La Leyenda Negra* (1914). Hoy día la mayor parte de la historiografía admite la existencia, o al menos la relevancia, de este concepto para entender la evolución de la España moderna y contemporánea.

Más allá del debate histórico, el sesgo antiespañol de muchos libros y publicaciones alertó incluso a las autoridades educativas de Estados Unidos a mediados de los cuarenta.

Desde entonces la discusión ha sido intensa, con aportaciones como las de Wayne Powell, Fernández Álvarez o Julián Marías; últimamente, hay que mencionar la controversia historiográfica entre Elvira Roca Barea y José Luis Villacañas, y los estudios de María José Villaverde, quien expone un compendio ponderado de la cuestión.

Comoquiera que sea, no hay que simplificar las cosas. Sin entrar a valorar una supuesta conjura internacional claramente orquestada y liderada por las potencias protestantes contra España, ciertamente hubo motivaciones políticas a partir del XVII que convirtieron a la monarquía hispánica en blanco de todos los dardos en la pugna por el poder en Europa y América. Pero hay que recordar que, un siglo antes, España era un modelo de éxito, admirado e imitado, aunque de la mímesis a la envidia hay un trecho bastante corto, y de esta al odio y al prejuicio, también.

Lo importante de este motivo historiográfico y literario de la leyenda negra es sin duda su incidencia para definir la España contemporánea. Es también literatura porque ha influido no solo en obras históricas, sino también en dramas, novelas y óperas: piénsese por ejemplo en las ficciones escritas en torno a Felipe II, como las que hay sobre el infante don Carlos, de Schiller a Verdi. En el mundo neerlandés, germánico o anglosajón, los arquetipos del conquistador español codicioso, los sanguinarios tercios o los malvados inquisidores son una constante en diversas ficciones, especialmente en momentos de conflicto abierto: en ese sentido, la modernidad mediática se abre con la campaña antiespañola durante la guerra de Cuba en los periódicos y en la primera película de este tipo realizada en Hollywood, *Desgarrando la bandera española* (1897).

36. Antonio de Solís, *Historia de la conquista de México: población y progreso de América del Norte, conocida con el nombre de Nueva España*, 1783.

En suma, a partir de todo ese conglomerado se conforma un cierto mito negativo en torno a la excepcionalidad de España, el carácter sombrío de sus autoridades políticas y eclesiásticas, y una especie de losa de oscurantismo y atraso secular que pesa sobre nuestro país y que le impide ser una de las potencias culturales europeas. Dejando aparte todos los problemas sociopolíticos y económicos que encuentran sus raíces ya en el siglo XVII, lo más relevante de esta especie de *leitmotiv* de nuestra mitología nacional es la manera en la que va a marcar toda la historia contemporánea de la Península. El tópico del retraso de la cultura y el desarrollo de España hunde sus raíces precisamente en la época de esta supuesta leyenda, que carga las tintas de diversas maneras —algunas lindantes con el racismo— contra la proverbial indolencia, crueldad y vicio de los españoles. También los propios españoles recibieron pronto los ecos de estas percepciones y las reflejaron en su estado de ánimo —recuérdese el «Miré los muros de la patria mía» de Quevedo—, de modo que paulatinamente se fue aceptando esta visión sobre su propia excepcionalidad incorregible, sus lacras endémicas y su inevitable declive y conflicto interno permanente.

Más allá de la leyenda, hay que considerar que España no es una excepción y que todos los países europeos —y más los que se han lanzado a aventuras tan importantes de conquista— han experimentado una fuerte propaganda en contra. Se han cargado las tintas sobre los aspectos negativos de la presencia española en América, pero ciertamente se debería equilibrar la balanza. Por ejemplo, bastante menos se habla en el panorama internacional de la obra cultural tras la empresa de la América hispana; un siglo antes de que se fundara en Harvard la primera universidad anglosajona en América ya había universidades en México, Sudamérica y Filipinas, en las que se enseñaba la literatura clásica y las ciencias aristotélicas, para que las nuevas élites mestizas, herederas directas de las antiguas élites aborígenes, se educaran en retórica o latín. Esto no supuso una exclusión sino, muy al contrario, una nueva integración. Igualmente, no es tan difundido en el mundo anglosajón que el siglo XVI español vio llegar al primer catedrático de universidad negro —mucho antes de que acabara la segregación en Estados Unidos— con Juan Latino, hijo de esclavos, que alcanzó un puesto de enseñanza de latín en Sevilla; por no hablar de la primera mujer, la Latina, Beatriz Galindo, una de las primeras mujeres que asumió labores de educación superior a las damas de la élite. O el caso emblemático del Inca Garcilaso, educado en las lenguas clásicas y cuya espléndida historiografía en los *Comentarios reales* o en *La Florida del Inca* está basada muy de cerca en la retórica latina clásica. Su caso, como el de otros mestizos de éxito en Europa, lo estudia con sagacidad Mira Caballos en *El descubrimiento de Europa* (2023). El hecho de que un mestizo o un mulato pudieran desempeñarse bien en el sistema educativo del Humanismo clásico daba fe de un éxito integrador que, muy lejos de la colonización anglosajona en Norteamérica, podía permitir a algunos privilegiados alcanzar la cima del escalafón humanístico, y a otros, también, del eclesiástico. La carrera militar y la política, por supuesto, eran otro cantar. Pero un nuevo mundo estaba empezando a forjarse.

Otra es la cuestión del supuesto retraso cultural hispánico asociado a esta «leyenda negra», y si es susceptible de verse en otras naciones comparables por su trayectoria y peso cultural. Y la manera en que estos tópicos han sido asumidos, críticamente y en el contexto del regeneracionismo, por parte de la intelectualidad española, dando interesantes frutos en el pensamiento y la literatura. Pero esto es materia para otras reflexiones.

Mujeres guerreras: de las serranas a las patriotas

La Serrana de la Vera,
ojigarza, rubia y blanca,
que un roble a brazos arranca,
tan hermosa como ñera,
viniendo de Talavera
me salteó en la montaña,
junto al pie de la cabaña.

Así recuerda Lope de Vega la fuerza de la mítica serrana de la tradición hispánica en su obra de teatro *La serrana de la Vera*. En la figura de la serrana está recogido el viejo arquetipo de la mujer belicosa que supera a los hombres en el combate y que existe en diversas culturas y latitudes. Numerosas son las mujeres guerreras desde Atalanta y las amazonas griegas a las guerreras orientales que, como Mulan, plantan cara al adversario. Muchas veces travestidas como soldados y otras como avatares de tremendas diosas en el mundo indoeuropeo u oriental. El mito y la historia a veces se tocan de cerca, pues también ha habido personajes históricos de esta índole, como se atestigua desde las princesas guerreras escitas y de los kurganes, hasta las aviadoras de la URSS, que, en conflictos reales, han marcado la historia con su acción bélica y, a la par, con su valor simbólico.

Entre heroísmo simbólico y resistencia real y sobrehumana al enemigo, el caso de las mujeres guerreras de la historia de España es uno de esos ejemplos de historia mítica. La serie de guerreras se remonta a las serranas, esas mujeres salvajes de los montes del norte o centro de la Península, a modo de bandoleras, en un mito literario que está pre-

sente ya en el Arcipreste de Hita, quien las presenta como
portentos espantosos:

> Sus mienbros e su talla non son para callar,
> ca bien creed que era grand yegua cavallar;
> quien con ella luchase non se podria bien fallar:
> si ella non quisiese, non la podria aballar.
> En [e]l Apocalipsi Sant Johan Evangelista
> non vido tal figura nin de tan mala vista;
> a grand hato daria lucha e grand conquista:
> non sé de quál dïablo es tal fantasma quista.

Posteriormente, la poesía popular y el romancero huma-
nizan y dulcifican un tanto a estas fieras criaturas y aparecen matices de lucha de bandoleros contra el poder del rey
(«Allá en Garganta la Olla / en las sierras de la Vera, / donde el rey no manda nada / y la justicia no llega») y, poco
a poco, también sentimientos amorosos. La figura de la serrana se populariza en el siglo XVII con obras como las de
Lope o Vélez de Guevara, y la sucesión de obras es imparable: además de la serrana de Lope, anterior a 1603, y de
su obra *Las dos bandoleras* (1615), contamos con *La montañesa,* de Bartolomé de Enciso (1618), *La serrana de Plasen-
cia* de José de Valdivieso (1619) y un largo etcétera. Estas
serranas aparecen a veces como criaturas híbridas, lo que
acentúa su dimensión mitológica, o como hechizadas debido a una maldición. Caro Baroja estudió si tenían una
raíz histórica convertida en mito o fueron un mito histori-
ficado indagando en el origen de estas mujeres guerreras
a partir de la mitología prerromana de las montañas del
norte de España. En general, es un mito algo ambiguo, a

medio camino entre el folclor y el eco literario, como acertadamente trató en *Ritos y mitos equívocos* (1974). Para Caro Baroja, puede reflejar un antiguo arquetipo de numen femenino de la naturaleza, en la línea de la «Mari» o «Dama» del País Vasco, paralela a la «señora de las bestias» del mito de Ártemis-Diana.

Pero para la mujer en armas en la mitología de la España moderna hay que partir siempre de las heroínas de la Guerra de Independencia de 1808, que serán ejemplo también en conflictos posteriores. Se actualizó entonces el tema de la mujer guerrera e indómita, enraizado en la cultura hispana, cuando recias heroínas populares aparecen como símbolo de resistencia contra los franceses en la prensa, los manifiestos y las proclamas; el arquetipo de la mujer en armas, superior al hombre. La sublevación de todo el pueblo contra Napoleón quedaba bien simbolizada por las hazañas femeninas para uso de la propaganda y estímulo movilizador. Decía el *Diario de Alicante* en 1810:

> ¡Bendita seas, heroína española! ¿Es posible que haya monstruos que consagren su ferocidad en ensangrentarse contigo? ¿Y es posible que haya varones cobardes en España, a presencia del valor portentoso de sus Matronas? No te fatigues, Napoleón, en conquistar una Nación donde nacen las verdaderas Amazonas.

La mitificación de las mujeres que participaron en los levantamientos populares de Madrid y en los asedios de Zaragoza o Gerona, sumada a toda la mitología anterior, griega o bíblica, de amazonas o Judiths, se convirtió en un acicate para la movilización de todo el pueblo y en ejemplo para los varones tibios a la hora de combatir. Piénsese en los ejemplos de Manuela Malasaña o Clara del Rey, en la pugna popular desatada en Madrid, desde los barrios populares al Parque de Artillería. O en los casos célebres de Agustina de Aragón, Casta Álvarez, «la Pardala», María Sandoval, y un largo etcétera que recorre toda la geografía de la Guerra de la Independencia.

Quizá la heroína por excelencia, mitificada pero sancionada por la historia, sea Agustina de Aragón. Se dice que, cuando llevaba la comida a su marido, y viendo peligrar una puerta de Zaragoza, había detenido heroicamente a cañonazos a los franceses. Por ello, el general Palafox la admitió en el cuerpo de artilleros, llegando a alcanzar el grado de subteniente; participó en la batalla de Vitoria con el general Morillo.

Mito, historia y literatura, la española guerrera entraba de lleno en el Romanticismo europeo pues, más allá de la historia, su figura alcanzó las artes y las letras, con los homenajes pictóricos de Goya y Juan Gálvez, y versos como los de Lord Byron, al que fascinó lo que Wellington decía de ella, y que la compara en el *Childe Harold* con figuras mitológicas:

> La muchacha española [...]
> sobre los muertos aún calientes
> camina con paso de Minerva donde Marte temblaría al pisar [...]
> Apenas se diría que la torre de Zaragoza
> viera su sonrisa en el rostro de la Gorgona.

37. Juan Gálvez y Fernando Brambilla, *Agustina de Aragón*. Estampa publicada en Cádiz por la Real Academia de Bellas Artes en 1812-1813.

Bandoleros míticos

Soy jefe de bandoleros,
y al frente de mi partida
nada mi pecho intimida,
nada me puede arredrar.
Que es gente toda bizarra
y práctica en la carrera;
el peñón de La Gomera
puede si no declarar.
Y el que quiera hacer ensayo
... ¡a caballo!,
trabucazo y a cargar.

El bandolero, al que cantan los populares versos de esta copla, es una de las figuras arquetípicas de más honda raigambre en el imaginario popular hispánico. Ciertamente los hubo en otras partes de Europa (los Balcanes, la Italia meridional...) y las Américas, por lo general en regiones de tránsito montañosas y aisladas, allí donde tradicionalmente no llegaba el control militar. En nuestro país, históricamente se sitúan sobre todo en los pasos desde Castilla a Andalucía, en la Sierra Morena, y en las regiones del norte y del este, notablemente en los pasos desde Aragón y Valencia a Cataluña. Los episodios de bandolerismo son ampliamente atestiguados, en paralelo con otros momentos históricos paneuropeos —pienso en los *kleftes* griegos, por ejemplo—, en sociedades de frontera y en momentos de conflicto.

En el imaginario popular, además, representan el mito romántico de la resistencia difusa a la autoridad —recordamos ya en el *Quijote* la figura del célebre Roque Guinart— y existió incluso un tipo de literatura popular sobre el asunto, comedias de bandoleros, romances, baladas y canciones. Los llamados «romances de guapos» y los pliegos de cordel eran especialmente queridos entre el pueblo, que tomaba a los bandoleros como héroes populares contra la injusticia social y los abusos de los poderosos. Son ejemplos de la comedia de bandidos autores clásicos como Lope de Vega, Vélez de Guevara con *El niño diablo*, Mira de Amescua o Cubillo de Aragón, con *El bandolero de Flandes*. La temática se amplía a lo largo del siglo XVIII con obras como las de Gabriel Suárez *El asombro de Jerez y terror de Andalucía* y *El bandido más honrado y que tuvo mejor fin* entre otras muchas.

El bandolerismo típico de la mitología española se relaciona también con algunos lances de la historia política, en momentos de conflicto bélico, civil o dinástico. En la Edad Moderna hay que relacionarlos especialmente con la crisis de 1640, en Andalucía y Cataluña, y el periodo que comprende desde la Guerra de Sucesión hasta las guerras carlistas, pasando por la de la Independencia. No en vano, el surgimiento de las tropas policiales de tipo rural se relaciona precisamente, entre otras causas, con los intentos de controlar el territorio en regiones especialmente difíciles: los mozos de Pedro Veciana, las Escuadras de Cataluña, por encargo de Felipe V, o la Guardia Civil, con el duque de Ahumada, bajo Isabel II. La lucha contra los bandoleros, que fue muy intensa tras la Guerra de la Independencia, tuvo momentos estelares que fueron recogidos por la literatura desde sus comienzos con la citada comedia de bandoleros.

En efecto, el XIX fue sin duda el siglo de los bandidos: la organización de milicias autogestionadas de guerrilleros a partir de 1808 dejó muchos grupos armados que luego prosiguieron su actividad. A esto se unió la formación de bandas paramilitares que apoyaban al carlismo en décadas posteriores. Además del trasfondo armado de la llamada guerrilla, que trataremos en páginas posteriores, hay que aducir siempre en este fenómeno el trasfondo social, al que se debe gran parte del apoyo y fascinación popular que llegó a cosechar. Mítica es la nómina de bandoleros célebres, con filiaciones —y sobrenombres, pues todos tenían su mal nombre de guerra—, como Luis Candelas, «el Lero», José María Hinojosa Cobacho, «el Tempranillo»; los Siete Niños de Écija, Perot lo Lladre, Joan de Serrallonga, José Ulloa, «el Tragabuches»; Joaquín Camargo, «el Vivillo»; Andrés López, «el Barquero de Cantillana»; Luis Muñoz García, «el Bizco de El Borge» o, uno de los últimos grandes, Francisco Ríos González,

38. Valeriano Domínguez Bécquer, *Bandoleros*. Museo Bellver, Sevilla.

«el Pernales», abatido por la Guardia Civil en 1907. Su presencia en la ficción ha sido constante, desde las recreaciones de autores extranjeros, como Potocki, Mérimée, Davillier o Irving, hasta llegar a las modernas series de televisión como *Curro Jiménez* (TVE) o *Serrallonga* (TV3). Muchas veces la ficción —como el pueblo— perdonó sus atrocidades a este héroe paradójico que fue el bandolero y que acaso representaba un ideal de libertad, autosuficiencia y anarquía en un tiempo y un contexto muy arduos.

De todos soy respetado
cual si fuese un soberano,
nadie se atreve en el llano
mi capricho a contrariar.
Que vengan guardias civiles,
que vengan carabineros,
mis trabucos naranjeros
los harán escarmentar,
y no querrán más ensayo
... ¡a caballo!
trabucazo y a cargar. (Luis Maraver, 1845).

Carmen o la mujer pasional

Uno de los mitos literarios más comúnmente asociados con España es el de Carmen, la cigarrera sevillana sometida a sus pasiones, pero reina y libre gracias a ellas. Es una mujer fascinante y fatal, en un viejo arquetipo que se remonta a la Antigüedad. Pensemos en las sirenas, siempre seductoras y peligrosas, en Fedra o en Medea, heroínas de tragedias con final luctuoso. En el caso de Carmen, un triángulo de amor, celos y muerte somete a los varones que la rodean y la devora a ella misma en una vorágine a ritmo de habanera. La gitana seductora, surgida del ambiente que, tras la Guerra de la Independencia, dejó fascinado al pueblo francés, aparecerá como mito moderno y universal en la novela corta de Prosper Mérimée, fechada en 1845, y se populariza sobremanera con la ópera homónima de Bizet, datada 30 años más tarde. Pero Mérimée no engendró de la nada a su espléndida criatura: Carmen estaba basada en un relato, entre lo popular y la crónica de sucesos, que María Manuela Kirkpatrick —la condesa de Montijo— y parte de la camarilla de la reina Isabel II, le había contado al escritor francés durante su visita a España en 1830. Y es que el propio Mérimée reconoce en una carta que había reelaborado el asunto —casi lo había mitificado— a partir del relato sobre aquel «valentón de Málaga que había matado a su querida». Luego el escritor acreció la leyenda convirtiendo a Carmen en una gitana y creó una figura artificiosa y arquetípica, inspirada por libros como el de Pushkin —al que había traducido— y el de George Borrow sobre los gitanos.

El arquetipo hispánico de Carmen es el de la mujer mítica que, merced a su poderío sexual, independencia económica —el trabajo en la fábrica de cigarros de Sevilla, en Bizet— y su anarquía vital, transgredía todas las convenciones sociales y desafiaba con sus ojos negro azabache y sus pasos de baile a la rígida Europa del XIX. Y es que España era el lugar adecuado para situar este mito literario, de pluma y compás centroeuropeo: nuestro país era el otro cercano, el Oriente en Occidente, desde Potocki y su *Manuscrito hallado en Zaragoza*, a las *Noches de la Alhambra* de Irving o los

39. Prudent-Louis Leray. Cartel para el estreno de la ópera de Georges Bizet *Carmen*. Choudens Père et Fils Imp. Lemercier et Cie, 1875.

viajes evocadores de ingleses como el citado Borrow. Gitanos, cuentos fantásticos, moriscos, inquisidores, bailadores,

bandoleros de Sierra Morena y escenarios posrománticos.
No es raro que todo esto haya sido perfilado por anglosajo-
nes y franceses fascinados por las aventuras hispánicas. Pero
la novela original, además, tenía aire de tragedia griega —no
en vano citaba a Fedra y Medea antes—, pues Mérimée le
pone una cita tremenda, para empezar, de un crudelísimo
verso misógino del poeta griego Páladas (siglo IV):

Toda mujer es hiel. Pero tiene dos buenas horas,
una en el lecho, la otra en la muerte.

Misoginia mítica, sexo y muerte, lo que se dirían indispen-
sables elementos de la tragedia universal. A eso se le suma el
ansia de libertad en el caso de la versión de esta gitana que
pronto pasa a la escena de la ópera, al teatro y al cine. Ya en
1915 hay una versión fílmica de Cecil B. DeMille, seguida al
poco tiempo por la de Ernst Lubitsch, dos clásicos a los que
siguieron varias versiones; en el cine la versionaron entre
otros Charles Chaplin, Raoul Walsh, Charles Vidor, Carlos
Saura y Vicente Aranda. Lo señalan Steiner en su prólogo a
los cuentos de Mérimée y Carlos García Gual en su *Diccionario de mitos*: Carmen es un mito moderno con todo derecho.

En todo caso, tanto en la novela de Mérimée como en la
ópera de Bizet, el drama pasional triangula su ciclo de celos
y amores en torno a Carmen. El triángulo trágico es con
don José, bandido por amor, y el torero. Pero ¿qué hace-
mos con Carmen hoy? La trágica historia de la cigarrera libre, la amante gitana indomable e independiente cobra nuevos matices actuales, entre la última oleada feminista y la
desgracia de la violencia contra las mujeres en nuestro mundo
actual, desde el feminicidio mexicano a la violencia conta-

giosa por celos y malquerer en la crónica cotidiana de tragedia social en los telediarios. No se puede evitar pensar en
ello: pero Carmen, la leyenda, va mucho más allá de cualquier signo de cualquier tiempo, de cualquier actualización
social o política. En los tratadistas de mito y folclor, aparece Carmen como pura cultura patrimonial, ligada a España
como una pasión indómita. Es la «España mítica» hecha
mujer, por la ficción y el pueblo. Por eso es ya un mito, en
parte gracias a sus muchas recreaciones, desde la habanera
de Bizet (*L'amour est un oiseau rebelle / Que nul ne peut appri-
voiser / Et c'est bien en vain qu'on l'appelle / S'il lui convient
de refuser...*) y la marcha del triunfo del torero, de la voz de
la Callas al cine de Saura.

Guerrillas, pronunciamientos y otros vocablos
de la leyenda hispánica

Es un tópico ya hablar de nuestro siglo XIX como una época atormentada en la que España pierde el tren de la modernidad por culpa de varios conflictos que comienzan con
su invasión por las tropas de Napoleón, y continúan por las
devastadoras guerras carlistas, hasta desembocar en el desastre del 98. Es cierto que se trata de una época convulsa,
pero también lo fue en toda Europa, entre revoluciones e
involuciones, guerras nacionalistas e imperialistas, todo ello
en el marco de la industrialización, con la pérdida de peso de
la religión y el cambio de paradigma cultural. Para dar cuenta
de su complejidad se acuñó la expresión historiográfica «el
largo siglo XIX», pues el influjo de estos procesos se extiende desde el final del Antiguo Régimen, con la Revolución fran-

cesa, hasta el fin del mito del progreso, en la Primera Guerra Mundial.

Para la mitología hispánica, empero, es un siglo crucial. A modo de prueba, o ejercicio práctico, para constatarlo, podemos reparar en las palabras que constituyen los préstamos léxicos del español en las otras lenguas más notables del mundo. Así se ve cómo es recordado nuestro momento histórico a través de las voces que llegan al inglés, al alemán o al francés. La mayor parte de los hispanismos de otras lenguas, hasta el XIX, se referían a las nuevas mercancías e ideas procedentes de América, cuando no a su prestigio basado en el acervo literario y político del Siglo de Oro. Pero el tormentoso XIX español lega un aluvión de vocablos que tienen que ver con conflictos civiles, guerras, levantamientos y cambios de régimen; entran en el inglés —pero también en lenguas tan lejanas como el griego—, por ejemplo, préstamos como «guerrilla», «bandolier» (de bandolero), «caudillo», «pronunciamiento», «junta», «camarilla»... No hay duda de que esta lista es una señal de las más definitorias de nuestro papel en el siglo XIX.

Pero detengámonos en el primero de estos vocablos, «guerrilla», que ha pasado al vocabulario universal a partir de la Guerra de la Independencia y del tipo de guerra menor a la que responde ese diminutivo, con pequeñas unidades armadas, en lugares estratégicos, para bloquear o asaltar a fuerzas regulares más numerosas. Huelga decir que no se trata de una novedad absoluta: la practicaron los griegos contra Persia o los hispanos contra Roma y la recomendaron Sun Tzu y otros teóricos de la guerra, en general, para enfrentarse a un enemigo numéricamente superior y mejor organizado, aprovechando un conocimiento nativo del terreno con tácticas de golpes rápidos y efectivos —escarmientos o matanzas selectivas dirigidas contra grupos de población o asesinatos y represalias a personalidades relevantes, dirigidas a causar desconcierto y terror— sobre todo en pasos de montaña, desfiladeros y lugares estrechos por donde discurrieran vías de comunicación para cortar suministros. Pero a esta táctica —en realidad, una estrategia militar muy antigua— se le da carta de naturaleza y partida de bautismo en el mundo moderno gracias a los rebeldes españoles contra las tropas napoleónicas. Es sorprendente que el término pasara al inglés de forma casi inmediata en las crónicas militares y de prensa contemporáneas a la invasión napoleónica, pues las tropas de Wellington se hicieron eco pronto de

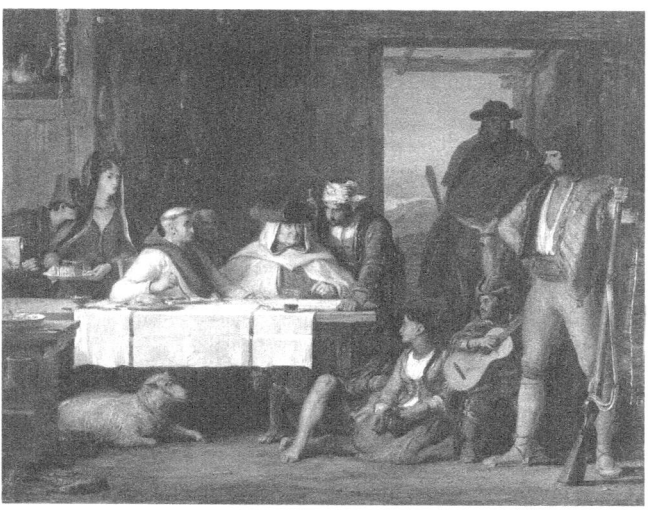

40. David Wilkie, *La posada española, un consejo de guerra de guerrillas,* *c.* 1828. Royal Collection, Londres.

la manera de luchar, sorprendente y efectiva, de algunos «guerrilleros» españoles que se habían echado al monte.

Como siempre, los romances y coplas dan una buena idea de la popularidad de la guerrilla. Al patriotismo inicial que despierta la resistencia popular

Al arma, españoles,
al arma corred,
salvad a la patria
que os ha dado el ser [...]
Viva nuestra España
perezca el francés,
mueran Bonaparte
y el duque de Berg,

se sumará pronto lo específico de la guerra de guerrillas, que pone en jaque al temible invasor:

Aquellos invencibles
allá en Austerlitz
huyen en las orillas
del Guadalquivir.
Allí les temen
y un puñado de hombres
aquí les vencen.

o

Guerrillero valeroso
que combates a la Francia,
cuenta siempre con mi amor
si libertas a mi España,

para acabar en la glorificación de las figuras más célebres:

> Desde que el cura Merino
> se ha metido a general
> los asuntos de la España
> van marchando menos mal.

Las coplas y los romances populares de los guerrilleros del siglo XIX dicen mucho sobre la mitificación de sus personajes, entre bandidos, patriotas y forajidos.

Larga es la sombra posterior de la guerrilla, que comienza en estas guerras napoleónicas, en toda la historia de España e Hispanoamérica. Destacaron famosos cabecillas, como el cura Merino o «el Empecinado», dos caras del fenómeno atendiendo a su posteridad. Ambos fueron héroes populares ensalzados por sus hazañas contra Napoleón, pero acabaron sus días, uno, en el exilio, y el otro ejecutado por los absolutistas, pese a tomar partido por bandos opuestos en las luchas fratricidas que luego asolarían nuestro siglo XIX.

El sacerdote Jerónimo Merino, que destacó en su provincia de Burgos gracias a golpes resonantes como el de Roa, terminó la guerra ya con grado de general de la milicia, volviendo a su parroquia. Pero ahí no acabarían sus días, pues luego apoyó el absolutismo de Fernando VII y más tarde al pretendiente don Carlos; acabaría exiliado en Francia al oponerse al «abrazo de Vergara».

En cuanto a Juan Martín Díez, de Castrillo del Duero (Valladolid), llamado «el Empecinado», que con su partida de guerrilleros desbarató la logística francesa en el centro de Castilla, también terminó en 1814 siendo nombrado mariscal de campo y con pleno prestigio, pero, de forma opuesta al cura Merino, apoyó a los liberales y, tras el pronunciamiento de Riego, acabó ejecutado por los partidarios de Fernando VII. Se forjaba otro mito político de largo recorrido: el de las dos Españas.

Las otras Españas: nacionalismos y mitologías

> Hijos de los nobles celtas,
> fuertes y peregrinos,
> luchad por los destinos
> del Solar de Breogán.

Así culmina, con una referencia al mítico rey celta Breogán, el poema «Os pinos» de Eduardo Pondal que con el tiempo habría de ser adoptado como himno de Galicia. En él se pondera la relación ancestral con la mitología celta a través de una historia que se encuentra en el ciclo del ya citado caudillo Breogán, cuyo mito procede en último término del *Libro de las invasiones de Irlanda* (siglo XI). Este recoge una historia mitológica acuñada en el Medievo con la cristianización de un antiguo ciclo celta sobre las edades sucesivas de Irlanda, cuyos pobladores actuales vendrían, en último término, de la vieja España.

Siempre hubo lugar para estas mistificaciones pseudohistóricas en las mitologías nacionales españolas: desde la Edad Media a los falsarios de la Edad Moderna, Annio de Viterbo y compañía. Puede que el Barroco fuera la edad de oro de los falsificadores de documentos y de genealogías mítico-nobiliarias: la historia de la tradición clásica, literaria e histórica, bien puede leerse como una lucha titánica entre falsarios y críticos, como quiere Anthony Grafton. Los filólogos e historiadores han luchado por desenmascarar todos los fraudes, desde Lorenzo Valla con la *Donación de Constantino* a los erasmistas con el *Marco Aurelio* de Guevara: en el caso de la historia mítica hispana hizo lo propio Luis Tribaldos de Toledo con los Plomos del Sacromonte, supuestos testimonios de una antigua forma de cristianismo hispano-árabe. Pero en la historia mítica son bienvenidas estas intersecciones entre mito, historia y literatura.

Como estudian Álvarez Junco y De la Fuente Monge, el auge del movimiento foral está relacionado con ciertos mitos colectivistas en torno a las «libertades originarias», un pasado edénico de la comunidad primordial del acuerdo y el respeto a las antiguas tradiciones, bien simbolizado por el roble de Guernica y las primitivas asambleas de Vizcaya. Pero la nostalgia venía de antiguo, desde los cronistas de Aragón a partir del siglo XVI y de las reivindicaciones de las antigüedades vascas y cántabras, previas a los romanos, en esa misma centuria. Se buscan desde finales de ese siglo y a lo largo del siguiente, con el culmen en la revuelta catalana de 1640, justificaciones de la diferencia: en general, las crónicas catalanas remontan su etnogénesis mítica al tubalismo reinventado por Annio de Viterbo, pero divergen en cierto momento de la leyenda común. Los catalanes, desde Joan Margarit, se hacen provenir de los germanos —godos y alanos, de donde procede «Gotoalandia» como topónimo previo de «Cataluña»— o de los carolingios, como querrá Pere Beuter. Otro pueblo germánico precursor es el llamado de los «catos» (de ahí los «catalanes»), procedente de los Campos Cataláunicos, comandado por un caudillo de nombre Otger Cataló, casi un héroe epónimo que permite remontarnos a la Antigüedad tardía, en un tratado dialogado de Francesc Comte sobre los condados catalanes (1586).

La Ilustración abunda en la idea del paraíso perdido que fue España, también desde el punto de vista castellano, con la idea de la edad de oro medieval, las tres culturas y las riquezas de Castilla, que se pierden a partir de la derrota de los comuneros: el común denominador de todos estos mitos de la pérdida es la influencia nefasta del elemento foráneo, ya sea un invasor o una dinastía extranjera, como la de los Habsburgo, como se ve en el pensamiento de Cadalso o Quintana.

En el marco del Romanticismo nacionalista que cundió por toda Europa en el siglo XIX se buscaron mistificaciones diversas para la génesis de los pueblos del viejo continente. Se buceó en las fuentes antiguas y medievales en pos de motivos literarios y mitológicos desde Hungría o Finlandia a Escocia o Irlanda, con ejemplos bien conocidos, como los del bardo Osián o el *Kalevala* finlandés: la historia mítica muchas veces se literaturizaba y lindaba claramente con la ficción. Las antiguas leyendas, cristianizadas por los autores medievales o modernos, servían para poner cimientos fantásticos a reinos, naciones, pueblos y principados que tenían que ver con un viejo sustrato cultural o lingüístico —minoritario o a veces incluso no indoeuropeo— y con un profundo sentimiento religioso.

Todo este movimiento penetró con fuerza en el siglo XIX español: en un primer momento coincide con el surgimiento de corrientes que reivindicaban los antiguos fueros y libertades desde el liberalismo. Luego también inspiran el bando opuesto, el del carlismo y el tradicionalismo. Finalmente, servirán para fundamentar «las otras Españas», en el caso de los nacionalismos periféricos, catalán, vasco y gallego, en los movimientos que, como la *Renaixença* catalana, el *Rexurdimento* gallego o el Renacimiento vasco (*Euskal Pizkundea*), buscaban sustentar en figuras mitológicas una etnogénesis legendaria diferenciada.

En el caso gallego, con el que empezábamos a este epígrafe, destaca la figura del historiador Manuel Murguía, esposo de la gran Rosalía de Castro, que compuso una heterogénea e insólita obra histórica (como la *Historia de Galicia*, de 1865) impregnada de las teorías raciales —y muchas veces racistas— de la época: resultaba que los gallegos eran una raza producto de los celtas y suevos que no se había mezclado con el elemento meridional castellano, al cual se identificaba con el mundo semítico de las invasiones árabes. Si la historia coincidente con los castellanos utilizaba tradicionalmente a Annio de Viterbo, una suerte de tronco común de la raíz falsaria, los vascos preferían las antigüedades bíblicas y los catalanes rescataban las teorías fabulosas sobre alanos, catos o carolingios, el nacionalismo gallego utilizará el recurso a los suevos para buscar la diferencia (aparte del mito celtista, ya mencionado).

La idea común a muchas de estas obras de trasfondo histórico-mítico era que la dominación foránea —castellana en este caso— había envilecido el solar primordial y la cultura prístina de una época pasada, que había que recuperar. Si esto se ve en otros nacionalismos europeos —con obras brillantes en la literatura y la música, desde Burns en Escocia a Smetana o Sibelius en la Europa central y septentrional—, en las Españas también dejó una gran huella mitopoética y creativa. Pero traslucía a menudo la mistificación, como, por ejemplo, en Cataluña. Muy otros —y más recientes— son los casos del nacionalismo andaluz de Blas Infante, el aragonés de Braulio Foz o el valenciano de Vicente Boix, aunque se basan en parámetros similares.

En todo caso, Cataluña será emblemática en esta mistificación romántica de la Edad Media en el contexto europeo: no está solamente en la historiografía, sino que inunda también la literatura, las artes plásticas y la música. Un ejemplo de cómo se mira a la Edad Media como fuente de mitos nacionales es la obra de Víctor Balaguer: en ella se encuentra otro símbolo perdurable que procede de la expansión imperialista de la Corona de Aragón por el Mediterráneo medieval. Tal es el caso del guerrero almogávar, conquistador de Oriente, y de la figura de Roger de Flor. El mundo almogávar se configura como parte esencial de una mitología guerrera en su «Cant de l'almogàvar» (1858) del libro de Balaguer

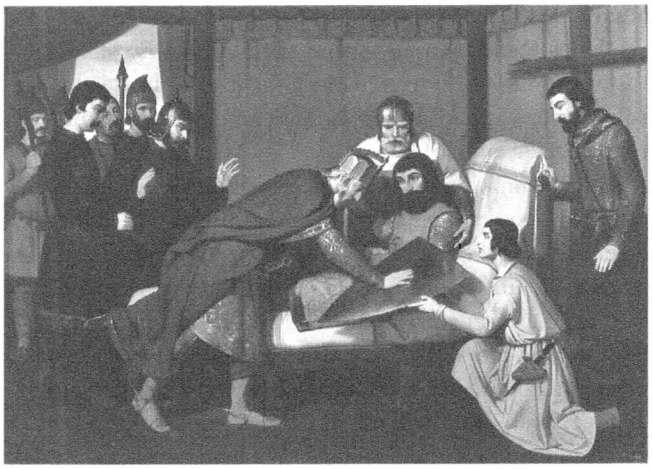

41. Claudio Lorenzale, *Origen del escudo del condado de Barcelona, c.* 1843. Reial Acadèmia Catalana de Belles Arts de Sant Jordi.

Amor a la patria. Poemas, teatro e historiografía evocan también las gestas de Jaime I, y la *Renaixença* catalana busca en las crónicas medievales. Esta vez no se remonta al sustrato celta, sino al carolingio: el dramaturgo Serafí Pitarra o el pintor Claudio Lorenzale popularizan el mito del origen del escudo cuatribarrado, pintado por el emperador carolingio Carlos el Calvo con la sangre de la herida de Wifredo el Velloso, exaltado como padre de la patria. Esta leyenda, ya de época moderna, como mostró Martín de Riquer, es recuperada junto con otros episodios apócrifos o magnificados para sustentar una mitología netamente diferenciada de la hispánica.

Muy conocido es también el caso vasco, tan bien estudiado por Jon Juaristi, con la emblemática y siempre polémica obra de Sabino Arana, también heredero de las teorías raciales (o racistas) del siglo XIX. Pero su pensamiento tiene antiguas raíces en una mitología vasca que evoca un solar primordial y preindoeuropeo, una suerte de viejo matriarcado piadoso de la Europa original, antes de ser malbaratado por indoeuropeos o semitas. Hay una serie de apologías de la cultura y lengua de cántabros y vascos que se remonta al siglo XVI y alcanza sus más altas cotas de fantasía a finales del siglo XVIII, como se ve en la obra de Larramendi (*De la antigüedad y universalidad del bascuence en España*, 1728). Estas tesis sobre el carácter primordial de la lengua vasca —lengua casi prebabélica, siguiendo el mito bíblico— serán alentadas más tarde por el vascoiberismo humboldtiano, es decir, la ecuación de que la lengua vasca es una reliquia del ibero y, por tanto, era la lengua de los primitivos pobladores de España antes de los romanos: luego, por supuesto, se relaciona con Túbal como primer soberano, lo que hace provenir a los vascos de la estirpe de Adán y Noé directamente. Estas ideas desembocan en la obra del inefable Juan Bautista Erro, *Alfabeto de la lengua primitiva de España* (1805). En ella, y en otras sucesivas (*El mundo primitivo*, 1815), se ve la contaminación de las supuestas antigüedades vascas con la mitología del «tubalismo», ya mencionado, que intenta emparentar el euskera con los patriarcas bíblicos, como antes, desde el siglo XV, se justificaban las antigüedades de la monarquía hispánica. Más tarde se engendrarán notables ficciones a la zaga, como la popular novela *Amaya o Los vascos en el siglo VIII* (1877), de Navarro Villoslada. En recreaciones literarias posteriores como *La leyenda de Jaun de Alzate* de Baroja (1922) se evoca esta tradición, con ideas idílicas de un País Vasco precristiano, druídico y primigenio, en un imaginario que ha sido fundamental para el nacionalismo moderno.

En suma, las mitologías de estos nacionalismos se pueden comparar con otras visiones literarias, fantásticas y mitológicas de diversos pueblos europeos, como en el caso de Finlandia, Hungría o Irlanda, que también van a sustentar sus nacionalismos y procesos emancipadores en mitos de hondo calado y en mistificaciones históricas.

El mito de las dos Españas y la guerra fratricida

Es fama que el alma española sufre una escisión cruel, violenta e irreversible, una herida dolorosa que provoca una incesante querella. Es la historia mítica de la lucha fratricida desde los orígenes del viejo solar patrio y que, como si fuera la culpa de sangre de una tragedia griega o la maldición recaída sobre un patriarca bíblico, estamos condenados a perpetuar por lo que nos quede de tiempo. Así puede resumirse el bien conocido esquema mítico, que tendrá una enorme trascendencia, y que se relaciona con la historia de España como una suerte de fuerza motriz o un mecanismo casi oracular o fatal que mueve los destinos históricos del país desde la noche de los tiempos hasta hoy. Es, en resumidas cuentas, el llamado «mito de las dos Españas», que han evocado diversos autores, escritores o pintores desde antiguo —cómo olvidar el *Duelo a garrotazos* de Goya—, pero, con especial énfasis, desde nuestro largo y tormentoso siglo XIX hasta las primeras décadas de este XXI.

Uno piensa casi de inmediato en autores que glosaron las inevitables dos Españas en su obra, como Mariano José de Larra, Benito Pérez Galdós o Antonio Machado. Hacía este mito del país una suma de dos almas, una conservadora y otra revolucionaria, y remitía inmediatamente a una suerte de arquetipo de pugna eterna para cuya veloz comprensión solo tenemos que recordar aquella terrible recreación de «la lucha a garrotazos» de nuevo: así obtenemos una imagen mítica que todos reconocemos de forma casi inconsciente.

Se diría que este *leitmotiv* sigue ejerciendo una notable fascinación entre nosotros, como un encono pasional por la «búsqueda de la diferencia» en la historia de España. Casi una pugna arquetípica, maniquea y quintaesencial entre «los hunos y los hotros» —Unamuno *dixit*—, en la que parece difícil liberarse de los bandos, como quisieron algunas voces más luminosas o heterodoxas, desde Blanco White a esta parte. Afrancesados y patriotas, liberales y absolutistas, isabelinos o carlistas y las mil diversas escisiones, facciones y sectas. Se ejemplifica bien en el hecho de que algunos de los héroes de la guerrilla o del bandolerismo de la época de la

42. Francisco de Goya, *Duelo a garrotazos* o *La riña*, c. 1820. Museo del Prado.

Guerra de la Independencia, venerados por todo el pueblo sin división, fueran luego patrimonializados, manipulados, reivindicados e incluso ejecutados por uno de los dos bandos. Y de ahí a lo moderno el debate es incesante en el «ruedo ibérico» valleinclanesco, entre las izquierdas y las derechas, los nacionalismos y los centralismos, y un largo etcétera de ismos cuya forma se ha empeñado en adoptar cíclicamente este arquetipo mítico.

Recuerdo en mi niñez que en la estantería del salón de mi abuelo había una enorme colección de color quizá ocre en principio, pero con el tiempo devenida casi rojiza, algo ominosa y amenazadora, que presidía la biblioteca como una admonición del pasado. A ella a menudo se refería mi abuelo como una explicación de la política del día a día: era una suerte de enciclopedia histórica en 14 tomos titulada *Las luchas fratricidas en España*, a cargo de Alfonso Danvila y publicada en Madrid por Espasa-Calpe entre 1941-1950. Danvila, un diplomático e historiador de personalidad compleja y vida fascinante, recorrió algunas importantes embajadas de España en América y Europa y, alejado en 1936 de su cargo de embajador en Argentina por su supuesto conservadurismo en vísperas del 18 de julio, fue a morir acaso en París al final de la Segunda Guerra Mundial, pero muy poco se sabe de sus últimos años de vida. El primer tomo de Danvila, *El Testamento de Carlos II*, presuponía su interpretación de un comienzo de la guerra civil incesante en aquel conflicto sucesorio, aunque permitía ya intuir una causa profunda y anterior. Se podría haber extendido el proyecto, pienso, mucho más atrás y, desde luego, si la peripecia vital de Danvila le hubiera dado pie para ello, hasta su propia experiencia. En suma, todo se dirime en esa especie de lucha esencial que está larvada y latente en la naturaleza de España, lista para eclosionar y destruirlo todo de forma inmisericorde e inevitable.

Ese es el esquema mítico y todavía lo evocamos continuamente en la política, en la creatividad, en la vida cotidiana: ¿podremos superarlo? No parece sencillo. Cómo no terminar, pues, con el texto más famoso sobre el tema, los versos de Machado:

Ya hay un español que quiere
vivir y a vivir empieza,
entre una España que muere
y otra España que bosteza.

Españolito que vienes
al mundo te guarde Dios.
Una de las dos Españas
ha de helarte el corazón.

7. Para una zoología mítica de España

A modo de apéndice al recorrido diacrónico que se ha propuesto en las páginas anteriores, para este último epígrafe, como para el primero, he elegido presentar una visión más bien temática y ante todo abierta a un mayor desarrollo comparativo en el contexto de esta pequeña historia mítica. Si al comienzo se pretendía dar un marco geográfico de los mitos hispánicos centrado en los elementos del paisaje como introducción para terminar propongo abrir la vía de la mitología y la simbología ligadas a la historia de España con una serie de animales que han acompañado a las figuras y discursos míticos desde la edad antigua hasta nuestros días. Este capítulo final, pues, simplemente quiere esbozar la posibilidad de una zoología fantástica hispana, a título comparativo y como final abierto a otras indagaciones.

Entre los animales más íntimamente relacionados con los mitos y arquetipos hispánicos, hay que citar al toro, al caballo o a la serpiente, con sus diversas derivaciones, simbólicas, iconográficas y mitológicas en general: pero huelga decir que estas son figuras muy presentes en otras mitologías y latitudes, totalmente intercambiables. En esto, como en tantos otros aspectos, la mitología en torno al mundo hispánico no es diferente o excepcional, sino que sigue pautas muy bien establecidas y que saltan a la vista enseguida a partir de la comparación de las narrativas míticas y folclóricas, como proponemos en estas páginas.

Como es bien sabido, el potencial poético, simbólico y hermenéutico de los animales, nuestros inseparables compañeros en el planeta, es enorme. Desde la domesticación a la rivalidad, el mito y el cuento maravilloso recogen una enorme variedad y ambivalencia de sensaciones ante el auxiliar animal o ante los peligros del monstruo o del híbrido al que hay que vencer. El uso simbólico de los animales, desde la mitología comparada a los bestiarios de diversas épocas, es inseparable de la narrativa patrimonial, como ha sido frecuentemente estudiado, por ejemplo, por historiadores del Medievo como Michel Pastoureau. Así pues, en lo que sigue, y para terminar, propongo un breve recorrido personal por la historia de algunos animales especialmente simbólicos para el imaginario hispánico, con la constatación de sus patrones regulares en otras mitologías. No se presentará una lista exhaustiva, ya que quedan muchos otros animales relevantes –lobos, zorros, osos, conejos...– que sería imposible tratar por razones de espacio: desde los animales híbridos de la prehistoria y la mitología hasta los símbolos bíblicos como el cordero o los que pueblan los bestiarios del Medievo. Como propuesta de una última vía de trabajo, esta zoología fantástica puede decir en ocasiones tanto o más sobre la historia mítica de un país que algunas de las figuras heroicas que se han examinado anteriormente.

Animales simbólicos y dónde encontrarlos

Hay una serie de elementos simbólicos de la historia mítica de España que funcionan como ideas motrices o metáforas para la antigüedad primordial del «país del fin del mundo» y sus fuerzas telúricas. A veces son analogías con elementos de la naturaleza, animal, vegetal o mineral; otras, comparaciones, símiles y metáforas que mucho tienen que ver con antiguas profesiones o destrezas y que pasan a simbolizar la tierra que habitamos, desde el mundo preindoeuropeo al céltico y de ahí al mundo romano. Entre los grandes animales simbólicos que tienen la primacía desde la antigüedad en Iberia están los símbolos favoritos de todos los tiempos. Podemos traer a colación, para empezar, solo tres de ellos, el ciervo, el caballo y el toro, que deberemos desarrollar en epígrafes sucesivos, por ser el tema prolijo en demasía.

Me gustaría ante todo constatar la antigua obsesión de nuestra especie por los animales simbólicos, que ya se puede apreciar en las paredes rocosas del primer arte rupestre, como la fantástica cueva de Altamira, cuyas pinturas más antiguas podrían tener 30.000 años. Los animales representados son algo más que animales; son un repertorio de fuerzas motrices de la sociedad humana y denotan, como quería el sabio francés Georges Dumézil, una suerte de concepto nietzscheano de lo que él llama ideología. Los animales como númenes inspiran a los miembros de la tribu y permiten individuar sus funciones. Sobre todo, las relativas a la violencia y lo sagrado, parafraseando a otro sabio francés, René Girard: es decir, el derramamiento de sangre en nombre de la tribu —la caza y la guerra, para lo que nos ponemos desde antiguo máscaras— y el contacto con lo divino en su mediación, como el chamán o el sacerdote. Así, los animales nos representan a través del arte rupestre en diversas funciones sociopolíticas o religiosas. Toros primigenios como los de Altamira, caballos como los de El Buxu, Askondo o Armintxe, ciervos rupestres como el pintado en la cueva de Las Chimeneas, en Cantabria, posiblemente del magdaleniense. En fin, nada como sumergirse en esos arcanos con el arte rupestre del norte de España, que aún nos sobrecoge.

Un paso más se da en el caso de los teriántropos, o híbridos entre hombre y animal. Hace 44.000 años los sapiens que habitaban en el Sudeste Asiático pintaron los primeros híbridos, unos hombres-ave que cazaban en los bosques de Indonesia. Hace 30.000 o 15.000 años empiezan a aparecer en Europa, como la estatua del hombre-león de Ulm, el hombre pájaro de Lascaux, los gamos de Teyjat o el «brujo» con astas de ciervo de Trois Frères. La geografía hispánica está repleta también de estas figuras mestizas entre dos mundos, entre lo humano y lo animal, que designan funciones sagradas, guerreras o sacerdotales: algunos de los híbridos más notables de la España paleolítica son el mono de la cueva de Hornos de la Peña o los cabezudos de la cueva de Los Casares. Hay antropomorfos astados e itifálicos también en la singular «capilla» altamirana. Cómo no recordar aquí la inefable Bicha de Balazote, el teriomorfo más famoso del arte ibero.

Por otro lado, no tardará mucho en aparecer la figura femenina que, cumpliendo otras funciones sociales, se muestra en combinación con fantásticas formas animales. Así es la legendaria mujer pez o serpiente, muy abundante luego en las mitologías y cuentos de diversas latitudes, a menudo en un contexto subterráneo o acuático de índole maravillosa.

43. Bicha de Balazote, siglos V-V a. C. Museo Arqueológico Nacional.

Se ve, por ejemplo, en las cuevas de Karoo en Sudáfrica, en cuyas pinturas sobre roca se contempla una serie de sirenas *avant la lettre*. Las funciones sacras femeninas se incorporan a esa figuración simbólica del teriántropo. Por no hablar de la larga pervivencia y extensión de estos temas, no solo geográfica sino histórico-cultural, desde el arte precolombino al bosquimano. En Nuevo México y Utah abundan las mujeres-serpiente y en las pinturas de los indios pueblo la mujer araña aparece como la gran madre primordial. La mujer-animal se muestra como sacerdotisa o madre primigenia en un viejo arquetipo que habla de las uniones sexuales con animales, como la de Pasífae y el toro, que engendran seres portentosos. A veces es un monstruo, como el minotauro en la mitología griega. Pero las bodas sagradas con animales producen otras veces una poderosa dinastía de chamanes o gobernan-

286

tes en un esquema, el del novio-animal o novia-animal, ampliamente atestiguado en los repertorios de motivos del folclor, como el muy conocido de Aarne-Thompson-Uther.

En los cuentos y mitos centroeuropeos, celtas o germánicos, con curiosas ramificaciones en Galicia y la cornisa cantábrica, aparece el motivo de la boda con la novia animal: se ve en cuentos como los de las selkies en las islas del norte, en hadas como Melusina en Francia o sirenas como la de la ría de Arosa. Son características de este esquema narrativo las uniones de mujeres-animal con humanos para procrear una familia que llegará a ser rica, famosa o poderosa, hasta la caída en desgracia de la estirpe por alguna transgresión. El modelo más conocido es el cuento de Melusina, que será versionado en román francés por Coudrette y d'Arras; es un modelo antiguo en el mito y el folclor: normalmente la ruptura de un tabú —a veces contemplar a la mujer animal en su verdadera naturaleza, desprovista de su forma humana, y otras quemar su piel de animal— conlleva el trágico final de la dinastía. También encontramos animales simbólicos en variadas tipologías: niños animales totémicos, medio-hombres, medio-mujeres, con sus funciones sagradas de dar vida, quitarla o ejercer la mediación con el más allá. De entre estos veremos solo algunas pinceladas sobre ciervos, toros, caballos y serpientes-peces que abundan en nuestra geografía y mitología, desde la prehistoria a las leyendas actuales.

Matar al ciervo sagrado en la España antigua

Desde la Antigüedad, los híbridos entre humanos y astados son legión en la iconografía mitológica. Desde el héroe Acteón, un cazador cazado, transformado en ciervo por mirar lo que no se debía ver, a la inocente Ifigenia, sacrificada como una cierva o a veces sustituida por una, las historias de cérvidos nos son familiares: nos recuerdan también a las leyendas de caballeros o santos que se pierden en el bosque detrás de la corza blanca o a los cuentos, como los de los Grimm, en que un humano queda transformado en ciervo mágicamente.

Nuestra relación con estos animales es antiquísima. Matar al ciervo sagrado, para el cazador que traía carne al clan, o convertirse en él, para el mediador con el otro mundo, seguramente eran dos experiencias iniciáticas clave para las comunidades humanas prehistóricas. La pintura rupestre hispana, en Puente Viesgo, Moratalla o el río Vero, muestra continuas representaciones en cuevas. Amor, muerte e iniciación. La gran diosa de los bosques exigía pureza al cazador para derramar sangre para la tribu: así, en la mitología clásica, es la caza hercúlea de la cierva de Cerinea o la protección de la virginal Ártemis-Diana, señora de las bestias. La ruptura del tabú —Acteón mira lo que no se debe ver y acaba transformado en ciervo y devorado por los perros— puede ser muy peligrosa. Pero la metamorfosis también conlleva la puerta a la otra realidad para el visionario: es el caso del dios-hombre ciervo, como el celta Cernunnos, con un trance que ayuda a comprender el lenguaje de la naturaleza salvaje: así se nos antoja el famoso «brujo» de la cueva francesa de Trois Frères, acaso la pintura rupestre de un teriántropo, un antiguo chamán en plena metamorfosis cérvida.

En la mitología hispánica el ciervo es objeto de veneración. Una cierva sagrada amamantó al niño Habis en la leyenda relacionada con el mundo tartésico: fuentes clásicas como Pompeyo Trogo seguramente trazaban paralelos claros con otras leyendas de su propio patrimonio, como la de la loba que amamantó a Rómulo y Remo. Puede que el hombre-ciervo del caldero de Gundestrup (Jutlandia), sentado como señor de las bestias en posición búdica, con una telúrica serpiente en su mano y rodeado de animales, sea ese citado Cernunnos. Se discute la presencia del teriántropo astado en los fragmentos de cerámica numantina y en estelas y vasos prerromanos, desde Teruel a Monreal de Ariza. Celtas e iberos veneraban a los cérvidos y hay arte funerario que así lo refleja en vestigios hallados en la provincia de Albacete, como también en cerámicas del yacimiento del Tolmo de Minateda (Hellín).

El ciervo es maestro de amor y muerte en el cruce al más allá, predilecto para representar la fecundidad de la naturaleza y la vida cíclica, acaso por la regeneración de sus cuernos. San Paciano de Barcelona, en su obra perdida *Cervus* (siglo IV), condena la costumbre pagana que pervivía en su tiempo de la *Hennula Cervula*, una especie de carnaval a primeros de año que procuraba ocasión para recrear, impúdicamente a su ver, viejos ritos de reproducción bajo disfraces de ciervo. Todavía hoy en las mascaradas de carnaval de la sierra de Madrid o de la Montaña cántabra hay disfraces con armazones de astas, como en la Francia del siglo pasado se hacía con ecos que llegan a nuestros días.

Animal psicopompo, el ciervo lleva a las almas al otro lado, y se evoca en los cuentos más diversos, de Irlanda a Galicia, incluso en las representaciones del Santo Grial. El encuentro del héroe con un ciervo blanco y descomunal es una puerta abierta para el mundo metafísico. El romano Sertorio tenía una celebrada cierva blanca, acaso influencia

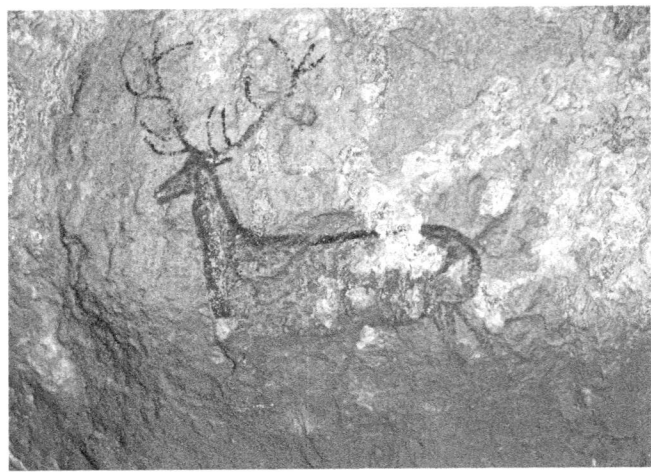

44. Ciervo rupestre, VII milenio a. C. Abrigo de Chimiachas, Parque Natural de la Sierra y los Cañones de Guara. Huesca.

de cultos lusitanos, que parece que le servía para adivinar el futuro y le daba suerte: siempre que fue seguido por ella la tuvo, y su triste fin fue perderla («La corza blanca», de Bécquer, es eco de este motivo). En leyendas celtas y germanas también aparece como animal feérico que atrae al caballero a los bosques y le muestra el mundo extraordinario. Se ve en los relatos tradicionales de las diversas Bretañas, como en el *Mabinogion* galés: su «primera rama» comienza con la fantástica aventura del caballero Pwyll que encuentra el reino de las hadas del rey Annwn al ver a perros blancos de orejas rojas devorando un ciervo. Recordemos los cuentos eslavos o siberianos, con los grandes cérvidos, «Hermanita y hermanito» de los Grimm, con ecos del viejo paganismo germano en el hermano transformado en corzo pálido tras beber agua de la fuente mágica, o la figura totémica de los grandes astados en los pueblos nativos de la América del Norte.

El ciervo chamánico es mediador y conduce al caballero al mundo especial: también en la «materia artúrica» y en el ciclo del Grial, como la caza del ciervo de pie blanco en el romance de Lanzarote. La resemantización cristiana no tardaría en llegar —auspiciada por el salmo 42, «como un ciervo a las fuentes de agua...»— y las leyendas de caballeros se ven sustituidas por las vidas de santos en Europa central, desde Francia a Baviera o Bohemia. El encuentro sagrado con este animal en el bosque marca a San Eustaquio, mártir romano del siglo II, San Félix de Valois o San Huberto de Lieja, que reciben la iluminación al ver el ciervo blanco de cuya cornamenta mana la luz o sale una cruz cegadora. En fin, la leyenda del ciervo crucífero en la hagiografía medieval es inagotable: encarna la iluminación que recibe el héroe-santo. Las vidas de santos tardoantiguas y medievales están, como se ve en los repertorios del folclor, lejanamente basadas en la historia y dependen sobre todo de la tradición popular: es antigua la epifanía en el bosque de este animal simbólico para el héroe de leyenda.

El caballo que engendró el viento

Se suele decir que el más antiguo mito hispano, de origen tartésico, o en todo caso preindoeuropeo, es el de la sucesión de estirpes reales hacia la civilización: el célebre mito de Gárgoris y Habis; aunque ciertamente tiene contactos con otras mitologías y con leyendas del folclor, y se ha interpretado en clave de la sucesión desde el paleolítico al neolítico, el paso de los cazadores-recolectores a los agricultores, el rey bárbaro frente al rey legislador, o un viejo esquema de superación de antiguos tabúes como el incesto o la violencia estructural. Sin embargo, como ya mostró Bermejo Barrera en su día, hay otro mito antiquísimo que tiene que ver con uno de los animales simbólicos favoritos de nuestros lares, y este es el de los veloces potros «hijos del viento» de los lusitanos. Y es que el caballo también es un viejo compañero totémico del mito hispano desde el arte rupestre —Cova dels Cavalls, Ribadesella, Santimamiñe, Ekain— hasta la fecunda simbología equina de la diosa de la guerra celta, Epona, que lleva las almas al más allá, además de los muchos caballos de la tierra de los vándalos, que han devenido símbolos de la equitación hispana. El caballo es ayudante mágico, desde la España prerromana —véase el célebre caballo de La Bastida— hasta la de las invasiones germánicas, de pueblos muy ligados al nomadismo a caballo: corceles reales o mitológicos, alados o híbridos abundan en nuestra mitología.

Todo cambiará en el mito primordial con la domesticación del caballo. Si en el arte rupestre desde temprano se convierte en el rey —pero en una etapa previa a la domesticación en la que es objeto de veneración y caza—, luego su figura predominará en las leyendas arcaicas que transmiten el legado oral del cuento, como símbolo de soberanía o de vuelo sobrenatural, desde los relatos maravillosos al mito del famoso Pegaso sobre el que cabalgará Belerofonte en pos de la Quimera. Lo estudia Vladímir Propp en su fundamental libro *Las raíces históricas del cuento*. Entre los dones encantados de la narrativa patrimonial siempre destaca el animal como auxiliar maravilloso que ayuda al héroe en su viaje al mundo extraordinario. En el principio fue el águila, o alguna otra ave, símbolo de la aspiración al viaje trascendente a lo alto, cuya función en el mito consiste casi siempre en trasladar al héroe al mundo especial. A partir de cierto momento, seguramente con la domesticación intensiva del caballo —en torno al cuarto milenio a. C. y muy relacionada con la expansión indoeuropea—, el ave fue sustituida por este otro ayudante en los cuentos maravillosos: su presencia en los repertorios del folclor es abrumadora a partir de cierto momento en el que el corcel cuyo aliento es fuego o cuyos cascos hacen retumbar la llanura acompaña al héroe del nomadismo. El caballo penetra en la cultura prehistórica después de los animales del bosque, cuya huella está en los mitos más antiguos.

Esa antigua fusión del ave y el caballo que adivina Propp —y que está, por supuesto, en el Pegaso griego— se ve en el mito lusitano que transmite Plinio —entre otros escritores romanos como Varrón o Columela— en su *Historia natural* de que el viento Céfiro, o Favonio, preñaba a las yeguas en la antigua Hispania. Seguramente se relacione con un culto al caballo, que quizá sea también un culto al viento en un monte sagrado o con la veneración al propio monte: en el mito, el viento fecundaba a las yeguas lusitanas cerca de Olisipo, la vieja Lisboa. Era en el Monsanto, bajo los auspicios del Tajo y del Atlántico, cuando las yeguas se giraban hacia poniente para ser fecundadas por el viento del Oeste. Por eso luego parían potros velocísimos que, sin embargo, según el naturalista romano, poco tiempo duraban, pues no podían vivir más de tres o siete años. El viento fecunda y embaraza no solo animales, sino también plantas, como signo de la edad de oro en las *Metamorfosis* de Ovidio y en otros escritores de la Antigüedad.

45. Exvoto ibérico en bronce llamado Guerrero de Mogente o Caballo de La Bastida. *c.* 400 a. C. Museo de Prehistoria de Valencia.

El viento padre de caballos del mito de la España prerromana marca ese momento de fusión entre el ave y el caballo en la sustitución que se da en el folclor de Eurasia del uno por el otro. Pero habrá caballos y caballos... según dónde conduzcan al héroe: los alados, como Pegaso, aparecen en el mundo aéreo, otros en el mundo subterráneo y marino, pues transportan a las almas al más allá, como los de Epona, diosa del caballo. No lejos de ella está la cabalgata de las Valquirias nórdico-germanas en pos del Valhalla. Caballos del submundo son también los de Poseidón, que salen del mar para aterrorizar a los pueblos —y cumplir venganzas terribles, por ejemplo contra Teseo—, pues el dios marino griego ciñe la tierra con el mar y la agita continuamente, según sus epítetos homéricos, gracias al caballo sagrado. De Poseidón y sus corceles que hacen retumbar el suelo surgen, por ejemplo, los terremotos. También está el caballo de las estepas de Eurasia, de ígneo aliento, cabalgado por demonios nomádicos y belicosos, de índole casi infernal. Y, por último, en cuentos eminentemente equinos como los rusos o en la saga irlandesa de Fionn MacCumhall será importante el color de los caballos para definir su función: caballos blancos, grises-marrones o negros. Según el color mágico de cada uno de los tres tipos de caballos se realizan sus funciones en los mitos, terrestre, aérea o ígnea: el transporte del héroe mítico-folclórico, en fuga hacia delante, a un mundo más allá de la experiencia, el del mito.

El toro primordial

En el principio fue el toro blanco nacido del mar, de las olas encrespadas del Mediterráneo, Hay quien dice que era un

gran dios metamorfoseado en un hermoso animal el que rap-
tó a una doncella en las costas de Asia para fundar un ínclito
to linaje en la vieja Creta. Pero también que el toro sagrado
se encarnó en las costas de la Iberia occidental, donde representa el gran animal totémico de los pueblos prehistóricos del mar central eurasiático, frente al ciervo, que es el de
los pueblos de tierra glacial y montaña adentro: huelga decir que en nuestros lares, entre celtas e iberos, coincidieron
ambos animales simbólicos, ciervo y toro, en un culto inmemorial. Desde Creta o Grecia —por no ir más al Oriente— se atestigua el culto milenario que se ve en los palacios
cretenses y en los frescos del salto del toro, con una suerte
de arcaica tauromaquia y una serie de festividades, con mitos como el de Teseo y el Minotauro, hijo de la reina Pasífae y el toro sagrado, en el trasfondo. El toro de Creta, procedente de Fenicia, es el origen de Europa, pero también
está en América: la mujer bisonte blanco —o a veces la mujer del bisonte— es un motivo común en los nativos norteamericanos.

De un lado al otro del Mediterráneo el combate primordial con el animal telúrico por excelencia y guardián de toda
la potencia de la naturaleza y de la madre tierra —el laberinto como útero— supuso un inagotable caudal de leyendas.
El viejo solar hispánico está poblado de toros, desde los bisontes de las cavernas a los legendarios rebaños de Gerión,
que tuvo que robar, como uno de sus trabajos, el gran Hércules después de domeñar en su Hélade de procedencia a
otro inmenso toro, el de Creta. También los pueblos celtas
de Europa veneraron al gran toro salvaje, como se ve en las
sagas irlandesas del Ciclo del Úlster, con la leyenda conocida como «El robo del toro de Cuailnge», con Cúchulainn

buscando al Blanco Cornudo (o el *Taruos Trigaranos* de los galos, con sus tres astas). En la península Ibérica, como en la balcánica, en los dos extremos del Mediterráneo, la lucha contra el toro se convirtió en símbolo primordial: el ser humano frente a las divinidades de la naturaleza. El cruce hispano entre celtas e iberos potenció si cabe más la dimensión mítica del toro.

Uno de los animales favoritos del arte rupestre hispánico, desde los bisontes de las cuevas del norte de España, el toro ha transitado por el imaginario hispánico en directa sucesión desde lo más remoto. Desde Altamira, hay cuevas del norte con grandes bóvidos de la era glacial, hasta llegar a las cuevas del Maestrazgo, o al arte levantino, con toros frente a «pasífaes» hispánicas como la mujer de La Vacada o toros en «saltos» casi cretenses como el de Cingle de la Gasulla.

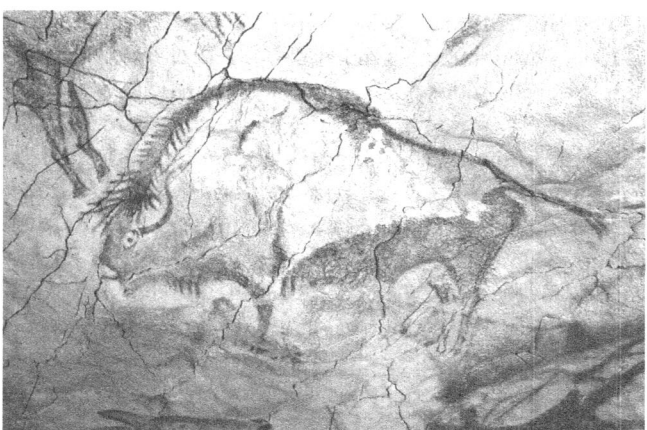

46. Bisonte magdaleniense negro. Museo Nacional y Centro de Investigación de Altamira.

Investigadores como Caro Baroja (1944, 1974), Álvarez de Miranda (1962), Blanco Freijeiro (1962) o Jordá (1976) han estudiado la remota antigüedad del toro como elemento religioso en la península Ibérica. Las pinturas atestiguan bailes rituales, juegos del toro, con especial presencia femenina o a veces hombres transformados en toros o en híbridos, como minotauros hispánicos. Y qué decir de los toros de piedra abundantes en toda la Península, los más conocidos los de Guisando, Cabeza del Lucero, Béjar o Écija.

Hay también teriántropos, de gran interés para las leyendas de monstruos híbridos, como el dios-toro rupestre de Reno Molero. O, ya en época histórica, el muy conocido ejemplo de la «Bicha de Balazote» (fig. 43), esfinge taurina ibera, con cuerpo de toro, cabeza de hombre barbudo y pequeños cuernos y orejas de toro, que recuerda acaso a los monumentales *lammasu* o *shedu* de Mesopotamia. Ahora se atesora en el Museo Arqueológico Nacional como una de las piezas fundamentales del arte ibero. Pensamos también en los representados en Termancia y Numancia, con vasos decorados por toros surrealistas y emblemas solares. Acompaña el toro numerosos ejemplos de arte funerario prerromano, como las estelas celtibéricas procedentes de Clunia, que han sido esgrimidas como vestigio de ese primordial culto o juego del toro ya en época de contacto con Roma. Se ve en los bajorrelieves a jinetes con escudo redondo y una lanza, a modo de picador o caballero, y un toro atacado por lobos o perros. Los escudos adicionales que a veces hay pueden aludir a los enemigos vencidos por el difunto guerrero, en las estelas que se conservan en Burgos o Madrid, y en otro bajorrelieve famoso, perdido, pero cuyo dibujo se conservó, aparecía una suerte de matador *avant la lettre*.

Un caso especial, muy estudiado desde los *Ritos y mitos equívocos* de Caro Baroja, es el del ritual del Toro de San Marcos, en Extremadura, que atestigua el padre Feijóo: las fiestas, que luego fueron prohibidas por la Iglesia, incluían procesiones con el toro ensogado el 25 de abril y su presencia en la misa. Se ha querido asociar este rito hispánico con una tradición que remontaría a la antigüedad, al dios Bandue, venerado por galaicos y lusitanos, con forma de toro o con relación con los toros, asimilado a Marte indígena. Varios estudiosos muestran la similitud entre el Toro de San Marcos y algunas fiestas del politeísmo grecorromano, además de que la fecha coincide con las Robigalia romanas, una festividad para proteger al trigo de hongos dañinos.

Larga es la sombra de los festejos taurinos en la Península, desde las huellas en el mundo prerromano hasta el final de la antigüedad y comienzos del medievo. José María de Cossío refiere un enfrentamiento epistolar en 618 entre el rey visigodo Sisebuto y el obispo Eusebio de Barcelona —*de ludis theatriis taurorum*— conservado en un documento de la historia eclesiástica *España sagrada*. En cualquier caso, ante estos juegos del toro del arte rupestre, de los pueblos prerromanos o del medievo casi viene naturalmente al recuerdo el fresco del arte minoico de la llamada *taurokathapsia*, fechable hacia 1450 a. C., que se encontraba en el ala este del palacio de Cnoso. Y por supuesto otros ritos de sacrificio del toro como los del mitraísmo, que, procedentes del mundo iranio, cundieron en época romana por todo el Mediterráneo fundiéndose con cultos preexistentes (en España, célebres mitreos fueron los de Tarragona, Lugo y Mérida). Los defensores del antiguo rito de la tauromaquia, una reliquia que milagrosamente sobrevive hoy en partes de Europa y América, quie-

ren remontar su estirpe a estos ecos históricos: desde «el salto del toro» cretense a los grabados taurinos de Goya hay un
largo recorrido. En el fondo, posiblemente tengan razón.

La mujer pez o serpiente

Es antiquísima la figura mítica de la mujer pez o serpiente,
que aparece desde hace al menos quince mil años en las pinturas rupestres, desde el sur de África a Norteamérica y también, por supuesto, en las cuevas hispanas. La mujer animal
es ambivalente: por un lado, es claro que simboliza a la gran
madre, pero también puede ser una hechicera chamánica,
guardiana de los caminos al otro lado, con sus venenos, seducciones y peligros. Y la hibridación con los animales, o al
menos especialmente con cierto tipo de ellos, los acuáticos y
los reptiles, es arcaica. La estirpe de Eva queda enemistada
con la sierpe desde antiguo —la vindica María Inmaculada al
pisar su cabeza— y son legión las santas princesas raptadas
por el dragón. Sin embargo, la mujer serpiente, pez o foca, de
la Pitón griega a las ondinas y selkies del norte, es caracterís-
tica de una convivencia también intensa en la historia mítica.
    También la Gea griega, diosa madre *par excellence* engen-
dra serpientes ambiguas, mágicas guardianas de tesoros o
madres de innúmeras generaciones de héroes o monstruos.
De hecho, la unión con un varón, que cae en las redes de
amor o brujería de estas sierpes, suele producir familias épicas, marcadas por la gloria, el exceso y la caída. Este típico
cuento está recogido por el repertorio de motivos del folclor
de Aarne-Thompson-Uther bajo el número 402 «la novia
animal» y ha dado un sinfín de versiones. En la tradición eu-

ropea puede que la más célebre sea la del hada Melusina, fundadora de la dinastía de los Lusignan franceses (siglo XII), famosa por su desempeño en las Cruzadas y su reino en Chipre. Cuenta la historia que el fundador de la dinastía, Raimondino, hijo del conde de Forez, conoce a la bella hada en el bosque. Ella le promete amor, prosperidad y descendencia maravillosa si se casa con ella y cumple la promesa de nunca mirarla durante su *toilette* los sábados por la tarde. Raimondino acepta y prospera enormemente, siguiendo los consejos del hada, y engendra numerosos hijos, pues Melusina es de una fecundidad extraordinaria: están dotados todos ellos con alguna marca sobrenatural. Pero el marido incumplirá la condición y una tarde la espía en el baño, viendo con horror que la mitad inferior del cuerpo del hada es de serpiente. Melusina, ofendida, saca unas alas y huye para siempre, precipitando la ruina de la dinastía.

El reflejo más notable de este motivo en la historia mítica hispana es la sirena fundadora de la casa de Mariño en la Galicia del siglo XIV, como veremos. Pero en Galicia la mujer-serpiente conserva esa ambivalencia entre los dominios de la gran madre y de la ramera primordial y brujeril, como estudió Felipe Criado en los mitos hispanos compilados por Bermejo Barrera. La *serpe* o *cóbrega* denota lo negativo, pero a la vez la fascinación por un poder telúrico, como el de las encantadoras mujeres serpiente de los arroyos pontevedreses a las que hay que desencantar. La mujer serpiente gallega aparece peinándose los cabellos en el bosque o junto a un lago, una cueva o una fuente, pero cambia de forma y se la desencanta abrazándola y besándola a ella como serpiente, a unas flores que lleva en la boca, o llevándole un bollo de pan, como en Santa Tecla o Picouto, en Pontevedra, de clara simbología sexual.

Sus a veces fecundas uniones con el varón han llevado a interpretar a estas criaturas de leyenda como herencia de una antigua diosa celta de la tercera función indoeuropea, la procreadora-alimenticia, como Epona o Riannon. Todo irá bien hasta la transgresión de algún tabú que acaba en separación, con el regreso de la criatura sobrenatural a su mundo especial. Si nos vamos al norte de Escocia, a las Orcadas, allí viven los mágicos Finn, que habitan en una isla que emerge y se sumerge alternativamente: hibernan en un mundo submarino, iluminado por brillantes peces abisales, pero sus jóvenes sirenas quieren casarse y buscan marineros o habitantes de la costa, como las selkies, sirenas-foca que pueden tomar forma humana una vez al año. A menudo se enamoran de hombres y viven con ellos en tierra, tras metamorfosearse. Sus hijos pueden tener algún rasgo especial, como los Lusignan o los Mariño. Si recuperan su piel de foca volverán al mar sin duda.

Otras veces la novia-animal, serpentina o marina, se lleva a los hombres. La sirena Morveren de Cornualles se enamoró de un tal Matthew Trewhella al oírle cantar en misa y, disfrazada de mujer, lo cautivó para luego llevarlo al mar, donde lo sumergió para siempre. Pero no es solo un tema indoeuropeo: mujeres y serpientes aparecen unidas entre los nativos norteamericanos. Los paiwan taiwaneses conocen a unas mujeres-sierpe que engendran a sus líderes en un inframundo. En el Caribe y África existen razas poderosas de sirenas que unas veces protegen a los humanos, pero otras son temibles devoradoras de hombres: quizás las más terroríficas sean las mondao de Zimbabue. La Urvashi de la antigua India o el cuento chino de la serpiente blanca, divinidad descendida a la tierra para casarse con un humilde humano, recuerdan este motivo del folclor, repetido en la triste Sirena de Alejandro Magno en la tradición griega moderna. Por su parte, la Sinjike de Corea, protectora de la isla de Geumodo, fue reina madre de Japón hasta que se enamoró de un explorador chino.

En la historia mítica hispana hay que recordar a la sirena más conocida, de la isla de Sálvora, en la ría de Arosa. Esta criatura fantástica, unida amorosamente a un humano, engendró famosas estirpes nobiliarias gallegas en la Edad Moderna, notablemente los Mariño, de ojos azules, amén de otras casas como las de los Fandiño y los Goyanes. Su prosperidad es legendaria y, sin embargo, pesa sobre ellos una maldición, a modo de pago de un tributo ominoso: cada cierto tiempo nacerá un vástago con ojos azules, escamas y querencia al mar que acabará desapareciendo entre las aguas para siempre. Tal es el amor hechicero de estas hadas sobrenaturales, con las que empieza una dinastía de origen mágico, y que a veces reclaman su tributo.

Una versión vasca del motivo folclórico de Melusina la recoge una fuente portuguesa, el *Livro dos Linhagens* (c. 1340) del conde de Barcelos, que escribe en la corte castellana, casado con una noble vizcaína. Se trata de la leyenda de la Dama Pata-de-Cabra, relacionada con el origen del Señorío de Vizcaya. El cuento narra que el primer señor, Diego López de Haro es hijo de un conde que —como Raimondino, señor de Lusignan, con el hada Melusina, medio serpiente— se topó con una hermosa mujer que tenía una pata de cabra. Se casó con él asegurándole una prosperidad sobrenatural si prometía nunca más santiguarse. Todo va bien y tienen descendencia, un hijo y una hija, hasta que, un día, el conde no pudo evitar hacer el signo de la cruz ante un incendio en su morada.

47. Melusina descubierta por Raymond de Lusignan. P. Christian, *Histoire de la Magie*. París, 1870.

Entonces, roto el tabú o la promesa, su esposa desaparece convertida en humo y se lleva a su hija. El hijo se queda y dará origen a la dinastía, que cuenta con este origen fabuloso.

El vuelo del ave sagrada

Si hablábamos de mujeres-pez —el hombre-pez de Liérganes quedará para más adelante—, hay que elevar ahora la mirada a las alturas. Y es que al principio de todo estuvo el pájaro sagrado, el ave de fuego, un espíritu alado emblemático y salvífico que guía los pasos del ser humano hacia la trascendencia. Esto es lo primero que reflejan los cuentos maravillosos de la narrativa patrimonial y probablemente los personajes mágicos y divinos más antiguos en los relatos son aves, como estudia magníficamente Vladímir Propp en sus reflexiones sobre las bases prehistóricas del cuento. Era un estadio muy anterior a la domesticación del caballo, que sustituiría al ave en los cuentos, o se fusionaría con ella como el corcel alado para campar por los lares de los indoeuropeos, convertida en varios dioses, desde Epona a Poseidón.

Pero antes estuvo el ave sagrada. Al tender la vista más allá de lo real, en busca de ayuda divina para su aventura, acaso al héroe se le antojaba necesario desplegar las alas de lo sobrenatural. Primero fue la gran rapaz, animal totémico y tutelar al que se sacrifica carne y al que luego se sacrifica. El vuelo del alma está simbolizado primero por el águila, a la que de hecho se llama en la lengua de los guiliacos de Sajalín *cham*, como al propio chamán. Un momento clave en el periplo del héroe sapiencial es cuando, tras ser devorado y escupido por una serpiente-pez —o engullir, a veces, él a la bestia—, obtiene el don de entender el lenguaje de las aves y, con ello, toda profecía, poesía y poder. Ocurre en la Grecia antigua con el poeta Alcmán o con el sabio Pitágoras, con el irlandés Fionn MacCumhall, en el *Kalevala* con Vainamoinen, con los poetas errantes del *Decamerón negro* de Frobenius, en el ciclo de Sigfrido ante el dragón Fafner o en «La serpiente blanca» de los Grimm: el héroe en un momento dado se vuelve ave o entiende su lenguaje. Pero el ave sagrada —Roc, Fénix, pájaro de fuego— es multiforme y no solo la noble águila: a veces es el cuervo o la corneja, Raven, que para los nativos norteamericanos —como los haida o los tsimshian— simboliza al *trickster* mítico entre dos mundos. Sapienciales también son los cuervos de Odín, Munin y Hugin, que simbolizan la memoria y el pensamiento. Conocidos por su astucia, los cuervos pueblan la fabulística indoeuropea.

El ave divina y chamánica y el híbrido entre humano y pájaro es antiquísimo en nuestras cuevas, como vemos en las pinturas rupestres desde hace decenas de miles de años. De Sicilia a Castellón y Murcia, por todo el Mediterráneo, se ven alegorías del vuelo del chamán prehistórico en el arte de las cuevas. Como ha estudiado Jordá, quizá el ejemplo más palmario de alegoría de este vuelo extático del alma, que eleva al héroe sapiencial convertido en ave, sea la grulla sobre el toro-ciervo del monte Arabí, en Yecla. Las culturas tartésica e ibera han venerado pájaros y criaturas aladas que aparecen con preeminencia en la iconografía funeraria y en los santuarios, como se ve en los exvotos de la Serreta de Alcoy (Alicante), en el famoso Bronce Carriazo (fig.7) o en el felino de la fig. 48. La paloma es atributo de una diosa mediadora por excelencia y la simbología de las diversas aves, sobre todo migratorias, es observada por los pueblos de la antigua España meridional con especulaciones sobre el ciclo de la vida y la muerte.

Es un tema de larga trayectoria, que se ve también entre los celtas y hasta bien entrado el Medievo. El peregrino del Camino de Santiago caminaba entre aves y petroglifos que aluden a los ramificados senderos del sacro animal simbólico. No es nada nuevo identificar al Cristo con el Fénix de regeneración cíclica que resurge de sus cenizas. Tampoco alegorizarlo mediante el purísimo cisne: recordemos, entre

48. Felino alado en bronce del sudoeste de la península Ibérica, *c.* 600 a. C. Getty Villa.

los caballeros del Grial, a Lohengrin, hijo de Parsifal, caballero del cisne, que encarna el tabú del anonimato por su condición sacra. O a través del pelícano, que se atraviesa el pecho con el pico para alimentar con su manantial de sangre a sus polluelos. Otro buen ejemplo es la oca, animal sagrado desde el culto egipcio del redivivo Osiris y de la Gran Diosa Madre anatolia al mundo druídico de los celtas; al igual que otras aves simbológicamente apasionantes, la oca acompaña al peregrino al más allá, como en el juego de la oca, según una fantástica hipótesis inventado por la Orden de los Templarios como alegoría del propio Camino de Santiago, de muerte y renovación. No es de extrañar la vertiente mística de ocas y gansos. Hay que recordar que estos son los animales de Juno en el Capitolio romano y los que llevan al dios hindú Brahma a cuestas (las dos sílabas que componen *hamsa*, 'ganso' en sánscrito, se supone que representan los dos movimientos de la respiración creadora del dios). Las aves proféticas y sapienciales, desde la Antigüedad más remota al cristianismo, nos acompañan siempre.

Criaturas y monstruos marinos

El mar, que tan bien conocemos en torno a la península Ibérica, es el elemento extraño y hostil que desafía y amenaza al hombre a la par. Le otorga magia y sustento, pero, al sumergirse en él, desata pesadillas de aterradores abismos, poblados de criaturas insólitas, que se abren bajo sus pies. El mito ha ahondado en las características de estas criaturas inefables, ora dioses y criaturas sobrenaturales, ora híbridos monstruosos con humanos, como las ondinas o selkies de la tradición del norte

de Europa, que vinieron a fundirse con las aladas sirenas griegas en una simbiosis atestiguada por el arte a partir de la edad
media y con especial énfasis en el romanticismo. Criaturas her-
mosas y aterradoras, los híbridos de ser humano y pez abundan en el arte desde el paleolítico hasta las iluminaciones de
los manuscritos medievales o los lienzos prerrafaelitas como
símbolo de todos los embrujos de la mar. Todas las mitologías,
desde la griega a la nórdica, poseen criaturas de este tipo,
como Tritón o las Nereidas o el pueblo de Finn. En las pro-
fundidades del mar, griegos o irlandeses adivinan una corte
submarina y feérica que domina los océanos y encarna el poder del mar, desde Poseidón y Tritón, con sus pares romanos,
hasta los dioses célticos y germánicos del abismo marino.

Muchos son los dioses celtas de las aguas, como la equina
Epona, que, como Neptuno o Poseidón, tutelan a la par los
caballos y las aguas. Y hay multitud de dioses indígenas de las
aguas en el mundo galorromano y celtibérico, sobre todo re-
feridas a los ríos y que aparecen en la epigrafía latina con nombres como Bormanicus o Navia. De los seres híbridos hay leyendas desde lo más remoto hasta tan recientes tiempos como
los del siglo XVII, con el hombre-pez de Liérganes, un tal Francisco de La Vega, que fue dado por ahogado en la ría de Bil-
bao y apareció cuatro años más tarde en la bahía de Cádiz en-
redado en las redes de unos pescadores, afásico y con el
cuerpo cubierto de escamas. Su historia la refiere Benito Jerónimo Feijóo en su *Teatro crítico universal*, todo un tesoro para
explorar las supersticiones y leyendas hispanas, además de la
del hombre-pez de Cantabria, como el niño de dos cabezas de
Medina Sidonia. Hay que recordar el tratamiento de las criaturas marinas y las lamias de Julio Caro Baroja en su libro *Algunos mitos españoles. Ensayo de Mitología popular* (1941).

Entre los mitos marinos abundan también monstruos descomunales. Ceto es, tras la etimología de «cetáceo», el nombre mítico griego que equivale al Leviatán bíblico, el monstruo marino de todos los tiempos, también en paralelo con el Kraken del norte. En nuestro Atlántico, desde Huelva a Galicia, hay leyendas abundantes de este tipo de monstruos, relacionados con el *finis terrae* y el *mare ignotum* allende las Columnas de Heracles. *Hic sunt dragones*: la cartografía premoderna indica que más allá están los monstruos y también el mundo utópico de islas que aparecen y desaparecen o de un ultramundo paradisíaco.

Existió —o quizá no— entre los siglos V y VI un monje y santo llamado San Brandán el navegante, también conocido como Borondón, que evangelizó Irlanda y fue abad del monasterio de Clonfert. Relata su aventura un texto del siglo XI, la *Navigatio Sancti Brendani*, que se popularizó en la época en la que cundía la leyenda artúrica y del Grial. Muchas veces su periplo recuerda al viaje al más allá, como hacia Ávalon, el Tír na nÓg irlandés o el Annwn galés, para el que bien se puede partir desde las costas atlánticas de Galicia, por ejemplo desde San Andrés de Teixido, donde *vai de morto o que non foi de vivo*. Comoquiera que fuera, el monje celta Brandán habría partido con un grupo de compañeros en busca de un edén terrenal, llegando a una mítica isla, un «paraíso de las aves» que muchos han especulado que fuera una referencia a una temprana visita a las cercanías de América en el Medievo, mucho antes de Colón.

Quiere la leyenda que aquella isla despoblada llena de maravillas fuera realmente un gran monstruo marino que, lentamente, se fue desperezando al sentir sobre su costado a los peregrinos haciendo fogatas para alimentarse. Luego volvieron

49. La isla de San Borondón, junto a las Canarias. *The Osher Map Library and Smith Center for Cartographic Education*. Grabado anónimo de 1621.

para contarlo, casi siempre en primera persona, al igual que en todos esos relatos maravillosos de islas utópicas o semovientes, como las del griego Yambulo, Simbad en *Las 1001 noches* o el barón de Münchausen. Hay muchas islas semovientes o que resultan ser monstruos tremendos, como el pez Jasconius de San Brandán, la isla Brasil de los irlandeses, la isla Buyán de los eslavos, el Zaratán del folclor árabe, las ballenas de los cuentos inuit y otras tan peculiares como las islas que se esconden de la mitología griega, como Delos, Ortigia o las Islas Afortunadas, en un mitema bien conocido en todo el mundo. La leyenda, que ya se trataba al comienzo de estas páginas en el marco de la geografía mítica, ha sobrevivido en Canarias, las islas utópicas por excelencia en la mitología hispana.

A modo de conclusión

Desde la Edad Antigua, la vieja «piel de toro», retomando al animal simbólico más perdurable de la península Ibérica, ha estado transitada por crónicas legendarias que corrían a la par de la historia oficial y evenemenencial, la de la política y las formas de gobierno, la sociedad, los gobernantes, las legislaciones, los conflictos bélicos, la evolución de la economía y sus modelos. Era esta una historia subterránea, algo más intangible, pero no menos verdadera ni, desde luego, influyente, que refería el desarrollo de una manera de estar en el mundo bastante peculiar. Estos mitos aludían a una especial forma de ser europeo y occidental que se conformaba en la mentalidad hispánica, de forma acaso algo exagerada y siempre en los extremos. Los mitos historiados que se han evocado aquí hablan de héroes y heroínas, reyes justos y tiranos, traidores de leyenda, personajes semidivinos, criaturas híbridas y montaraces, y un sinfín de arquetipos y lugares comunes que recorren la geografía legendaria de una

España situada en los extremos del mundo conocido, a veces en paisajes yermos y otras en vergeles exuberantes.

En las páginas anteriores se han repasado sobre todo los aspectos literarios de esta historia mítica, la pura narrativa del mito, pero también sus incidencias en el imaginario sociopolítico y algunos efectos inevitables en el proceso histórico. Sin embargo, lejos de la intención de esta pequeña historia de ensayar ninguna conclusión sobre estos campos de la historiografía, la historia política o de las mentalidades. El empeño de los capítulos precedentes obedece ante todo a la pasión por el mito, en su más amplia acepción, siguiendo la anécdota del buen Aristóteles que, en su vejez solitaria, como cuenta Demetrio, desarrolló un gusto especial por esta fabulación; pero también responde a un curioso interés por seguirle la pista a algunos de los motivos más repetidos en la mitología hispana.

Pero sí podríamos hacer, a modo de conclusión, al menos un breve ensayo de taxonomía de los elementos básicos de la narrativa que conforman la dimensión mítica de España. En primer lugar, cabe abordar las inevitables dicotomías, pues los protagonistas de su historia son capaces de las hazañas más altruistas y benefactoras, pero también artífices de la más terrible desolación y la más nihilista autodestrucción, en un esquema cíclico y recurrente. Vemos una serie de pares arquetípicos, en composiciones binarias, al modo de ceros y unos, con los elementos marcados y no marcados del estructuralismo, que van conformando la historia exagerada una tierra de extremos: la del *finis terrae* antiguo, la del Oriente en Occidente del exótico siglo XIX, la de la confrontación fratricida de las dos Españas. Ahí están las grandes parejas de la mitología hispana.

Coincidentia oppositorum

En primer lugar, y como siempre, el traidor frente al héroe: don Julián, como supo ver Juan Goytisolo, o don Opas frente a don Pelayo, o el Cid. En suma, el que vendió su país contra el que ayudó a ganarlo de nuevo. Lo que ocurre es que sabemos desde Borges que una figura es seguramente una versión de la otra, dos caras del mismo medallón. Como se vio anteriormente, y retornando a la idea en composición anular, cabe recordar el «Tema del traidor y del héroe», cuento célebre del autor argentino que evoca esta idea en el caso de la historia política, al hilo de la fundación de un país con ímpetu nacionalista, en este caso irlandés. La narrativa mítico-histórica lo puede trastocar todo de tal modo que haga del «vendepatrias» un héroe que, por diversas vicisitudes, ha acabado encumbrado a los altares del recuerdo colectivo como prócer de un país determinado. Esto, que ya se abordó más arriba a propósito de la traición, hay que recordarlo de nuevo aquí.

Y es que hay opuestos que puede que sean narrativamente la misma figura, como ocurre en el caso del maligno y del mesías en los ciclos del folclor y la mitología. No es más, en este último caso, que el punto de vista de la comunidad de origen ante la figura del héroe que vuelve después de su peripecia y trae un determinado don o elixir: nadie es profeta en su tierra. Según sea el héroe bien recibido por los compatriotas originarios, con hospitalidad, como una figura salvadora, o mal recibido, como un intruso que trae un peligroso elemento perturbador, cabe hablar en los ciclos narrativos de un mesías o un maligno. Igualmente, en lo que se refiere a la dualidad héroe/traidor en la narrativa. Quizá esta sea una de las claves de las figuras de héroes y traidores de nuestro solar patrio, la intercambiabilidad de sus ciclos.

Piénsese en cómo tratan a héroes y villanos de la historia las diversas mitologías, las nacionalistas periféricas frente a las centralistas, las hispanoamericanas frente a las iberistas o las imperiales hispánicas frente a las muchas postrimerías y rivalidades de la leyenda negra en Europa y, notablemente, en el mundo anglosajón. Ahí se da la consabida inversión de roles, con héroes que son villanos o traidores y viceversa, con un Pizarro o un Cortés mitificados y demonizados, un virrey denostado o un pirata redimido, un renegado que se vuelve caudillo emancipador, un idealista revolucionario devenido en tirano o un inquisidor beatificado. Un esquema básico de la historia mítica iberoamericana.

En efecto, la historia mítica hispana funciona a menudo con estos esquemas polarizados, oposiciones casi estructuralistas de larga memoria y perdurabilidad en la mitología de los diversos pueblos relacionados con aquella desde los comienzos. Esa ambivalencia se recordaba más arriba y hunde las raíces en nuestra historia antigua: entre lealtad y traición, por ejemplo, como en el caso de Viriato y de los cabecillas de las revueltas ibéricas frente a Roma, por no hablar de las muchas tradiciones medievales, desde la épica castellana a la historia de las dinastías, como los Trastámara, y así sucesivamente hasta llegar a las independencias de las repúblicas americanas: patriotismo y deserción, heroísmo y perfidia se configuran como dualismos perpetuos, como dos fuerzas motrices y pendulares de la historia mítica de España con momentos también emblemáticos en las batallas donde se producen —desde Aljubarrota a Granada, desde Guadalete a Covadonga— en un esquema de ceros y unos, un patrón complementario de oposiciones en tensa armonía que atestigua el avance de nuestra narrativa mítica.

Pero, además de los arquetipos duales, como una segunda variación, podemos constatar una tensión entre lo viejo y lo nuevo en la antigua mitología histórica de nuestros lares. En los orígenes, frente a los epígonos de hoy, suele haber una figura precursora que sobresale siempre, la del fundador legendario, lo que los griegos llamaban *oikistēs*. Ya sea Hércules, Túbal o Breogán, ya tenga raíces en el mundo griego, semítico o céltico, el precursor suele ser un héroe venido de fuera, colono primordial que arriba en pos de la tierra de promisión, designado por un oráculo o por una divinidad. Con su perfil, la mitología histórica mira a los orígenes de un héroe fabuloso que encarna el bien conocido arquetipo representado por Moisés o Eneas, buscando para su pueblo la tierra utópica del fin del mundo que será su nuevo hogar. Iberia, Hispania, España o Sefarad es la meta de algunas de estas figuras siguiendo el esquema citado. La ganancia de la nueva patria prometida, en un ciclo también alterno y binario, corre parejas con su pérdida al arribar nuevos pueblos: el ciclo de la pérdida de las Españas ante godos, árabes o cristianos es muy evidente. Si bien, en el último caso citado, el de los judíos, ese ciclo se concreta en la pérdida de la tierra de promisión a través de la expulsión. La añoranza del pasado mítico y áureo, como se verá, toca varios de estos esquemas. Es una constante nostalgia del absoluto pasado, de las libertades perdidas, del paraíso originario que acaso nunca existió y que inspira conquistas, empresas nacionales, movimientos literarios o estéticos, reformas legales y nacionalismos varios.

En busca del precursor

En la nostalgia de aquel absoluto se busca siempre una figura tutelar, de héroe, santo patrono o precursor, que enlaza con el pasado mítico y el paraíso antiguo, ya en la materia bíblica ya en la clásica. No solo las dinastías que gobiernan, también las regiones, nacionalidades, pueblos o grupos van en pos de su referente fundacional, desde Pelayo a Wifredo el Velloso. Ocurre con diversas casas reales, que todas buscan su precursor mítico y hacen proyecciones antiguas con su figura. El origen esencial, compartido con toda Europa, es ciertamente el de la materia troyana: prácticamente todos los poemas y cronicones medievales europeos que buscaron legitimar orígenes de reinos, desde Castilla a Rusia, trataron de tender puentes con la primordial caída de Troya, el ciclo de los orígenes épicos de la antigua Grecia, la guerra que enfrentó a aqueos y troyanos por causa de la bella Helena y sus postrimerías en los diversos regresos (*nostoi*) de sus héroes. El más famoso de los *nostoi* es, ciertamente, el de Ulises, pero hay otros menos célebres o afortunados, como los de los Atridas Menelao o Agamenón, que narran cómo los griegos volvieron a su casa y fueron mejor o peor recibidos. Muchos griegos no se quedaron en su casa, según este esquema, cuando no fueron troyanos supervivientes los que buscaban nueva patria.

El mecanismo es tan antiguo como la leyenda del prófugo troyano Eneas, antepasado de la dinastía julio-claudia y de todo el poder imperial romano. Recuérdese cómo Geoffrey de Monmouth en su *Historia de los reyes de Britania* sitúa al troyano exiliado Bruto como un lejano precursor de los britones y enlaza el mundo troyano con el artúrico, dando carta de naturaleza al mítico rey que acabaría sus días en Ávalon. O cómo, en las lejanas brumas del norte escandinavo, Snorri Sturluson habló del troyano Tror como primer fundador, enlazando la vieja Troya con la lejana Thule. Pues así sucede en España con teucros y aqueos: unas veces los héroes troyanos y otras los griegos llegan a las costas del Finisterre hispano como fundadores. Los griegos, en su larga travesía de los regresos al hogar después de la guerra de Troya, continúan en pos de un nuevo hogar hasta aquí. Interesa especialmente el caso de Ulises, que habría fundado nada menos que Lisboa (Ulisipona), o una Odisea tan al norte como Galicia. También la leyenda, fomentada por la geografía mítica de Estrabón, de que los gallegos (o *gallaikoi)* tuvieran mucho que ver con los helenos (otros mitos quieren que sean celtas como los gálatas). Un ejemplo es el de Teucro, personaje ambivalente: ora rey fundador de Troya, hijo del dios-río Escamandro, ora arquero griego que lucha en la *Ilíada.* Es más importante este último Teucro, griego de estirpe mezclada con los troyanos, del que se cuenta que habría fundado Pontevedra, en una tradición que se remonta a la época romana. Larga es, pues, la peripecia de Troya en Iberia y de sus fundadores míticos en nuestra historia legendaria.

Al llegar a Ítaca, sin embargo, estamos seguros de que Ulises no se quedó en casa. Esto es un viejo motivo mítico, el de la muerte de los héroes, y su posterior viaje, que está bien relacionado con la historia mítica de nuestro país. Al héroe principal de los regresos homéricos, el intrépido Odiseo, le fue profetizado en su viaje al mundo de los muertos por boca del adivino Tiresias que la muerte le llegaría del mar. No sabemos si sería en forma de un misterioso hijo habido con la bruja Circe o si, como quiere una tradición medieval que recoge Dante, y estudia Piero Boitani, Ulises habría emprendido un último viaje hacia el fin del mundo. Hay mitos posteriores que quieren que estos griegos errantes hubieran cruzado incluso el Atlántico. Pero esas son otras leyendas: interesa ahora mencionar cómo fue narrado el viaje de los héroes troyanos o griegos que, después de la gran contienda mítica, acaban sus días en el Finisterre hispánico. Estas historias son especialmente relevantes en lo que se refiere al mencionado caso de Teucro. Volvamos por un momento a él.

Teucro era hijo de Telamón y sobrino del rey Príamo de Troya, primo de Héctor y Paris, contra los que luchó en la guerra de Troya. Es, pues, un personaje fascinante, medio griego medio troyano. Recuerda en su pugna tenaz al indio Arjuna, combatiendo bajo la égida de Krisna contra sus familiares. Es un buen arquetipo heroico. Y era perfecto para hacerle viajar más allá de la experiencia y convertirlo en fundador de tierras lejanas. Además, Teucro es arquero: hay algo en los arqueros —el propio Ulises lo es— que tiene una especial fuerza en la narrativa patrimonial. Se dice que habría matado con sus flechas al propio caudillo troyano Héctor, antes de su duelo legendario con Aquiles, si no hubiera intervenido el padre Zeus que, para que se cumpliera el destino prefijado, llegó a tiempo de romper la cuerda de su arco y no alterar el hado. Luego Teucro, en su camino de vuelta a casa, fundó Salamina en Chipre, y es fama que no acabó llegando a su patria sino que, como es a veces clave en este tipo heroico, hubo de fundar un nuevo lar.

Así que luego siguió hasta el lejano Occidente, donde recaló en Galicia. Allí habría fundado Pontevedra, no lejos de donde otro celebrado héroe griego, Tideo, del ciclo de Tebas, fundara la ciudad de Tui. Parece que especialmente los helenos llegaron a Galicia y, de hecho, se alude a esa falsa etimología que une lo galaico y lo griego, estableciendo una vinculación entre los exiliados de los ciclos heroicos de la Hélade y el extremo del mundo en la costa gallega. Menciona muchos de ellos García y Bellido en su *Hispania Graeca*, como los héroes de la épica tradicional, entre otros Tlepólemo, Antenor, Menesteo o Menelao. En el caso citado de Teucro hay que recordar que ha quedado representado en la iglesia de Santa María en Pontevedra, pues resultó emblemático en la topografía de esta capital gallega. Es tradición que regresara a su casa en un largo viaje que incluía también la travesía hacia el otro extremo del mundo, la Iberia oriental, la actual Georgia, llegando a la Cólquide en pos del vellocino de oro con la expedición de los Argonautas. Las mistificaciones históricas le hacían fundador de otras ciudades hispanas, como Cádiz o Cartagena, y diversos accidentes geográficos hispanos son relacionados con estos viajes de regreso en la esfera de Troya o Tebas, como dice Estrabón. La idea de situar la geografía mítica de los ciclos griegos en un camino que lleva del Bósforo a la península Ibérica es, pues, muy antigua. Así como los troyanos fundaban la Roma de Augusto o la Britania de Arturo en el recuento mítico de Monmouth, no estaba mal para los señoríos hispanos un origen griego que uniera ambos extremos de la vieja Europa. Ulises y compañía en el fin del mundo: desde Galicia a Irlanda, donde los mitos del *Libro de las invasiones* recogen varias estirpes griegas antes de que los milesianos, raza actual irlandesa precisamente procedente del hispano Mil Espáine —como ya sabemos— las sustituyeran. El país del *Non Plus Ultra*, sin embargo, les acabaría resultando fatal. En el canto XXVI del *Inferno*, el Ulises de Dante narra su última y letal travesía cruzando las Columnas de Hércules en pos de lo desconocido. El héroe anima a sus compañeros:

> Considerad vuestra simiente:
> hechos no fuisteis para vivir como brutos,
> sino para perseguir virtud y conocimiento.

El medieval Ulises morirá, pero ya se atisba el espíritu renacentista del *Plus Ultra*.

El paso al más allá

Siempre más allá, este tipo de héroe que cruza todos los límites se relaciona preferentemente con Iberia como la extrema tierra, el confín, el lugar de paso al otro lado, marcado por todo tipo de advertencias, como los pilares de Heracles. No en vano, las andanzas de este héroe por los dos confines del mundo conocido para los antiguos, las dos Iberias, tienen relación con los dos pasos al más allá: por un lado, en la Iberia occidental, el océano donde terminaba la tierra; por el otro, en el mar Negro, la Heraclea Póntica, por donde se dice que Heracles bajó al Hades a buscar a Cerbero.

Pero es larga la nómina de viajeros al más allá. Dice Ulises en el canto XI de la *Odisea*:

> Entonces arribó nuestra nave a los confines del Océano de profundas corrientes.

Tal es la antesala del viaje al mundo de los muertos:

> Fácil es la bajada al Averno; día y noche está abierta la puerta
> del negro Dite; pero retroceder y restituirse a las auras de la
> tierra, esto es lo arduo, esto es lo difícil —le vaticina la Sibila a
> Eneas antes de la bajada del héroe en el canto VI de la *Enei-
> da*—, pocos [...] pudieron lograrlo.

Este es otro gran motivo mítico relacionado con España:
el del viaje de los pocos héroes que traspasan el final de esa
última frontera, llegan al más allá y vuelven para contárnos-
lo. Si la mítica Iberia fue el solar legendario donde había
monstruos y tesoros sin cuento, se atestigua en ella desde
muy pronto un arquetipo de héroe que se mueve especialmente bien por esos lares de allende las Columnas de Hércules. Así es el héroe del *plus ultra* que, en todas las mitologías, acomete el definitivo viaje, el del más allá.

La llamada *katábasis* o *descensus ad inferos* —la aventura definitiva del héroe en el paso al mundo especial— suele estar
simbolizada por el cruce de una puerta, a veces relacionada
con las aguas terrestres o subterráneas, que le desvelará los
caminos del más allá. Esta geografía mítica comienza con la
llegada al lugar de paso, cuya entrada está casi siempre lo-
calizada, en la antigua mitología, en la tierra del sol poniente, la mítica Hesperia. Pienso en el fascinante paisaje geoló-
gico de las entradas predilectas al mundo de los muertos
en lo antiguo: desde la zona del río Tinto, en Andalucía, al
lago Averno y los Campos Flegreos, en la zona de Campa-
nia, donde se cuenta que Eneas fue guiado por la Sibila de
Cumas para preguntar sobre el destino de Roma. O, más
atrás aún en el tiempo, véase la geografía del viaje de Ulises

—o más bien su invocación necromántica—, bajo la sabia guía de la bruja Circe, en pos de la respuesta de Tiresias sobre cómo llegar finalmente a Ítaca, además de desvelarle una inquietante profecía sobre su destino final. O, aún más allá, puede recordarse el mítico viaje de *katábasis* que hace Gilgamesh en pos de la planta de la eterna juventud que, con la idea inicial de devolverle la vida a su entrañable amigo Enkidu, simboliza bien el tesoro de sabiduría que el héroe va a buscar al mundo de los muertos. A lo largo de ese camino hay que sortear monstruos, cruzar pasadizos, atravesar lugares estrechos, que abundan en los cuentos maravillosos o en los mitos de diversas latitudes, y que han de ser superados por este tipo de héroe que encarna bien el pasaje al mundo especial, o acaso al infernal, como ha estudiado Miguel Herrero. En nuestra literatura, tal vez la *katábasis* más célebre, remedo de este antiguo motivo de la épica mítica y el cuento, sea el descenso de don Quijote a la cueva de Montesinos y el encuentro con el encantador que le revelará enjundiosos secretos.

Qué duda cabe de que la puerta especial de la antigua Europa hacia el mundo extraordinario era la vieja España, concebida como fin del mundo al pie del Atlántico, desde Huelva a Coruña, desde los diversos pantanos, aguas subterráneas y grutas hasta el insondable Atlántico, donde muchos héroes antiguos, míticos o no, desde el inefable Hércules al audaz Coleo de Samos, histórico navegante griego que bordeó nuestras costas, cruzaron los confines hacia el *plus ultra*. Es un motivo antiguo, pero a su vez lo retomarían los primeros descubridores, casi a modo de héroes mitológicos de la Edad Moderna.

Y si empezábamos con la evocación de ese viejo *non plus ultra* que se transgrede con el paso al más allá de los héroes a través de las Columnas de Hércules y seguimos con el *plus ultra* de los navegantes como lema, cómo no terminar ahora con el grito de «¡Ultreya!» como saludo medieval de los peregrinos a Santiago: *o camiño*, esa especie de «ruta del héroe» que cristianiza un antiguo ciclo y lo perpetúa para siempre en nuestros lares, verá a peregrinos flamencos, alemanes o franceses, en su latín chapurreado con sus vernáculas lenguas, clamando ese viejo saludo para animarse a ir «¡siempre más allá!». Tal es el destino del héroe, como epítome del viaje de la humanidad, porque no otra cosa simboliza ese paso al mundo especial en todas las mitologías —uno de los arquetipos hispánicos de más larga tradición, prerromana, clásica, semítica o pagana o cristiana— sino la misión de cada cual, lo que sigue ejerciendo aún hoy notable fascinación.

El paso al otro lado, como hemos visto, y bien lo sabe el héroe que lo transita, conlleva una serie de cruces y fronteras, muchas veces grutas excavadas en la roca, cavernas con aguas subterráneas, lagos o ríos. La geografía del más allá es intrincada, y muchas veces es la de la propia España, la tierra antesala del inframundo, cuando no infernal en sí misma. La geografía real se mezcla con la imaginada y, como se cuenta, no solo las minas de Huesca, Huelva o León eran mágicas y encantadas para griegos y romanos, sino una serie de otros accidentes geográficos considerados como lugares de paso. Ya desde los Pirineos se constata ese carácter fronterizo de las Hispanias: Diodoro de Sicilia —que seguramente compuso en tiempos de César su gran *Biblioteca histórica* entre los anaqueles de la de Alejandría— apunta algunas notas respecto de los Pirineos, cuyo nombre tendría que ver con el fuego *(pyr)* relacionado con la riqueza metalífera de sus estribaciones. De todos es sabido que en el paso al infierno abundan los metales y piedras preciosas, que jalonan el camino heroico, y que en este caso habrían provocado intensas humaredas y paisaje quemado desde el país de los vascones hasta el Mediterráneo.

Otras veces (en Silio Itálico y otras fuentes diversas) se prefiere contar la historia de Pirene: ora hija de Bébrice, rey del pueblo bebricio (nombre de resonancias hispanas en las guerras romanas), ora del mítico Túbal, Pirene fue amada por Heracles cuando cruzaba la península Ibérica de regreso tras cumplir su décimo trabajo, hacerse con el ganado de Gerión. Ella alumbró, tras su unión con el héroe, una terrible serpiente y, horrorizada, escapó a las montañas, donde murió de pena. Heracles la enterró en una cueva, acaso la de Lombrives, no lejos de Andorra, en la vertiente francesa, y dio su nombre a estas montañas. Una mujer feérica y serpentina, una gruta subterránea, una montaña de fuego: en suma, el ambiente sobrenatural propicio para el paso al otro lado. Ciertamente, como en otros lugares de las andanzas de Hércules por España, hay otros mitos que explican los orígenes relacionados con este héroe, uno de los pocos que ha cruzado las puertas del Averno y ha regresado para contarlo. Pero si más arriba se hablaba de serpientes femeninas por la geografía hispana, criaturas guardianas por excelencia de las puertas del más allá, cabe recordar que esta tierra está plagada de ofidios, pues otro nombre de la Península era Ofiusa, «tierra de serpientes». Los seres del umbral abundan en Iberia como paso al otro lado y la serpiente, a veces en híbrido con la mujer, como se ha visto, es un guardián excepcional del otro lado.

Igualmente Estrabón da noticias de lugares extraños y aguas conductoras, de Cádiz a Galicia, en una ruta que también fue de minas y metales, mucho antes de la conquista romana. Sabemos que en el Hades griego existían aguas como la laguna Estigia, el río Aqueronte, el Cocito, el Piriflegetonte y el Leteo, cuyos nombres evocan terror, lamento, fuego y olvido. Para llegar al infierno había que cruzarlos y bebiendo las aguas del Leteo las almas perdían la memoria de sus vidas anteriores. Los muertos, previo pago del óbolo a Caronte, marcaban diversos tránsitos del dolor y la muerte. Para los filósofos que creían en la reencarnación, beber el agua del olvido era un paso importante: de hecho, otros entendían la filosofía como precisamente la búsqueda de la verdad (*a-letheia*, literalmente, el 'des-olvido') y, como Pitágoras y Empédocles, podían acordarse de sus vidas pasadas.

Pues bien, como se recordaba en el primer capítulo, durante la conquista romana de Galicia (*c.* 137 a. C.), los soldados del procónsul Décimo Junio Bruto se negaron a cruzar el río *Lethes* (u *Oblivio*), nada menos que el actual Limia, en Orense, por miedo a perder la memoria, pues se contaba que era la frontera con ese Hades que representa el *finis terrae*. Tuvo que pasar primero Bruto valientemente y llamar por su nombre desde la otra orilla a todos y cada uno de sus hombres para demostrar que no había perdido la memoria. Hoy se conmemora en la fiesta del olvido (*festa do esquecemento*) de aquellos lares el episodio que narra el geógrafo griego. Incluso acaso puede que hubiera de beber de sus aguas para neutralizar aquella superstición, romper el tabú o el maleficio. Y es que, si no al infierno, sí se estaba cruzando a un mundo sobrenatural, el dominio de las hadas de las aguas que los pueblos de aquella cultura castreña veneraban: deidades como Navia y otras luego romanizadas como Calpurnia, a las que se seguirá rindiendo culto en lugares de termalismo inframundano, desde la laguna de Antela, que se decía ocultaba un submundo sumergido de seres mágicos, o las propias Burgas en Orense. Luego, el general romano llegó al Atlántico, quizá al *Ara Solis*, altar del antiquísimo culto al dios Sol que tanto amaron los indígenas, para ver al atardecer una terrorífica puesta de sol sobre el Atlántico y allí temió haber roto alguna ley primordial. Pero al día siguiente amaneció de nuevo. Otra vez el fin del mundo, en esta taxonomía apresurada de las grandes categorías de la mitología hispana, entre montañas y ríos de fuego que conducen al sol del interior del laberinto existencial.

La tierra del conflicto

Pero si queremos buscar aún otra dimensión que clasifique las leyendas y las historias de la mitología española, uno de los esquemas narrativos recurrentes es el que se centra en la contraposición entre ortodoxia y heterodoxia. Por una parte están los guardianes de la tradición, pues la «tribu» necesita este tipo de personajes; ellos encarnan lo que Max Weber llamaría la «autoridad tradicional». Del otro lado, están los rebeldes que aglutinan un colectivo con su carisma revolucionario. La sociología de la religión lo ha estudiado con detalle al ver cómo se generan los movimientos escindidos de una religión, de carácter rigorista, purista o renovado: la dicotomía iglesia-secta. Y ahí está, claro, la heterodoxia. Se diría que es una tensión clave incluso para el avance de la civilización —con toda la violencia que esta pueda producir, pues el conflicto es generador de todas las cosas, como quería Heráclito—, en la que el guardián del poder hace frente al revolucionario que pretende una renovación. El heterodoxo es un antagonista natural del guardián de la ortodoxia, que se reviste de «autoridad carismática», siguiendo la terminología weberiana.

En la historia mítica hispana este conflicto es clave desde el notorio caso de Prisciliano, el primer heterodoxo condenado oficialmente y ejecutado por la Iglesia, hasta los erasmistas, alumbrados o quietistas. Cómo no recordar aquí la gran obra de Marcelino Menéndez Pelayo *Historia de los heterodoxos españoles* que, precisamente, con notable erudición y con su propia agenda ideológica, puso de manifiesto que esta tensión era una gran fuerza motriz de nuestra historia. Pienso en la contraposición entre los heterodoxos y los inquisidores, entre los seguidores de Prisciliano o Miguel de Molinos y figuras como Torquemada o Cisneros. En esta fructífera dinámica que oscila entre la tradición del carisma revolucionario y los santos guardianes se ha desarrollado parte de la narrativa mitológica hispana. No es otro el esquema que podemos sospechar, por ejemplo, tras la mitificación de la mística castellana, en las figuras emblemáticas como santa Teresa o san Juan, siempre escapando a su brillante experiencia individual de lo divino, pese a estructuras jerárquicas más monolíticas que pretendían ponerles coto.

Los opuestos existen, acaso, para la síntesis del conflicto, como recuerdan algunos libros espléndidos. Evocaré solo dos: el que le dedica Aldo Schiavone a Poncio Pilato en su libro homónimo, como la figura opuesta indispensable para la narrativa mítica, y el ya citado *Falsarios y críticos*, de Anthony Grafton, que entiende la historia de la tradición literaria occidental, desde el mundo grecolatino hasta hoy, como una pugna arquetípica entre dos fuerzas opuestas: por un lado, aquellos que quieren «alterar la moneda en curso», como dirían los cínicos; por otro, los que vigilan la tradición. En el caso de Grafton, a veces lo apócrifo es una fuerza también generadora de la mejor literatura, véase si no el hilo de la novela desde Apuleyo a Cervantes. Pero frente a la tradición de la pseudoepigrafía, con una apropiación de esquemas literarios y narrativos que puede ser muy productiva, están los filólogos que, como Casaubon o Bentley, han ido desvelando las falsificaciones de la historia de la literatura.

Pero hay que tener en cuenta que ortodoxos y heterodoxos, falsarios y críticos, apócrifos y filólogos, podrían ser dos caras de una misma moneda. Como se veía anteriormente en cuanto a la frecuente intercambiabilidad del tema del traidor y del héroe, parte de la fascinación de esta dualidad es la arquetípica coincidencia de los opuestos, de raigambre arcaica en la tradición sapiencial de Oriente y Occidente. Al respecto, me gustaría recordar aquí otro cuento de Borges, «Los teólogos», que ilustra acerca de la correspondencia mítica de los opuestos, aquí aplicada a la narrativa. En él, dos eruditos religiosos, un ortodoxo y un heterodoxo, escriben sus obras en torno a las esencias de los dogmas teológicos. Luchan uno y otro contra las herejías con mutua animadversión y rivalidad enconada; las tesis del heterodoxo son refutadas con convicción y agresividad. Compiten en finura teológica, aunque uno de ellos se considera guardián de la tradición. Cuando el heterodoxo acaba quemado en la pira como hereje, el otro queda en cierto modo huérfano. Pero lo sorprendente y lo maravilloso aguardan al otro lado. Porque después de morir el segundo teólogo, en breve, descubre en el más allá que ambos eran una y la misma persona. Misterios y maravillas de la narrativa mítica que se pueden aplicar bien a la de nuestros lares.

El tiempo cíclico

Aún hay un último esquema clave de esta pequeña historia mítica que evocar antes de concluir. Está, de forma clara, relacionado con otro que se recordaba más arriba al hablar del ciclo sin fin de pérdidas y recuperaciones de las Españas, desde el héroe fundador hasta el que se deja arrebatar el edén y el que lamenta su pérdida. Al final, prevalece el sentimiento de nostalgia por el paraíso perdido, que llega hasta la modernidad, como se veía en el capítulo sexto.

Este es el patrón que podríamos llamar «lo viejo contra lo nuevo», la decadencia de un paraíso utópico y endémico, la España de los orígenes frente a un mundo actual que necesariamente es peor. En esta nuestra edad de hierro, como diría el viejo Hesíodo, lamentamos vivir, aunque algunos destellos nos traigan de vuelta en ocasiones —como en el discurso de don Quijote a los cabreros— el fulgor evanescente de la edad de oro. Hay un pasaje del historiador romano Tácito (*Ann.* 4, 45, 2), que suele ser aducido por los más cautos como testimonio de las lenguas prerromanas, y por otros, más fantasiosos, como muestra de los arcanos mitológicos hispanos de la España antigua, con alguna cita apócrifa que se ha popularizado sobremanera. Capturado un joven arévaco en Termancia, que había participado en el complot para asesinar al pretor L. Calpurnio Pisón en el año 25, fue torturado para que confesara acerca de los cómplices. Era una conspiración hispana contra el poder romano, que quería escarmentar a los partícipes, pero el reo dijo en su lengua nativa que se le atormentaba inútilmente. Al día siguiente, cuando lo iban a torturar de nuevo, se soltó de sus guardias y se golpeó la cabeza contra una piedra con tal violencia que cayó muerto al instante. En este bárbaro sacrificio voluntario, la historiografía esencialista ha visto la lealtad a las antigüedades de la época previa al sometimiento a Roma.

Acaso ya los pueblos prerromanos de la península Ibérica, sometidos al Imperio que los cambiaría para siempre en lengua y cultura, se resistían al curso de los acontecimientos y quizá añoraban ese mundo edénico e idealizado ante un momento de graves transformaciones, como ocurrirá posteriormente. Este esquema se resuelve en una dinámica de oposición y superación circular en la narrativa mítica, contaminándose con el mito de la sucesión de las dinastías de dioses y hombres. Después de Zeus quizá vuelva la vieja edad de Crono, y los cuatro yugas del hinduismo conllevan un esquema de eterno retorno después de nuestro luctuoso Kali-Yuga. En la mitología hispana siempre se ha considerado la actualidad como decadencia simbólica. También en la época tardoantigua, cuando escritores cristianos como Hidacio y Orosio lamenten el estado de las cosas en un periodo de convulsiones. Más allá de las fuentes literarias, sabemos que la llegada de pueblos diversos, suevos o visigodos, fue impactante en la realidad material, con ejemplos de abandono de las grandes ciudades y proliferación de villas tardías, como en Asturica Augusta.

Pero también, más tarde, será la conquista musulmana motivo de lamentación arquetípica en el Medievo como la siguiente «pérdida de las Españas». Una más de las muchas. En fin, cada momento histórico vive su particular crisis de decadencia, por no hablar de todo lo que se escribirá durante y tras la muy prolongada decadencia del Imperio hispánico después de lo que se suponía la edad de oro de Carlos I (aunque también entonces hubo voces decadentistas), o del supuesto retraso secular que arrastra España en el siglo XIX, desde la infortunada guerra de la Independencia a los diversos conflictos fratricidas que nos introducen en la modernidad. El 98 es un buen ejemplo de cómo este *leitmotiv* ha movido a la par las ideologías sociopolíticas y los esquemas de la narrativa mítica hispana. Es parte del gran relato de la historia de España, a veces con exageraciones y brocha gruesa, pues no siempre cualquier tiempo pasado fue, obviamente, mejor. La decadencia está, sin embargo, muy arraigada en nuestro ideario.

La edad de oro quizá no lo fuera tanto, ni la de hierro tan onerosa. Pero no podemos desprendernos, como de una maldición, de este esquema circular. Me vienen a la memoria algunos ecos en las artes plásticas o escénicas. Se podría, por ejemplo, atisbar el motivo de la decadencia y lo viejo contra lo nuevo en Goya o Zuloaga. El cine ha sabido captar bien este esquema en el neorrealismo hispano y, de otra manera, Buñuel, en *El ángel exterminador* y otros filmes, sabe mostrar ese pesimismo decadentista íntimamente ligado a nuestra historia mítica. Pero pocas películas como *El desencanto* de Jaime Chávarri (1976) encarnan tan certeramente ese fin de raza hesiódico tan dañino para la psique colectiva en la mentalidad española del final del franquismo y el comienzo de la transición a la democracia. *Después de tantos años* (1994), la continuación que documentó Ricardo Franco, con los mismos protagonistas, de la epopeya decadentista de los Panero, evoca esa historia mítica de España en su eterno esquema crepuscular. La caída de la civilización, la elegía por el edén perdido, un cierto decadentismo inserto en nuestra mentalidad y la sensación del paso del tiempo como inexorable destructor constituyen, en suma, elementos indisociables de nuestra memoria colectiva.

En fin, no pueden ser estas unas conclusiones en el sentido clásico del término, pero es momento de poner el punto final a este recorrido personal. Ciertamente habría que haber dejado constancia de muchos otros mitos, motivos y figuras legendarias que se han quedado por el camino. Pienso, por ejemplo, en otros personajes míticos de la historia española como los Bárquidas, Aníbal y Asdrúbal, y otras figuras históricas, y también en parte literarias de héroes diversos, desde Zalacaín y Barea a esta parte, que son literarios pero a la vez populares, o las figuras antropológicas enraizadas en la más pura superstición y el esoterismo hispánico, como las brujas de Zugarramurdi y todos los personajes singulares que desfilan por los inolvidables estudios de Caro Baroja. También quedan pendientes los tratamientos detallados de las criaturas mágicas y seres de ensueño, de los muchos monstruos aterradores que han desfilado por estas páginas o de los criminales de leyenda de nuestra historia, que también son ricos en mitos. Quedan orillados por ahora otros estudios de geografía mítica y zoología fabulosa, como los que se han esbozado simplemente como marcos introductorio y final. Otro sería el mundo de la mitología de los marineros en un pueblo marítimo por excelencia en sus diversas costas, por no hablar también de los mitos de América y de lo sobrenatural exportados a la otra orilla.

La mitología hispánica crece y se expande con los mitos de la conquista, de la colonización, del virreinato y de este a la emancipación, con un sinnúmero de leyendas, criaturas y motivos que funden la vieja mitología española —amalgama de motivos griegos, romanos, semitas, celtas y demás, con zurcidos falsarios y literarios— con los relatos patrimoniales de los pueblos originarios de América y sus muchos mitos, dioses, héroes y monstruos, arquetipos o figuras legendarias. Pero eso ya sería acaso materia de otro libro, una pequeña historia mítica de la América hispana o, sin duda mejor, una gran enciclopedia mítica de la hispanidad. Una última continuación sería extender el dominio de lo mítico por la geografía real y, a modo de un nuevo Pausanias, recorrer los lugares del mito en el mundo hispánico. Pero no vayamos más allá. Por ahora esta indagación se detiene aquí como comenzó, con la invocación del mito como guía y fuerza motriz en lo individual y lo colectivo. Ojalá se reanude en el futuro por alguno de los senderos esbozados más arriba, pero es incierto si habrá tiempo y sazón.

Madrid, junio de 2023

Agradecimientos

Quiero reconocer con gratitud a tres personas que, directa o indirectamente, me han llevado a culminar este libro.

En primer lugar, a Fernando Sánchez Dragó, que transitó las sendas de la historia subterránea de España de otra manera. Lo hizo con un tono más fantástico, vehemente, mágico o incluso esotérico, no tanto mítico, pero ha sido un estímulo para toda una generación de apasionados por estos temas, sobre los que tuve ocasión de conversar con él varias veces, y también una inspiración para quienes hemos mitificado el oficio de escritor. El término de este libro coincidió, además, con su muerte: vaya pues para él un emotivo recuerdo.

En segundo lugar, a Antonio Jiménez-Blanco, sabio polifacético y ávido lector de historia y literatura, que organiza una tertulia legendaria en la madrileña Casa Salvador. En ella he podido, después de leerlos, conocer en persona y disfrutar de la sabiduría de algunos de los nombres míticos de la historiografía reciente, desde Jon Juaristi a José Varela Ortega. Esta pequeña historia le debe mucho a este convivio amical y literario, y a Antonio como *almus pater:* mi agradecimiento se extiende a todos los compañeros de mesa que han inspirado muchas de estas reflexiones, a los que sería prolijo nombrar aquí. Muchas gracias a todos ellos.

Por último, pero con especial énfasis, a Javier Setó, a quien quiero dedicar este libro. El mítico editor de Alianza Editorial ha sido el impulsor principal de que esta pequeña historia haya llegado a buen término. No solo es que mis libros hayan tenido la fortuna de que él los haya editado —en el sentido más amplio posible— durante muchos años, sino más bien que le deben una gran parte de lo que de bueno puedan tener. Me honra especialmente el hecho de que este que ahora termino, además, coincida con su jubilación y, todavía más, que haya sido el último que haya curado, hasta el final, en su magnífica carrera profesional. *Habent suum genium libelli...*

Bibliografía

Para las fuentes grecolatinas y medievales utilizadas, me remito a las traducciones y ediciones de referencia en la Biblioteca Clásica Gredos, Biblioteca de Literatura Universal, Biblioteca Castro y Colección Clásicos de Grecia y Roma y Medievales y Modernos de Alianza Editorial. Huelga decir que esta no es una bibliografía con pretensión de exhaustividad sino simplemente de algunos de los libros fundamentales citados y consultados, o que han inspirado la pequeña historia mítica esbozada en las páginas precedentes.

Abellán, José Luis, *Mito y cultura*, Seminario y Ediciones, Madrid, 1971.

Abellán, José Luis, *Ensayo sobre las dos Españas*, Barcelona, Península, 2011.

Abellán, José Luis, *Historia crítica del pensamiento español*, Madrid, Espasa Calpe, 1979: Tomo 1: «Metodología e Introducción histórica».

Afanásiev, Alexandr, *Cuentos populares rusos* (3 vols.), ed. Isabel Vicente Madrid, Anaya, 1983-1984.

Alvar, Jaime y José María Blázquez, *Los misterios de Tartessos*, Madrid, Cátedra, 1993.

Alvar, Jaime y Juan M. Campos, *Tarteso. El emporio del metal*, Córdoba, Almuzara, 2013.

Álvarez de Miranda, Ángel, *Ritos y juegos del toro*, Madrid, Taurus, 1962.

Álvarez Junco, José, *Mater Dolorosa. La idea de España en el siglo XIX*, Madrid, Taurus 2001.

Álvarez Junco, José, *Historia y mito: saber sobre el pasado o cultivo de identidades*, Madrid, Universidad Complutense 2011.

Álvarez Junco, José y Gregorio de la Fuente Monge, «Orígenes mitológicos de España» en Antonio Morales Moya, Juan Pablo Fusi Aizpurúa y Andrés de Blas Guerrero (dirs.), *Historia de la nación y del nacionalismo español*, Barcelona, Galaxia Gutenberg, 2013, pp. 3-46.

Angosto, Pedro, *Superhéroes. Una historia del cómic americano*, Madrid, Archivos Vola, 2022.

Angosto, Pedro, *Sandman vs. Lucifer,* Madrid, Archivos Vola, 2023.

Arce, Javier, *Esperando a los árabes. Los visigodos en Hispania (507-711)*, Madrid, Marcial Pons, 2017.

Balló, Jordi y Xavier Pérez, *Los argumentos universales en el cine,* Barcelona, Anagrama, 1997.

Balló, Jordi y Xavier Pérez, *Yo ya he estado aquí. Ficciones de la repetición*, Barcelona, Anagrama, 2005.

Baroja, Pío, *La leyenda de Jaun de Alzate*, Barcelona, Espasa 2016.

Bermejo Barrera, José Carlos, *Mitología y mitos de la Hispania prerromana I*, 2.ª edición aumentada, Madrid, Akal, 1994 (1ª ed. 1982).

Bermejo Barrera, José Carlos, *Mitología y mitos de la Hispania prerromana II*, Madrid, Akal, 1986.

Bermejo Barrera, José Carlos y Marco García Quintela, *Mitología y mitos de la Hispania prerromana III*, Madrid, Akal 1999.

Blanco Freijeiro, Antonio, «El toro ibérico», en *Homenaje al profesor Cayetano de Mergelina*, Murcia, Universidad de Murcia, 1962, pp. 163-196.

Blumenberg, Hans, *Trabajo sobre el mito*, Barcelona, Paidós 2003. (ed. orig. Frankfurt, Suhrkamp 1979).

Boitani, Piero, *La sombra de Ulises. Imágenes de un mito en la literatura occidental*, Barcelona, Península, 2001 (ed. orig. Bolonia, Il Mulino, 1992).

Borrow, George, *La Biblia en España o viajes, aventuras y prisión de un inglés en su intento de difundir las Escrituras por la Península,* Introducción de Alberto González Troyano. Traducido por Manuel Azaña, Centro de Estudios Andaluces-Editorial Renacimiento, Sevilla, 2011.

Campbell, Joseph, *El héroe de las mil caras,* Gerona, Atalanta, 2020 (ed. orig. Nueva York, Pantheon Books 1949).

Caro Baroja, Julio, *Algunos mitos españoles: ensayos de mitología popular*, Madrid, Editora Nacional, 1941.

Caro Baroja, Julio, *Mitos vascos y mitos sobre los vascos*, San Sebastián, Txertoa, 1985.

Caro Baroja, Julio, *Ritos y mitos equívocos*, Madrid, Istmo, 1974.

Casas, Fray Bartolomé de las, *Brevísima relación de la destruición de las Indias*. Edición, prólogo y notas de José Miguel Martínez, Madrid/ Barcelona, Real Academia Española/ Galaxia Gutenberg, 2013.

Catalán, Diego, *De Alfonso X al conde de Barcelos. Cuatro estudios sobre el nacimiento de la historiografía romance en Castilla y Portugal*, Madrid, Gredos, 1962.

Cirlot, Victoria *Grial. Poética y mito*, Madrid, Siruela, 2014.

Cossío, José María de, *Los Toros. Tratado técnico e histórico,* 12 vols., Espasa, Madrid, 1978-1988 (ed. orig. 1943).

Cristóbal López, Vicente, «Marcial en la literatura española», en *Actas del Simposio sobre Marco Valerio Marcial, poeta de Bilbilis y de Roma*, Calatayud, IX-X-XI mayo MCMLXXXVI, Zaragoza, Diputación Provincial de Zaragoza/UNED, 1987, pp. 145-210.

Curtius, Ernst Robert, *Literatura europea y edad media latina*, 2 vols. México, FCE 1955 (Francke AG Verlag, Berna, 1948)

Danvila, Alfonso, *Las luchas fratricidas de España*, 14 vols., Madrid, Espasa-Calpe, 1941-1950.

De Hoz, Javier, *Historia lingüística de la península Ibérica en la Antigüedad,* vol. I. Preliminares y mundo meridional prerromano, Madrid, CSIC 2010.

De la Campa, Mariano, *La Estoria de España de Alfonso X. Creación y evolución*, Madrid, Fundación Menéndez Pidal /Universidad Autónoma, 1992.

De Riquer, Martín, *Llegendes històriques catalanes*, Barcelona, Quaderns Crema, 2000.

Dostoyevski, Fiódor, *El gran inquisidor*. Traducción de Augusto Vidal. Alianza Editorial, Madrid, 2021.

Durand, Gilbert, *Las estructuras antropológicas del imaginario, Introducción a la arquetipología fundamental*, México, FCE, 2004 (ed. orig. París, Allier, 1960)

Frobenius, Leo, *El Decamerón negro*. Traducción de J. R. Pérez Bances. Madrid, Alianza 1986.

García Cárcel, Ricardo, *La Inquisición,* Madrid, Anaya, 1990.

García Gual, Carlos, *Diccionario de mitos*, Barcelona, Planeta, 1997.

García Gual, Carlos, *Historia mínima de la mitología*, Madrid, Turner, 2014.

García Sanjuán, Alejandro, *La conquista islámica de la península Ibérica y la tergiversación del pasado*, Madrid, Marcial Pons, 2019.

García y Bellido, Antonio, *Hispania graeca*. 3 vols. Barcelona, Instituto Español de Estudios Mediterráneos, 1948.

Goytisolo, Juan, *Reivindicación del Conde Don Julián*, México, Editorial Joaquín Mortiz, 1970.

Grafton, Anthony, *Falsarios y críticos. Creatividad e impostura en la tradición occidental*, Barcelona, Crítica, 2001 (ed. orig. Princeton, Princeton University Press, 1990).

Grimm, J. y W., *Cuentos completos* vol. 1. Edición de M.ª Antonia Seijo Castroviejo. Madrid, Alianza Editorial, 2015.

Grimm, J. y W.. *Cuentos*. Edición de Pedro Gálvez. Madrid, Alianza Editorial, 2014.

Hernández de la Fuente, Candela, *Historia evolutiva de la población andaluza basada en su herencia materna y su relación con el poblamiento humano del espacio mediterráneo*, Madrid, Universidad Complutense, 2015.

Hernández de la Fuente, David, *Las máscaras del hidalgo*, Madrid, Guillermo Escolar Editor, 2022.

Hernández González, Fremiot, (ed.), *La navegación de San Brendán*, Madrid, Akal, 2006.

Herrero de Jáuregui, Miguel, *Catábasis. El viaje infernal en la Antigüedad*, Madrid, Alianza Editorial, 2023.

Irving, Washington, *Cuentos de la Alhambra*. Introducción de Andrés Soria. Traducción, prólogo y notas de Ricardo Villarreal. Granada, Miguel Sánchez Editor, 1981.

Jiménez de Rada, Rodrigo, *Historia de los hechos de España*. Traducción de Juan Fernández Valverde. Madrid, Alianza Editorial, 1989.

Jordá Cerdá, Francisco, «¿Restos de un culto al toro en el arte levantino?», en *Zephyrus: Revista de prehistoria y arqueología*, 26-27 (1975-1976), pp. 187-216.

Juaristi, Jon, *Vestigios de Babel. Para una arqueología de los nacionalismos españoles,* Madrid, Siglo XXI, 1992.

Juaristi, Jon, *El bucle melancólico. Historias de nacionalistas vascos,* Barcelona, Espasa, 1997.

Juaristi, Jon, *El bosque originario. Genealogías míticas de los pueblos de Europa,* Madrid, Taurus, 2000.

Juaristi, Jon, *El reino del ocaso. España como sueño ancestral*, Madrid, Espasa, 2004.

Kamen, Henry, *La Inquisición española. Una revisión histórica,* Barcelona, Crítica, 2011.

Kamen, Henry, *La invención de España. Leyendas e ilusiones que han construido la realidad española*, Barcelona, Espasa, 2020.

Kirk, G.S., *El mito: Su significado y funciones en la Antigüedad y otras culturas,* Barcelona, Barral, 1971 (ed. orig. Cambridge, Cambridge University Press, 1970).

Knowles, Christopher, *Our gods wear Spandex: the secret history of comic book heroes*, San Francisco, Weiser Books, 2007

Losada, José Manuel, *Mitocrítica cultural. Una definición del mito*, Madrid, Akal, 2022.

MacKee, Robert, *El guión. Story: Sustancia, estructura, estilo y principios de la escritura de guiones.* Barcelona, Alba 2022 (ed. orig. Nueva York, HarperCollins, 1997).

Madariaga, Salvador de, *Esquiveles y Manriques I: El corazón de piedra verde / Guerra en la sangre.* Edición de Alexia Dotras, Madrid, Biblioteca Castro, 2012.

Maeztu, Ramiro de, *Don Quijote, Don Juan y la Celestina. Ensayos en simpatía*, Madrid, Visor Libros 2004 (ed. orig. 1925).

Manzano, Eduardo, *Conquistadores, emires y califas: los omeyas y la formación de al-Andalus*, Barcelona, Crítica, 2011.

Martín Sánchez, Manuel, *Seres míticos y personajes fantásticos españoles*, Madrid, EDAF, 2002.

Menéndez Pelayo, Marcelino, *Historia de los heterodoxos españoles.* Edición de Ramón Teja y Silvia Acerbi, Santander, Servicio de Publicaciones de la Universidad de Cantabria, 2012.

Menéndez Pelayo, Marcelino, *Obras Completas* (Tomo I). *Historia de las ideas estéticas,* Edición de Gerardo Bolado Ochoa, Santander, Servicio de Publicaciones de la Universidad de Cantabria, 2011.

Menéndez Pidal, Ramón, *La España del Cid,* Madrid, Espasa-Calpe, 1969 (ed. orig. 1929).

Menéndez Pidal, Ramón, *Primera crónica general de España que mandó componer Alfonso el Sabio y se continuaba bajo Sancho IV*, Madrid, Gredos, 1955 (ed. orig. 1906).

Mira Caballos, Enrique, *El descubrimiento de Europa,* Barcelona, Crítica, 2023.

Navarro Villoslada, Francisco, *Amaya o Los vascos en el siglo VIII*, edición y prólogo de Carlos Mata Induráin, Pamplona, Fundación Diario de Navarra, 2002.

Parra Bañón, José Joaquín, *Noé en imágenes*, Gerona, Atalanta, 2022.

Pastoureau, Michel, *Animales célebres. Del caballo de Troya a la oveja Dolly*, Madrid, Periférica, 2019 (ed. orig. París, Arléa, 2001).

Potocki, Jan, *Manuscrito encontrado en Zaragoza*, Edición, traducción y prólogo de Mauro Armiño, Madrid, Editorial Valdemar, 2002.

Propp, Vladimir, *Las raíces históricas del cuento*, Madrid, Fundamentos, 2008 (ed. orig. Leningrado, 1946).

Propp, Vladimir, *Morfología del cuento,* Madrid, Fundamentos, 1981 (ed. orig. Leningrado, 1928).

Quesada Sanz, Fernando, «Los íberos y la cultura ibérica», en Celestino Pérez, Sebastián (coord.), *La protohistoria en la península Ibérica*, Madrid, Akal, 2017, pp. 441-646.

Ribeiro, Sidarta, *El oráculo de la noche. Historia y ciencia de los sueños,* Barcelona, Debate, 2021 (ed. orig. São Paulo, Companhia das. Letras, 2019).

Roca Barea, Elvira, *Imperiofobia y leyenda negra: Roma, Rusia, Estados Unidos y el Imperio español*, Madrid, Siruela, 2016.

Rodríguez Almodóvar, Antonio, *Los cuentos maravillosos españoles*, Barcelona, Crítica, 1982.

Rodríguez Almodóvar, Antonio, *Los cuentos populares o la tentativa de un texto infinito*, Murcia, Secretariado de Publicaciones de la Universidad de Murcia, 1989.

Rodríguez Gordillo, José Manuel, *Carmen. Biografía de un mito*, Sevilla, Fundación José Manuel Lara, 2012.

Rousset, Jean, *El mito de Don Juan*, México, FCE, 1985 (ed. orig. París, Librairie Armand Colin, 1978).

Ruiz Asencio, José Manuel, Irene Ruiz Albi y Gonzalo Martínez (eds.), *Historia latina de Rodrigo Díaz de Vivar,* Burgos, Ayuntamiento; Caja de Burgos, 1999.

Ruiz Mata, Diego, *Tartesos y tartesios*, Córdoba, Almuzara 2023.

Sainero, Ramón, *La huella celta en España e Irlanda,* Madrid, Akal, 1984.

Sainero, Ramón, *Leabhar Ghabhála (Libro de las Invasiones).* Introducción, traducción, glosario y notas, Madrid, Akal, 1987.

Sainero, Ramón, *La leyenda de Breogán y sus orígenes*, Madrid, Akal, 2013.

Sánchez Dragó, Fernando, *Gárgoris y Habidis: una historia mágica de España,* 4 vols. Pamplona, Peralta, 1978.

Sánchez-Prieto, Pedro (coord.), Alfonso X el Sabio, *General estoria*, 10 vols. Madrid, Biblioteca Castro, 2009.

Sanz Serrano, Rosa, *Historia de los Godos: una epopeya histórica de Escandinavia a Toledo*, Madrid, La Esfera de los Libros, 2009.

Sénac, Philippe, *Al-Andalus (siglos VII-XI)*, Granada, Universidad de Granada, 2020.

Spengler, Oswald, *Moctezuma: un drama* (1897). Edición y estudio introductorio de Anke Birkenmaier. Traducción de Manuel Cuesta, Madrid/Frankfurt, Iberoamericana Verwuert, 2020.

Steiner, George (intr.), Prosper Mérimée, *Carmen y otros cuentos*. Traducción de Manuel Serrar Crespo, Barcelona, Bruguera, 1981.

Storr, Will, *La ciencia de contar historias*, Madrid, Capitán Swing, 2019 (ed.orig. Londres, HarperCollins Publishers, 2019).

Uther, Hans-Jörg, *The Types of International Folktales: A Classification and Bibliography. Based on the system of Antti Aarne and Stith Thompson*. Helsinki, Suomalainen Tiedeakatemia, 2004.

Vidal-Naquet, Pierre, *Atlántida. Pequeña historia de un mito platónico*, Madrid, Akal, 2005 (París, Les Belles Lettres, 2005)

Villacañas, José Luis, *Imperiofilia y el populismo nacional-católico*, Madrid, Ediciones Lengua de Trapo, 2019.

Villaverde Rico, María José y Castilla Urbano, Francisco (dirs.), *La sombra de la leyenda negra*, Madrid, Tecnos, 2016.

Vogler, Christopher, *El viaje del escritor. Las estructuras míticas para escritores, guionistas, dramaturgos y novelistas*. 3.ª ed. Madrid, Ma Non Troppo 2020 (ed. orig. Studio City, CA, Michael Wiese Productions, 2007).

Yourcenar, Marguerite, *Memorias de Adriano*. Traducción de Julio Cortázar, Barcelona, Edhasa, 1999 (ed. orig. 1951).

Índice onomástico